01

萨苏 著

国破
山河在

山东文艺出版社

图书在版编目（CIP）数据

国破山河在／萨苏著 . —济南：山东文艺出版社，2023.5
ISBN 978-7-5329-6827-5

Ⅰ . ①国… Ⅱ . ①萨… Ⅲ . ①抗日战争—史料—中
国 Ⅳ . ① K265.06

中国国家版本馆 CIP 数据核字（2023）第 032015 号

国破山河在

GUOPO SHANHEZAI

萨苏　著

主管单位	山东出版传媒股份有限公司	
出版发行	山东文艺出版社	
社　　址	山东省济南市英雄山路 189 号	
邮　　编	250002	
网　　址	www.sdwypress.com	

读者服务	0531-82098776（总编室）
	0531-82098775（市场营销部）
电子邮箱	sdwy@sdpress.com.cn

印　　刷	山东临沂新华印刷物流集团有限责任公司
开　　本	710 毫米 ×1000 毫米　1 / 16
印　　张	25　　插页 /2
字　　数	350 千
版　　次	2023 年 5 月第 1 版
印　　次	2023 年 5 月第 1 次印刷
书　　号	ISBN 978-7-5329-6827-5
定　　价	78.00 元

序

　　《国破山河在》是一本关于抗日战争的作品，而那个时代，已经过去了半个世纪还多。

　　那一年，在日本的旧书店里，老店主库内先生拿出了一本相册，问我是否有意。价钱嘛，按照大照片 500 日元一张，中照片 100 日元一张，小照片 50 日元一张来算。老店主说这是一名日军军官留下的，他曾经在"满洲"驻防和作战，20 世纪 40 年代的老物件，价格算是很合理。

　　价钱的确不能说不合理，但总共八百多张照片，算起来总要 10 万日元以上，对我一个工薪族来说，多少算是个负担。不过，我是决心买下来的。因为在翻看的一瞬间，我看到了一张令人刻骨铭心的照片——一名倒在雪地上的中国军人，年轻的面颊冻得青黑，粗壮的身体已经失去活力，鲜血正从他的嘴角和鼻孔中涌出，只有一双闪亮的眼睛，依然微微睁开，眼神中似有对这个世界无限的留恋。

　　那一瞬间，我的心仿佛被什么揪了一下，决心，就是那个时刻下的。

　　不过，价钱总还是要讲一下，店主说他会考虑一下，我也礼貌地放下相册。根据我和老先生打交道的经验，如果下个星期再来，他一定会给个折扣。至于被什么人捷足先登倒是不担心，那场战争已经结束六十年了，在日本繁华的商业街，不会有多少人记得那个时代曾经发生过什么。

然而，我们中国人忘不了啊。

返回的途中，我的脑子里满是不能忘怀的歌声："我的家，在东北松花江上，那里有我的同胞，还有那衰老的爹娘……"

吉鸿昌将军的"恨不抗日死，留作今日羞"，黄显声将军的"报国欲死无战场"，郭汝瑰将军的"若船过吴淞口，有大浪撞你的船头，便是我来看你了"。

从九一八到八一五，只有我们自己知道，一个蹒跚的东方老国，怎样从黑夜守到天亮；只有我们自己知道，在这场刻骨铭心的苦战中，有多少好男儿血洒大好河山。

那一刻，忽然泪不能抑。

我把这段感想发到了网上，结果，只一会儿工夫就有两百多条留言，声音最为驳杂的互联网世界，两百多个中国人发出的是同一个声音——把他带回来！很多朋友发来一样的留言，给一个账户，钱我来付，只要你把"他"，带—回—来！

那一天，下着微微的小雨，我赶去了库内先生的店里，把"他"带了回来。

魂兮归来，附我大纛，同归故国，在那一场战争中护卫这片国土的人们，你们的后人没有忘记。

有人问，在这个时代，还去关注这段历史，究竟有什么意义？

我想，这对很多关心这段历史的朋友，都是一个问题。真实的抗战是血肉长城，没有抗日神剧的爽快，只有以弱敌强的血染山河。

在大国复兴的时代，这种积贫积弱的历史既不堪回首，又有些远离现实。

然而，这场战争之于中国人的意义，便是信心。

那是一个我们什么都缺乏的时代，缺少钢铁，缺少粮食，缺少工业，缺少军火，缺少训练，缺少医药，唯独不缺的，是高贵和坚韧。

唯高贵，使林徽因先生说出那一句："我的祖国在受难，我要留下来和祖国同难。"

唯坚韧，使蒋百里将军写下那一句："胜也罢，败也罢，就是不要同他讲和！"

　　若不知道这世界上有一千种苦难，你就无法读懂中国人。而他们正是从那一千种苦难中挺起身躯，为古老的中国赢得了复兴的启航。

　　他们是什么人？他们不是刻在纪念碑上的名字，而是我们的父兄师长，他们的血脉与我们息息相连。他们高贵而坚韧的血，就留在我们的血管里。在今天这个时代，几乎每个人都会感到压力，高速发展的社会，让很多人在巨大的压力面前崩溃。而正是这高贵而坚韧的血脉，让我们可以相信，中国人能够赢得昨天那场战争，更能赢得明天的辉煌——我们的父兄师长在那样苦难的环境中都能够坚守到胜利，今天，继承了他们血脉的我们，怎么会输？

　　没有中国人翻不过去的高山，没有中国人夺不下的关隘。

　　我们记忆这场战争，不是为了追忆过去，而是为了激励未来。

　　这，或许便是这本书存在于这个世界的价值。这场让中国人痛苦而骄傲的战争，我们当永志不忘。

写在《国破山河在》重版前夕

萨苏　2023 年 2 月 3 日于京城养疴斋

目　录

红色的第一滴血

——赵尚志袭击日军军列之战

谁能想到，中国共产党抗日的第一次武装斗争，竟然是以铁道游击队的形式进行的。

1932 年 4 月 12 日夜晚，一列满载的日军军列风驰电掣般行驶在通往哈尔滨的铁路线上。军列上不但装载了大量物资，而且乘坐有大量日军官兵。根据日方史料，这些日军官兵属于第二师团（师团长多门二郎中将），推测其番号包括步兵第 63 联队第 3 大队、炮兵第 3 中队，第二师团通讯队等。他们从 4 月 2 日开始，对延寿、方正等地的抗日武装发起进攻，4 月 4 日击败冯占海等指挥的吉林自卫军部队，占领了方正城。日军将方正交给伪军据守，正在"凯旋"哈尔滨。

晚 10 点，当列车通过哈尔滨郊区成高子站所属丁家桥涵洞上方处时，一声巨响，该车脱轨颠覆，机车后面的客车从六米高的路基上全部翻坠下去，一时浓烟四起，爆炸如雷，大批日军死伤。由中共满洲省委组织的、在成高子倾覆日军军列的作战取得胜利。

根据我方资料，实施这次行动的，正是时任全满反日会党团书记，时年 24 岁的赵尚志与东北商船学校的进步学生范廷桂。

4 月初，中共满洲省委获得情报，方正县城沦陷，多门师团将于 4 月 12 日夜，乘客货混编军用专车通过成高子火车站。省委当即作出决定，派遣赵尚志和范廷桂设法倾覆这列日军军列。

赵尚志，1908 年出生，汉族，辽宁朝阳人，抗日将领；1925 年入黄埔军校学习。1926 年"中山舰事件"后，党派他回东北负责学运工作。有趣的是，行武出身的赵尚志，竟然一度在当时的满洲省委负责妇女工作。这次对成高子日军军列的袭击，是赵尚志转入武装斗争的第一枪。1934 年 2 月起，赵尚志历任东北抗日联军司令、东北人民革命军第三军军长等职。1942 年 2 月 12 日，赵尚志在率部袭击梧桐河警察局时遭到内奸的袭击，壮烈牺牲。范廷桂，是后来的抗联第三路军政委冯仲云的学生，在成高子列车倾覆案后不久被日军搜捕，不幸牺牲。

成高子，位于黑龙江省哈尔滨市市郊，至今是哈埠与外界连接的一个重要铁路枢纽。1932 年初，爱国将领李杜等率东北军四个旅坚守哈尔滨，与日军迭次血战，终因力量悬殊，后援不继，被迫向依兰方向撤退。2 月 1 日，哈尔滨沦陷。此后，日军即以哈埠为其控制东三省北部的一大重要据点，不但驻有大量军队，而且经常从这里出发对中国抵抗武装发动讨伐。4 月 12 日下午，赵尚志与范廷桂化装来到成高子车站附近观察地形，而后选定了离成高子车站五百米远的一段铁路。据笔者实地考察，他们选择的地点十分科学。这里的道路视野开阔，但正处在列车下坡的地点，不易刹车，而且路基比较高，下面是涵洞，如果军列在此脱轨颠覆，很容易落入涵洞下方，其巨大的冲击力会给日军带来更大伤亡。赵尚志与范廷桂选择了破坏铁轨的方式，制造了这起列车倾覆事件。

4 月 14 日，《盛京时报》以《日军由方正向哈凯旋中，列车颠覆死伤者多》为题做了报道，并惊呼"想不到在戒备森严的哈尔滨市郊会发生此事。"该报报道日军共计"死亡 11 人，负伤 93 人"，事后日本关东军还在附近树立了浅妻大尉等 11 名死亡日军的纪念碑（已不存）。

此次行动成功之后，赵尚志的军事才能受到当时满洲省委的认可，并转而负军事方面的责任，从此开启了"小小的满洲国，大大的赵尚志"的时代。

有一天，在北京遇到了东北抗日联军研究专家史义军先生。谈话中说起了成高子之战，笔者忽然想起来，在日本曾经见到过一册 1932 年出版的照片集，名为《满洲事件写真集》，里面正有一张成高子列车被倾覆的照片。

在成高子被赵尚志指挥颠覆的日军军用列车，死伤日军一百四十余人。

经过与史义军先生共同考证，这张照片的确是成高子袭击后日军所摄，照片中出轨的列车仍在熊熊燃烧。

有意思的是，这张照片上还有一段说明，标题是"军用列车爆破大惨事"。经仔细辨认，其内容为"四月十 × 日晚十时四十分，北满东支东 × 线成高子隧道附近，从长春归来的我军用列车，因俄罗斯兵悄悄挂上炸弹而爆炸起火，出轨后，最终造成 54 名当场死亡，93 人获轻重伤，照片上即为列车被爆破后的情景"。根据这段说明，日军完成对方正、延寿的扫荡后，曾前往长春，此后才返回哈尔滨，这也就解释了从方正乘火车到哈尔滨，应该从北面进城，而实际上其军列却是从南面的成高子经过这一奇怪之处，也反映了当时中方情报的准确。日方说明中并误将成高子的地名写为"城高子"，这也可能是我国后来研究此次战例不时误用的源头。

从此描述看，赵尚志这一次行动就使 54 名日军被击毙，而不是伪报纸上说的 11 人。要知道，日军打整个洛阳战役，与守军两个集团军激烈战斗前后将近二十日，自己宣称的损失不过阵亡 55 人。如果单从公布的数字看，赵尚志的这一次行动，几乎等同于两个集团军的战果了。看来，这又是一起日军典型的隐瞒战损的例子，只是不知道被瞒掉的四十余名日军是否进了靖国神社，还是日本军部连天照大神也一起骗。

是年 8 月 24 日，在当地赵尚志纪念馆担任馆长的魏云生先生带笔者和相关研究人员等前往成高子，踏勘了爆炸现场，进行实地考察。经多名在场专家认定，照片拍摄位置准确，确实是在同一地点摄于日军列车倾覆后不久的时间。只是当年的木制涵洞，今天已经被水泥代替，而赵尚志等藏身的树林，也被建筑楼群覆盖。

然而，就在考察期间，笔者再次收到一批从日本寄来的资料，并在其中发现了关于成高子颠覆日军军列的另一张照片。

这张照片来自于日本 1933 年出品的《满洲事变上海事变大写真全集》，描述的同样是成高子倾覆的日军列车，只是角度不同。从新发现的照片上，可以看到日军列车爆炸后燃烧的浓烟，出轨的列车车厢已被烧成框架状，车顶板被爆炸的冲击波掀到一边。其拍摄位置较《满洲事件写真集》靠后，应在成高子。据分析，这张照片拍摄于日军正在进行救火的过程中。而新照片侧面也有批注，日军在其中表明这次事故共造成"我军五十余人惨死"。

日方标注中并注明了为何损失如此惨重，其原因在于列车脱轨后，其装载的汽油发生爆炸燃烧。成高子颠覆事件发生后，日伪军警进行了大规

日本 1932 年 11 月出版《满洲事变上海事变写真集》中，成高子军列被袭击事件发生后日军拍摄的照片，可见烧成框架状的军列车厢和正在灭火抢救的日军士兵。

模的搜捕，捕杀了范廷桂烈士，也曾截获我方计划爆破松花江铁路桥的炸药等。但由于中国共产党此前在东北抗战活动中主要采取上层路线，从宣传、后勤等方面支持马占山等地方爱国将领的抗战，而几乎没有对日伪军直接的武装抗击（此前，中共满洲省委曾组织过一次对日军运兵车的爆破，但由于起爆装置失灵，未能成功）。因此，日军不相信中国共产党有能力组织如此"外科手术"式的行动，他们始终固执地认为此事是当时混在中东铁路俄罗斯员工中的共产国际特工所为，并大肆逮捕俄罗斯铁路工人中的所谓"嫌疑犯"，严刑拷打逼供，结果当然是南辕北辙。

所谓孤证不立，看来，这一新发现的史料正好给第一张照片做了注解。赵尚志和日军的第一战，杀敌数量确实比我们原来认为的还要多出数倍。

事后，我和史义军借此探讨了东北抗日联军总司令赵尚志将军的生平。史先生认为，成高子事件还有更重要的意义。中国共产党武装抗日的第一战，从卢沟桥事变以后计算当属平型关，但从整个抗战历史来说，1932 年 4 月 12 日，赵尚志在成高子颠覆日军军列的这一行动比平型关之战还早了 6 年时间。从目前资料来看，尚无比此战更早的中共直接领导的武装抗战的记录。这或许可算是中国共产党对日作战的第一枪，因此具有标志性的历史价值。

"我们不应该忘记卢沟桥事变之前，东北抵抗力量已经在白山黑水中苦斗了多年。"史先生开玩笑道："赵尚志可不是因为和日本人有私仇才打鬼子的哦。"

英语中，把复仇的开始称作"第一滴血"，著名影星史泰龙还主演过同名的电影，深受欢迎。从这个角度说，成高子的爆炸声，或许就应该算是中国共产党反击日本侵略者的第一滴血吧。

龙战一九三二

——中日铁甲战上海

一

1932年初，受关东军在九一八事变中轻易占领东北三省战绩的刺激，日本海军也迫切希望从中国获得更大利益。9月，作为与关东军的呼应行动，日本海军调动大井号巡洋舰和四艘驱逐舰运送海军陆战队到达上海，增援当地日军，并向上海市市长吴铁城递交哀的美敦书，提出取缔抗日组织，调防驻扎闸北的十九路军等无理要求。而中国方面的抗日宣传和抵制日货等爱国运动则风起云涌。

尽管南京当局有意妥协，但日方条件过于苛刻，且谈判中屡次变本加厉。驻防上海的十九路军军长蔡廷锴深感局势危在旦夕，积极备战。1月23日，蔡廷锴、蒋光鼐、戴戟等高级将领在真如召开军事会议，对十九路军及驻扎上海的友军配属的税警总团、宪兵第六团、铁道炮车队、飞机队等下达作战部署，决心与日军一战。28日，日军进犯闸北，中国军队奋起抵抗，双方展开了长达数月的激烈战斗，史称"一二八淞沪抗战"。

由于敌强我弱，内部又矛盾重重，这次抗战终以签署屈辱的《淞沪协定》而结束。但十九路军孤军一旅的顽强抵抗即打得日军四易主帅，几个月无法拿下上海一隅之地，令举国上下一扫不战而失东北的颓唐，大大增强了

战斗开始前，日本海军陆战队援军登陆，兵锋直指上海。

全国军民的抗日信心，也为此后的全面抗战在军事战术上积累了经验。

在这场局部战争中，双方都动用了若干当时较为先进的武器和战术。比如中国空军首次参战，美国志愿飞行员肖特尝试的"空中狩猎"战术对未来空战产生了重大影响。日军则首次尝试了以航空母舰为基地的对地支援作战。这些尝试使淞沪战场成为某种意义上独特的兵器试验场。

日军在淞沪战场投入战舰二十余艘、飞机一百余架。中国海军没有参战，飞机仅二十余架，双方炮兵火力相差更大。

以扼守长江口的吴淞要塞而言，这里装备的火炮大多是清末的产品，无论射程还是威力都不是日军的对手。其中重要的狮子林炮台，在日舰炮火下仅仅半个小时就丧失了战斗力。

不过，镇守吴淞炮台的78师副师长谭启秀（原台长邓振铨开战不久即逃）并非等闲之辈，在日军开始登陆后指挥部下用射程较近的老式火炮顽强抵抗。根据日本1932年出版的《海军陆战队上海奋战记》一书记载，在3月1日攻打吴淞要塞的战斗中，日军运输舰金陵丸（2717吨，被征用的原日本汽船社邮船，舰长为长泽佳吉）被宝山炮台击中烟囱和机舱等处，受伤太重，起火座沉，舰上机械曹长松田利夫等被击毙。

此战，根据日军记载，在吴淞要塞的抵抗中，日本海军先后有三艘军舰被击伤，分别是睦月号一等驱逐舰、卯月号一等驱逐舰和榆号二等驱逐舰，伤亡睦月舰长高次贯一少佐以下数十人。

日本方面将中国军队这一战绩归结为"使用了德国克虏伯公司的大口径海岸炮"。

尽管全面衡量，淞沪抗战中日军拥有压倒性的装备优势、绝对的制空权和制海权，但参战的中国军队巧妙利用长江三角洲水网地带的特殊地形与敌周旋，因此在优势日军面前打得有声有色，毫不示弱。若干仅有少量装备的先进武器也在一些局部战场上发挥了自己的作用。

在日军的优势装备面前，十九路军巧妙地利用堑壕工事与日军周旋，日军因此损失惨重，在报告中多次强调"支那军工事意外强固"。

为了打破中国军队顽强的防御，日军在上海大量使用了战车部队，这也是亚洲国家最早使用装甲部队的战例之一。

关于日军装甲部队在上海的战斗，中日双方都有较多文献进行描述。日军参战的装甲部队，前后期分属不同部队。在战争后期日军投入战斗的是重见伊三雄指挥的独立战车第二部队，使用从法国进口的雷诺 NC-17 战车和日本自制的 89 式战车，多次充当了冲锋陷阵的角色，也在战斗中成为中国炮兵重点打击目标，颇受损失。这一阶段中国军队与日军装甲部队的战斗，我曾在《火焚巨兽》一文中结合日本史料进行详细分析，在此不作赘述。

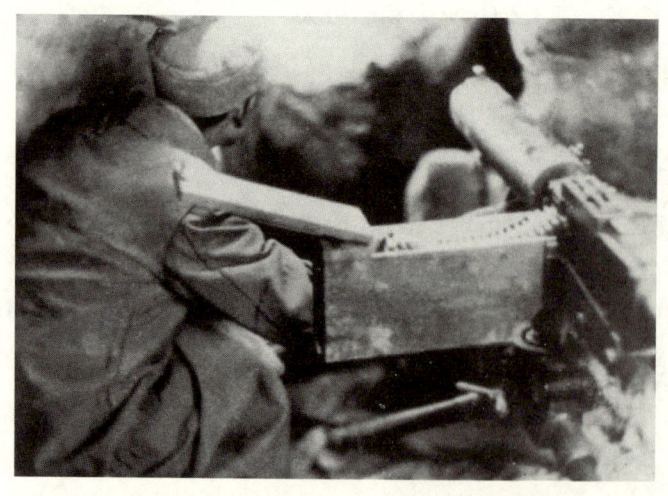

在上海的中国守军严阵以待，寸土不让。

正在填弹发射的吴淞要塞中国官兵

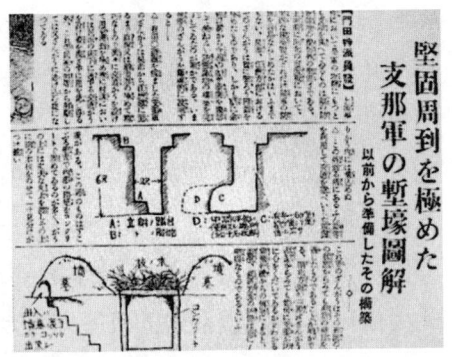

这是《朝日新闻》描述介绍十九路军工事的报道。这种堑壕战后来成为中国军队抗击日军的重要手段。

日军在战役前期对中国军队颇为轻视，投入战斗的战车为海军陆战队轻装甲车队，指挥官为世川涛平大尉，使用车辆型号为英制 M-25 轮式装甲车。日军感到驻上海的陆战队在市区的战斗中缺乏重装备，于 1931 年从英国购买了这种车辆，共计 10 辆。在初期作战中，由于十九路军各部缺乏与战车作战的经验，这种状似甲虫的装甲车曾给中国军队造成重大杀伤。

这种车辆本为英国海军在第一次世界大战中为机场警戒和殖民地防暴任务而开发，尽管适合城市巷战，但火力与防御在正规军的对抗中都稍显差强人意。

值得注意的是，这一阶段的战斗中，并非仅仅日军出动了装甲部队，中国方面的战车部队也曾登场，构成了战场上一道独特的风景线。

二

1 月 29 日，日军对十九路军的战斗在闸北爆发，在这一战中日军即广泛使用了 M-25 维克斯轮式装甲车作为开路先锋。

战斗在闸北爆发并非偶然。日本军事作家高桥升这样描述当时上海的局势："日本的侨民，1932 年在上海已经达到 326000 人，集中于虹口、北四川路一带，居住在这里的日本侨民占全体的一半。日本海军的陆战队本部设于北四川路北部，西边属于中国管辖的街区就是闸北。"

因此，驻扎在闸北的十九路军就成为驻沪日军的眼中钉，借口护侨，要求中方将反日情绪强烈的七十八师区寿年部撤离闸北。双方在这里争夺的核心是纵贯闸北的淞沪铁路。日军在开战前已经控制了铁路北端的天通庵火车站，而中国则控制着由此向南的铁路沿线和南端的上海北站，双方各以这两个车站为中心部署阵地。一二八抗战爆发前夕，尽管在日军压力下国民党政府已经接受了日军的要求，但不等七十八师部队撤离，试图以此为借口迅速占领上海的日军即发动攻击。

战斗开始后，日军指挥官盐泽幸一少将宣称，靠他手中的五千名陆战队，只要四个小时就可以控制上海。

如果考虑到九一八事变时沈阳的中日军力对比，盐泽的想法一点儿也算不上狂妄。

日方是这样描述战斗开始时的情景的："作为'掌上明珠'的装甲车，被一辆一辆部署在各处攻击阵地，战车引领着身穿海军制服的陆战队士兵勇往直前。上海街道铺装良好的道路给轮式战车的行动提供了极大的方便。（貴重な装甲車両である本車は１両ずつバラバラに配備され、ネイビーブルーの軍服に身を包んだ陸戦隊兵士の先頭に立ち活躍した。また上海市街の舗装路は装輪式の本車の行動を容易にした。）"

日军的阵容是将海军陆战队沿南北走向的北四川路一字排开，主力为

日本海军陆战队使用的维克斯 M-25 轻装甲车，重 2.5 吨，装甲厚度 5.5 毫米，顶部设有圆形炮塔，内装备 7.62 毫米 MK-I 重机枪两挺（向后方也可装备两挺但一般不装）。

驻沪海军陆战队第 1、2、3 大队，指挥官为鲛岛具重男爵。鲛岛设前敌司令部于北路小学校，以第 2 大队于北方天通庵方向青云路与天通庵路方向进攻，压制中国军队侧翼；第 1、3 两大队主力则集中南线，在维克斯装甲车掩护下自东向西发动攻势。

在北线天通庵路和青云路方向，由于地形的关系，双方的炮火都能够把这里变成一片火海，所以，这里的战斗只是一种陪衬。尽管如此，战斗打响后，这里的日军依然遭到顽强抗击，经过一个半小时战斗阵亡藤田、政门两少尉以下二十余人。29 日，看到全面攻势已经受挫，11 点 30 分"全部队向铁路线以东复归"。

真正激烈的战斗在南线爆发。

南线，北四川路西侧即为十九路军控制的闸北阵地，吴淞铁路与北四川路基本平行。在北四川路和铁路之间，有五条基本与其直角相交的道路将两者相互连接起来，分别是横滨路、宝兴路、三义里（广东路）、虹江路、靶子路。七十八师师长区寿年料到一旦开战日军必试图切断淞沪铁路，因此在各条道路的路口都设置了街垒阵地，以翁照垣旅重兵扼守，意图依托市区建筑阻击日军的攻击。事实证明区寿年的判断完全正确，日军果然将部队分成五路，在战车的掩护下同时沿五条街道发起了攻击。

他指挥的部队此时堪称扼守国门，日军在他的阵前猛攻一个多月，始

在北四川路战斗中的日军装甲车和摩托化部队

终无法突破闸北防线。

在日方对此战的记载中，日军坚持战斗是由于日军移防经过十九路军阵地，双方发生冲突而爆发的。且不说通过对方的阵地移防未免荒唐，看日军自己的描述，这种以战车引导步兵的行动，完全是发动进攻的标准阵型！

历史的真相往往就在这些细节处显现。

夜11点50分，日军开始行动。

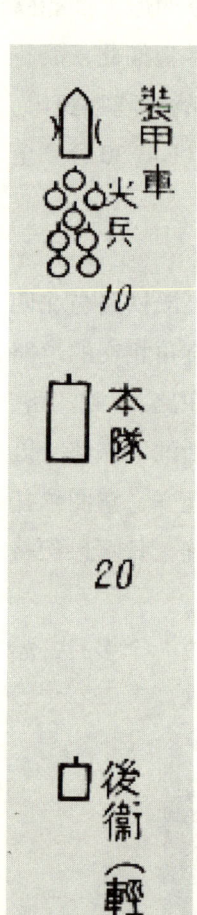

日军在一二八之战中，装甲车与步兵的配置队列。

与一般记载不同的是，在闸北和日军打响第一枪的并不是十九路军，而是警察——因为中方为了避免冲突，已经令七十八师部队撤离一线阵地，只留警察警戒。根据日军记载，中国警察尽管只有手枪，但颇为勇敢，战斗中毙伤了日军第4中队机枪小队小队长政门清世少尉等多人。战斗打响后，十九路军官兵随即投入战斗。蔡廷锴闻讯，星夜赶往预设在真如的前线军指挥所就近指挥作战，并命令上海周边十九路军各部队迅速进入市区阵地，支援七十八师。

十九路军参谋长赵一肩在报告中写道："敌于是晚十一时半，以天通庵车站为据点，右自虹江路口，沿宝山路、宝源路、横滨路，左至青云路等处，同时用装甲车掩护步兵向我一五六旅第六团防线猛冲，并起火焚烧各商店，一面用手榴弹从屋顶掷下，来势极凶，卒赖我官兵沉着应战，以手榴弹为毁车之利器，将敌完全击退，并毁敌战车四辆，我方伤亡亦大。"

如赵参谋长所述，日军战术有素，步兵枪法极好，战斗力很强，在炮火掩护下打得凶猛异常。特别是一面前进一面用旋回机枪猛烈扫射十九路军阵地的维克斯装甲车，给守军带来了巨大伤亡和震惊。一二八之战中，中方进行正面阻击的张君嵩团（即一五六旅第六团），战斗开始仅仅五个小时即伤亡六百多人，占全团三分之一，其中很大一部分是日军以这种装甲车当先开路突破中国军队阵地时造成的。

幸好，十九路军部队的防御工事迟滞了日军装甲车的前进——按照日军记录，中国军队在铁路以东的各个路口都拉上了多道带刺铁丝网，并用沙袋构筑了工事。如果日军的车辆是履带式的，这种工事不会形成太大阻碍，但 M-25 装甲车是轮式的，所以无法长驱直入，只能在工事前等待步兵清理道路。随着中国军队从最初的惊诧中恢复了勇气和智慧，这种 M-25 维克斯装甲车的弱点就完全暴露了——它的机枪火力缺乏震慑力，而装甲厚度又不够。中国军队采取将敢死队预伏于街道两侧，待装甲车接近用手榴弹炸其行动部分，而后用轻武器近距离攻击的方法，有效地遏制了日军装甲部队的攻击。

让我们对照 1932 年出版的《海军陆战队上海战斗记》（作者有马成甫）和中国方面的《淞沪御侮记》，来看看此战中的具体情形吧。

三

横滨（浜）路日军进展迅速，以两辆装甲车突破十九路军第一线防御，一度占领铁路线。但日军很快发现中了埋伏，攻到铁路线的日军遭到从两侧建筑上和背后飞来的子弹和手榴弹的猛烈打击。继续进攻是不可能的，中国人的子弹和手榴弹弹片打中装甲车四处崩飞，靠近装甲车不但无法掩护自己，反而更加危险。日军被迫下令装甲车后退，双方打成对峙。

宝兴路一线日军第 1 中队指挥小队小队长赤尾俊二少尉骄横地当先突进，战斗一开始就被一枪击毙。日军士气大挫，又有铁门拦路，战斗遂胶着于克明路口，装甲车被打得胆寒，只敢用探照灯帮忙照亮。

在广东街三义里进攻的日军是第 3 大队（夕张巡洋舰带来的陆战队）第 7 中队。开始日军遭到顽强抵抗，但配属的一辆装甲车用燃烧弹对十九路军中国军队的阵地进行猛烈扫射，掩护日军步兵完成了突破。可是，中国军队很快恢复了斗志，并用猛烈的火力阻止装甲车的前进。夜色中只见无数火花在装甲车上迸飞——那是中国士兵的子弹打在装甲车上。并不是每一处的装甲都能挡住子弹，混战中多发子弹击穿了装甲车的车体。装甲车被打瘫使日军攻势顿挫。但是，就在这时，得知此地战况不利的日军第 3 大队大队长高桥一松少佐亲自带着另一辆装甲车和四个小队的援军赶来。

高桥亲自在装甲车中坐镇指挥攻击，大队旗手则手擎队旗从装甲车中探出身去高呼万岁。日军后方的野炮，23驱逐舰中队的舰炮也炮击支援。日本海军陆战队士气顿时高涨，进攻再次拉开序幕。

但是，闸北可不是北大营。

有马成甫在文中如是描述这场进攻：

"便衣队突然从侧面袭来，常磐小队留下就地阻击。在夜色中继续前进，5米，10米，侧面出现一簇簇黑影。（大队长）打开后门，对着黑影大喊，是××小队吗？"

砰砰砰砰砰……

"大队长，敌人的子弹啊！快关门！"这是长谷部装甲车分队长在喊。

这样，旗手被叫了回来，战车闭门前进，边进边用机枪对外射击。但是，当战车到达中国阵地的沙袋工事前时，中国兵的抵抗达到了疯狂的程度，不断传来子弹打在车体上的声音。战车内不时有点点的闪光出现，那是从射击孔飞进来的手榴弹弹片，周围的情况根本无法看清。

因为侧门上的中弹声音稍少。旗手稍稍推开侧门，随后报告击中装甲车的弹片正在崩飞杀伤周围的日本兵。他边从那里向外望，边喊道："前

出发前的日军在整队，装甲车也在其中。

日军进攻中国军队的街垒（29 日），左侧可见掩护的 M-25 装甲车。

方二十米，有三挺敌人的机枪！"一语未毕即被一弹命中，随着一声"我中弹了"掉落车外。

"快向后爬！"车中的日军对旗手大喊，免得他再次被打中。

装甲车成了中国军队集中射击的目标，距离越近，命中的弹丸威力越大，日军战车多次被击穿，顶部战车上的机枪都被摧毁。车中的大队长高桥中弹负伤，成为这天战斗中日军伤亡人员中军衔最高的一名。装甲车分队长长谷部、驾驶员隋川等也被击伤。失去装甲车的掩护后，冲到邢家桥路口的日军报告："因为刚刚到达上海几个小时，还不熟悉周围的情况，我们误入敌军的火力网，暗黑之中可以看到吐出火焰的敌军步枪机枪。他们的火力形成不断的弹雨，在广东街敌人点燃的火焰前，暴露的我军死伤接踵，前后的人员不断被打倒，到处可以听到垂死的士兵在喊叫——'天皇陛下万岁'。"日军第 4 小队长近藤忠兵卫少尉战死。烈火燃烧到清晨不灭，这支日军只好转入就地待命，等待飞机支援。三义里之战日军伤亡 59 人，是各路进攻部队中损失最大的。

日本军史专家儿岛襄在《日中战争》一书中评价 M-25 维克斯战车的装甲太薄，实战中角度合适的情况下，中国士兵的步枪或捷克式轻机枪都可

将其击穿，对手榴弹的防御力也不足。日军记录此战时，形容这种装甲车有效地增强了陆战队的突击能力。"但是5.5毫米厚的装甲，即便是普通子弹命中，只要角度合适也会被贯通，而且由于是轮式装甲车，面对路障也会出现重大的机动问题。巷战开始后，中国方面从路边和建筑物上的死角投掷手榴弹，造成数辆（装甲车）的损失。（しかし、5.5mm の装甲板は銃弾の命中角度によっては貫通されたし、装輪式なのでちょっとした障害物でも重大な問題となった。また市街戦ということもあり、中国側は路地の影や建層階物の上層階といった死角から手榴弾を投げ、数両が失われた。）"

　　虽然根据《日中战争》中的记载，日军拼死将被击毁的装甲车抢回，但中国方面因此发现日军的战车并非看上去那样可怕，军心大振。此后，日

十九路军使用的维克斯重机枪，与日军的装甲车是同一个公司的产品。

日军 M-25 装甲车上的累累弹痕

法制 81 毫米机动式迫击炮

日军第 4 号装甲车，2 月 4 日被击毁于宝兴路。

在 1932 年淞沪抗战中，中国迫击炮手为了节省时间，用牙齿咬开炮弹保险，这张照片曾将日军惊得目瞪口呆。

中国军队使用的两门迫击炮，战斗中被日军俘虏。

日海军陆战队在虬江路口围绕 M-25 装甲车建立的街垒。

军也曾多次使用这种装甲车进攻中国军队阵地，多遭重创。2月4日，日军再次进攻宝兴路时，第4号装甲车再被击毁。不过，这种战车在这一阶段与十九路军的作战中还有另一个作用，那就是配置在重要街道地段，周围垒上沙袋作为活动堡垒阻击中国军队携带迫击炮进行的袭击。

中国军队使用的法制81毫米机动式迫击炮，运行轻便，火力凶猛，弹道又异常弯曲，特别适合巷战，被日军称作中国步兵部队最有威力的武器。十九路军官兵和救国会组织的便衣队经常携带这种迫击炮出击，在日军用装甲车封锁主要路口以前，曾给日军和租界中的日方机关建筑造成重大破坏。

由于迫击炮不配备穿甲弹，加上沙袋的M-25装甲车只要不是被直接命中，就很难受到致命伤害，而它转动的炮塔和高射速的机枪子弹对于因携带迫击炮而行动迟缓的中国袭击部队来说则是致命的。

日方评价："到1932年2月13日陆军第九师团登陆之间的两周时间里，为避免陆战队遭到优势敌军全歼做出了巨大贡献，这种战车的战绩扫清了对轮式装甲车作战能力的怀疑。受其活跃表现的影响，海军同年开始仿造，定名为92式六轮装甲车。（1932年2月13日に大日本帝国陆军第9师团师が到着するまでの2週間をわずかな数の陆戦队で大人数の敌部队を食い止めるのに大いに贡献し、「タイヤ付きの装甲车は役に立たない」という従来の见解を改めさせた。本车の活跃を受け、海军は同年に海军九二式六輪装甲车を採用した。）"这种车辆曾广泛用于侵华战争。

十九路军对这种"乌龟壳"阵地一筹莫展，但是随着中央军嫡系第五军投入战场，宋希濂将军率领的这支精锐部队带来了新的武器。十九路军借炮打战车，让闸北的日军海军陆战队吃了大亏，那大概也是十九路军和M-25装甲车最后的恩仇了结了，咱们后边再说。

一二八之夜，日军未能取得预期战果，原因甚是复杂。单从战术上讲，平均分配兵力几路并进，进攻力量捏不成拳头是兵家大忌。将战车分散配属给步兵使用也是如此，日军直到1939年南昌战役才学会集中使用装甲部队。十九路军打的是防御战，略有缚手缚脚，若是换了八路来打这一仗，只怕当场会放一路日军进来包饺子。

看来，九一八的轻易得手让日军产生了过剩的心理优势。

不过，当晚战斗中最吸引国际军界人士的，则是双方装甲部队发生了

中国军队用沙袋制作的工事在一二八起到了很好的防御作用,不知怎的,这张照片让我想起了巴黎公社的街垒。

交手。双方交战的地点在虬江路。

　　这一晚最激烈的战斗也发生在虬江路。在这里发动进攻的日军为第1大队第2中队。其尖兵吉松小队与中国警察(日军称为"公安局巡捕")在赫司克尔路口交战,中国军队利用一座二层楼房作为据点用机枪反击。日军试图除掉铁丝网不成,暴露在街道上的官兵在与十九路军官兵对射中不断中弹,日军狂呼:"呜呼,我们要沙袋!"并纷纷挤到装甲车的后方以求掩护。

四

　　这路日军配备有两辆装甲车,一开始战斗其中一辆的水箱即被炸坏。日军突破了中国军队的一线阵地,攻到敦仁里,中国军队的子弹不断命中装甲车,发出亢、侃、波的怪音。冲在前面的5号装甲车油箱被击中。中国兵接着用手榴弹集中猛炸这辆瘫痪的装甲车，日军 5 号车车长阪口近次少尉被撕裂装甲的弹片击穿了脖子，另有高冈芳太郎等三名战车队员负伤。两辆日军装甲车都失去了战斗力。事后发现其中一辆日军装甲车上竟有五百多个弹痕（可惜击穿的只有不到十弹）！

到夜间 1 点 30 分，又有一辆装甲车赶来支援。这辆车本来是派去攻击靶子路的。但是日军进攻靶子路的部队是刚到上海的新军山仲中队，道路不熟迟迟不能发起进攻，只能和中国军队进行远距离对射，所以干脆转到虬江路方向来了。

中国军队据守阵地，拼死不让，两军的战斗久久难分胜负。双方的战斗持续到 1 月 29 日凌晨 2 点 30 分，战场情况忽然一变。

当时，日军正派出一个小队准备迂回到十九路军阵地后方的宝山路道口，对守军进行夹击，却发现中国军队的火力突然增强，有呼啸的炮弹迎面飞来，染谷军曹等当即被炸翻在地。与此同时，日军士兵发现中国军队控制的铁道上驶来一具庞然大物。

中国的装甲部队终于出现在了淞沪战场。这支装甲部队，既不是坦克，也不是自行火炮，而是一种罕见的武器——

装甲列车！

上海公共租界工部局在《1932 年上海中日武装冲突》的备忘录中，记载了观战时虬江路战场的情景："日本军队遇到中国部队的坚决抵抗。尽管他们成功地到达吴淞铁路线直到宝兴路，但未能到达这个地点以南的防线，双方战线沿铁路以东，一直到北河南路与北四川路之间的公共租界边界。

"日本军队的左翼遭到一列中国装甲列车重火力的袭击。

"列车由北站开出，在吴淞铁路线上巡逻，阻止日本人占领分派给他们的整个防区的这一部分。

"于是一队一百人左右的日本水兵，在一辆装甲车伴随下，试图通过北河南路一道分隔租界与中国地界的铁门，但遭到万国商团的阻挡，因为那道门坐落在他们的防区内。这道门通往火车站。"

应该说，上海列强控制的租界工部局一二八之前撤退各处巡捕，对日方带有一点讨好的态度。但是，看到中方的抵抗如此强劲，他们暧昧的"中立"，马上就产生了微妙的变化——所谓翻脸如翻书，人必自助而后天助之，

装甲列车是 20 个世纪早期各国普遍装备的重型军事装备，由多节带有装甲的机车、炮车、运兵车、指挥车等组成，威力强大。这是英军的装甲列车，中国装甲列车与此类似但火力稍逊。

一张珍贵的照片——参加淞沪抗战的北平号装甲列车（局部）。

中国装备的卡登·洛伊德装甲车，被称作英国维克斯公司向外销售战车中的"Best Seller"，全重1.5吨，乘员 2 人，装备 7.9 毫米水冷重机枪一挺。

大体如此吧。

在英文的 *The Japanese attacks at Shanghai and the defense by the Chinese. 1931–1932* 中，也记录了装甲列车的这次战斗，称"一列中国装甲列车开始沿着吴淞铁道线巡航，并朝一切可以看到的日军官兵开火。同时，中国的便衣队继续执拗地向日军背后渗透。（A Chinese armored train began patrolling the Woosung Railroad line，firing on any Japanese seen. Chinese mufti-Soldiers continued to snipe in the Japanese rear.）"

中国早期装甲部队官兵，从照片上看，他们身后是一辆法国雷诺 NC-17 轻型坦克。据推测，这是 1933 年张学良赠送给中央政府的两辆雷诺战车之一，应该未能赶上参加 1932 年的战斗。

日方的《海军陆战队上海作战记》中这样描述："战斗中，中国装甲列车忽然出现，迂回的坂口第 2 小队遭到炮击，用机枪应战，中国列车稍微退却，看到这种射击不能阻止自己，又重新向前开进，用车上机枪扫射我军——对于重炮装甲列车，除了用飞机轰炸以外，别无办法。早晨 11 点，我军飞机出现在闸北，装甲列车终于开始退却。飞机追上去投弹，第一发没有命中，击中了上海北站的建筑物，黑烟飞扬，很快起火。能登吕号的飞机继续追击，直向真如方向追去，但并没有战果。为了阻止装甲列车的前进，本部工作队 12 点 20 分于虬江路和宝山路交界处炸毁路轨。"

而日本方面悼念在上海战死官兵的文集《咦，忠魂》里面，还有一篇文章《独腿的自行车传令兵》，更加详细地记载了当时战斗的场面。写这篇文章的是日军传令兵铃木实，他在这次战斗中被中国装甲列车击中负伤。

"山仲中队在虬江路顽强的敌阵中陷入苦战，虽然取得一定进展，但是敌军在北停车场、宝山路等地显然留有大量部队，随时可能从我占领阵地的侧面突入。此时，坂口小队长率一个班向北站搜索攻击，一直打到敌军阵地前 50 米，攻击一座三层小楼。此时，敌军装甲列车炮开始对我阵地炮击，两弹在我阵地附近炸裂，造成多人负伤。看到这一情况，小队长转而命令占领街垒防御。虽然双方一度打成对峙，但是很快我军的机枪阵地就被炮弹击毁。小队长让身为传令兵的我前去抢救机枪手。我刚一出发，又一发炮弹在附近爆炸，我的大腿当即中了弹片，是贯通伤。小队长将我背出来，但我不肯撤退，称'一条腿也可以骑自行车传令啊'。然而，一上车我就因为失血太多栽倒下来。"

实际上日军早在战斗开始前，就得到情报称中国军队控制的车站（即上海北站）内藏有两列装甲列车，只是骄横的日军对此并不重视，结果在战斗中吃了亏。日本军事历史作家高桥升在 Panzer1997 年第 7 期的文章中这样描述这列中国装甲列车："中国装甲列车是由苏联或法国军事顾问团指导建造的优秀产品，车厢中央载有带装甲的圆筒型炮塔，这种造型对日本后来制造用于大陆战场的装甲列车颇有参考价值。""上海事变活跃的中国军装甲列车共有两列，被称为'蒋介石的铁甲列车'。其上配置的火炮，是使用野炮或山炮改造后搭载的，这种兵器是中国用来保卫铁道的最好武器。由于只能在铁道上使用，它无法在野战中发挥价值……但是装甲列车此后在中国战线各地域曾广泛使用，成为让日军头疼的兵器，与日军装甲列车也曾发生过战斗。"根据高桥升提供的照片，28 日投入战斗的中国装甲列车名为"北平号"。另一列名称不详。

中国军队在战场上用近乎变态的重武器蹂躏战车，猛攻只有轻装甲车的日军，这在抗战史上堪称奇闻。在能登吕号的飞机赶来参战之前，面对这个庞然大物，日军被迫后退，依托建筑组织防御，在虬江路的攻势遭到彻底挫败。

那么，这列"北平号"装甲列车到底是何方神圣呢？

从当时中国军队的编制情况来看，它并不隶属于当时中国的正规装甲部队。

根据目前的史料来看，当时的中国正规装甲部队只有一支，就是陆军教导第一师战车队。在上海发生战斗之前，中国已经开始建立自己的装甲力量。1929 年，陆军教导第一师战车队在南京新小营成立。这支部队后来发展成了杜聿明指挥的"装甲兵团"，全面抗战爆发后，在上海、南京、徐州各战役曾与日军拼死作战。但是，这支部队使用的车辆中，并没有装甲列车在内。而且，1932 年，这支部队也没有派遣战车参加上海战斗的记录

日军装备的卡登·洛伊德装甲车——和中国从同一个地方购买。

（也有未经考证的说法讲其支援过蕴藻浜第五军的作战，但 1 月底肯定不在上海）。

不过，日本方面的资料中，的确有中国装甲车在上海参加战斗的记录。日军装甲兵中将原乙未生回忆 1932 年在上海曾发生过中日相同种类装甲车的短暂交火。《朝日新闻》1 月 30 日也曾报道数百名中国士兵乘坐在装甲车上进攻北四川路日军阵地。高桥升在《日中战争中的中国战车部队》中称中国军队装备的也是 M-25 装甲车。这可能是一个错误，因为中国从无购买这种装甲车的记录。

很遗憾在中方的史料中没有找到相关记载，但如果推理一下，倒是不难找到这支装甲车部队的出处。它很可能隶属于税警总团第三团，税警总团当时装备有少量卡登·洛伊德装甲车。

1929 年，宋子文曾为税警总团从英国购买了 24 辆这种战车，不久将其中的 18 辆转交给教导第一师战车队。一二八抗战爆发时，宋子文向税警总团驻扎上海的四个团发出了作战命令，其中税警总团第三团当时正驻扎闸北，曾与十九路军配合作战。日军提到中国步兵在装甲车掩护下发动的这次进攻，可能就是使用了税警总团上交后留下的 6 辆卡登·洛伊德战车。

本页上图从左到右即卡登·洛伊德战车、89 式中型坦克和 M-25 轮式装甲车，日军在上海的主要装甲车辆大体如此。从照片上的比例可以看出，卡登·洛伊德装甲车在装甲车辆中堪称袖珍，战斗力有限，即便对上同样属于轻型装甲车的 M-25 也如同小儿对壮汉。这大约就是为何中国方面的装甲车仅仅出击了一次就销声匿迹的原因吧。

五

在日军优势的炮火面前，中国军队尚在雏形的轻装甲部队即使出现在前线也只有象征意义。

而中国的装甲列车部队，此时是单独编制在交通兵之下的。北平号隶属于交通兵第二团。这支部队的前身，是周士第领导的大元帅府铁甲车队，使用从苏联进口的两列装甲列车，后来发展成叶挺的独立团，一度是共产党领导的铁杆武装。不过，由于国共分裂，到 1932 年，这支部队已经完全为国民党控制，辖铁道大队二、汽车大队一、电雷大队一、水雷大队一，专门负责对南京—上海间铁道的巡逻保卫工作，有时也派出装甲列车充当高官的专列。交通兵二团的指挥官是首都铁甲车司令蒋锄欧。

1930 年 4 月，蒋介石在部署与冯阎作战计划的报告中说："首都交通兵第二团斯励，首都铁甲车司令蒋锄欧（率）湖广、北平、云贵、长城、太平、民生、西平、山东、泰山、民权各甲车（部署于）汉口、徐州、浦口、济南、开封、郑州。"可见当时蒋军通过吞并军阀武装，拥有的装甲列车至少已有 10 列之多，以上还不包括最初从苏联进口的两列装甲列车。这种装甲列车可能的形态如下：由九节列车组成，其中第一节为平板货车不装甲，用于蹚雷破障，上载钢轨、枕木等修路器材，如果前行时铁道被破坏可立即修复；第二节为炮台车，车厢装甲，共分两层，下层安装重炮（因中国军队缺乏重炮多不装，而改装重机枪。），上层有圆形炮塔，安设迫击炮或山炮；第三节为装甲机枪车，在车厢两旁有机枪射击口；第四节为机车；第五节系指挥车附餐车，用头等客车外挂装甲；六七九节和前一二三节相同。第九节前，另挂铁闷子车一节为第八节，内可运载两排步兵作为掩护部队。各节车都无门窗设备，二至七节直接通行，车身涂迷彩油漆。但是，这种布置不是一成不变的，实战中经常会根据需要改换列车的节数和搭配。

蒋锄欧战时并不直接指挥铁甲车，各装甲列车通常配属各部作战。

　　特别值得一提的是，交通兵二团的铁甲列车当时还是中共军委特科的"京沪情报转运专车"。

　　1931年底，上海中央军委特科派王世英到南京建立情报网络。在很短的时间内，王世英就发展了王昆仑（国民政府立法院立法委员、国民党候补中央执行委员）、左恭（国民党中央宣传部总干事）等一批情报关系，获得的情报很多。王世英因此必须每周从南京去一趟上海，向中央军委汇报。但是，南京、上海和京沪线上的国民党特务、警察搜查得很严，这样频繁地来往于南京、上海之间，难免出事。

　　铁甲车队有个队长是王在黄埔军校四期的同学，于是王世英找到这个队长。这个队长整个就是《潜伏》里的谢若林，不管主义，只做生意，利用铁甲车来往京沪的便利走私鸦片。他对王世英说："我不管你是真做买卖还是假做买卖，只要不声张就行。"从此，王世英就每周乘坐国军的铁甲列车，去上海向军委传递情报，直到1933年2月调回上海，接手负责中央特科和红队。

　　如果深究起来，这列北平号装甲列车，很可能就是张宗昌为其白俄部队建造的"北京号"装甲列车，曾在军阀混战和北伐战争时期十分活跃。在美国人丹·赫尔曼所做的《白肤色中国官员》一书中，曾经用当事人目击的

在上海北站被击毁的中国装甲列车（局部），可以看到其旋转炮塔中的机枪已经被中国军队拆走。

记录描述了北洋军阀部队一列装甲列车的命运。当北伐军与起义者攻占上海时，这列"燕京号"或者"北京号"装甲列车满载孙军败兵和官员试图冲入租界避难，结果被北伐军炮火击中翻车，后逃跑向租界的人员又遭到"暴动者"的截击，全军覆没。据此，这列装甲列车可能在上海迎接北伐军的起义中被起义人员俘获。1928 年，国民政府将北京市改名为北平市，这列装甲列车大约就在此时改名，此后一度由唐生智部使用。1929 年 12 月唐生智在平汉路起兵反蒋时，他手上有五列铁甲车：民生、民权、平等、泰山及北平号，以蒋锄欧为铁甲车司令。但蒋锄欧无心内战，不久即利用自己掌握的密码，向南京输诚。唐生智战败后，蒋锄欧成为南京政府的铁甲车司令，受到蒋介石的重用。

交通兵二团直属国民革命军总司令部。按说十九路军发起淞沪抗战，南京政府方面并没有全力支持，那么，属于交通兵二团的装甲列车怎么会支援十九路军的战斗呢？

一种看法是，交通兵二团的 4 列铁甲列车担负着京沪线日常巡逻任务。估计当时交通兵团的铁甲列车正好巡逻到上海，赶上一二八淞沪抗战爆发，并遇日军装甲车攻击淞沪铁路，于是投入了战斗。另一种看法是，京沪铁道上的装甲列车是接受双重指挥的，除了总司令部可以调动，淞沪警备司令部也可以指挥它们。一二八时的淞沪警备司令是蒋光鼐，此前为陈铭枢，都是十九路军色彩浓厚的将领。据考证，1 月 23 日十九路军下达作战计划时，曾将铁道炮队（即装甲列车）配属给七十八师使用。从这一点看，后一种看法更有道理。

1 月 28 日夜，中国装甲列车的出动成为日军攻势转为守势的转折点。但是，他们的战斗还不仅如此。

中日双方的战斗持续到 1 月 29 日中午才渐渐沉寂。下午 1 点 30 分，上海市市长吴铁城通过英国领事与日本驻沪总领事村井联系，双方达成了暂时的停战协定。但是，此后双方的战斗并未停止。

根据《淞沪御侮记》记载，1 月 29 日晚 7 时，日军"飞行机 17 台（架）沿沪宁铁道线路轰炸，其中两机飞抵真如，并破坏北站停车场"。中方随后展开反攻。

这队日本飞机应该是能登吕号的水上飞机，日军两艘正规航空母舰加贺号和凤翔号正在赶来上海途中，加贺号 30 日下午 5 时到达上海，凤翔号 2 月 1 日到达上海。但是能登吕号的记录是携带 8 架飞机到上海，4 架上岸使用，自己只搭载 4 架飞机，所以机数上与中方的记录可能有所出入。

六

日方没有记载这次攻击的主要目标，不过蔡廷锴将军回忆"暗藏在天通庵（应为北站）车站内的两列装甲列车只使用了一次，就因为汉奸指示目标被炸毁"，指的应该是这次空袭中日军的战果。

在此之前，在锦州的东北军装甲列车部队曾与日军展开战斗，并在激战中一对二击败来犯的日军装甲列车，日装甲列车指挥官板仓繁大尉被击毙。但东北军的装甲列车最终被日军飞机击毁。由此可见，依靠铁轨运行的装甲列车虽然防御和攻击能力优秀，但战场机动能力较差，防空能力弱，飞机正是它的克星，二战中负有盛名的波兰的装甲列车部队也在德国空军的打击下全军覆没。

事后，日军声称在上海的战斗中俘获了一列中国装甲列车，而且对其的研究影响了日军铁道兵的发展。

不过，根据后来的战斗情况看，蔡廷锴将军的回忆可能有误。据高桥升在 Panzer 1997 年第 7 期撰文所述，当时参战的中国装甲列车一共两列，形制略有区别。日军这次空袭后，中国装甲列车曾再次出击。因此，被击毁俘获的应该只是一列装甲列车而不是两列。同年秋天，在狙杀张宗昌的事件中，北平号装甲列车曾出现在济南，说明它并没有损失在上海的战斗中。

由于十九路军防空力量薄弱，对日军当时技术指标并不怎么出色的飞机，硬是没有办法，只能任其猖狂。这种情况直到 2 月 5 日中国空军参战才有所好转。当天，日军一架水上侦察机在真如被击落，机上矢部让五郎少佐等三人阵亡。整个淞沪事变中能登吕号共损失 3 架飞机。

装甲列车部队的再次参战，是伴随 30 日十九路军在闸北的全线反击进行的。有马正甫在《海军陆战队上海奋战记》中描述了这次进攻。内容如下：

"30 日晨 2 点 30 分开始，前线双方开始发生战斗，两军用机枪对射。5 点 30 分左右，中国装甲列车再次在北站停车场附近出现，用野炮朝我军阵

在真如被击落焚毁的矢部机，中方后本着人道主义立场将矢部携带的千人针、护身佛等交还日方。

地猛烈炮击。敌军这一炮击在整个上午持续不断，我军横滨路、宝兴路等前线阵地中弹数十发，敌（装甲列车）更向我纵深展开炮击。

"晨7点40分，乍浦路我后方阵地连中三弹，其中一弹击中本愿寺据点前，一名为我方工作的中国人当即被炸死。9点左右，陆战队本部被敌击中，建筑本身仅受轻伤，但死伤十余人……"

根据日军战报，此战天通庵路阵地也遭到炮击。

日军死伤者包括仲地幸二少尉、作田真彦上等兵等多人。

根据赵一肩参谋长的回忆，由于早有作战计划，闸北战斗打响之后，十九路军原在后方的六十师、六十一师等一天内就纷纷开赴前线，七十八师因此没有了后顾之忧，故此有反击的余力，参战部队主力似为一五六旅和宪兵团。作战纪要中当日有"一五六旅附小炮连、宪兵团（欠1营）占领闸北，为前进阵地"的记录。

此战，中日双方前线步兵都打得十分顽强，但是，双方在重武器的使用上却出现了差别。由于天气原因，日军飞机无法提供支持，而M-25装甲车的火力对抗中国的装甲列车无异于螳臂当车。依靠装甲列车的强悍战斗力，从九一八之后，战场上首次出现了中国军队依靠优势重武器蹂躏日军的场面。

　　大约受到战果的鼓舞，中国装甲列车开始向日军后方开炮，连续击中日军几个重要据点。战斗到中午 12 时 40 分，北四川路上的奥迪安夜总会中弹起火（日军也怀疑是中国方面的便衣队放火），大火迅速在日军控制区蔓延。《海军陆战队上海奋战记》称"到虹江路和三义里前方阵地的电话线均被切断，我军有遭到迂回而与后方失去联络的危险。这种情况下，前线部队被迫向北四川路撤退"。

　　这一战，十九路军不但收复了前一天日军在闸北占领的全部阵地，而且兵锋直指日军陆战队总部，大有将日军赶下海的势头。可惜的是，当晚 5 点，由佐世保赶来的日军援军第 4 大队（大队长森可久少佐）抵达上海码头。这支部队加上安宅、常磐两舰的陆战队投入战斗，终于稳定了战线。1 月 31 日，日本海军第 3 舰队司令野村吉三郎中将率加贺、凤翔两航空母舰，四艘巡洋舰，四艘驱逐舰及陆战队 7000 名增援部队到达上海。2 月 2 日，日军金泽第 9 师团亦被派往上海参战，双方力量对比发生剧烈变化，十九路军再也没有全歼上海日军的机会了。

　　由于得到增援，日军在 2 月上旬到中旬之间转守为攻，曾多次向闸北十九路军阵地发起攻击。日军飞机在进攻中十分活跃，除了猛烈攻击中国军队阵地外，还先后炸毁东方图书馆和商务印书馆，给中国文化事业造成

被当作日本海军陆战队第 3 大队大队部的上海日本小学校旧照

极大损失。在上海各界民众爱国热情的鼓舞下，尽管装备火力远不及日军，参战中国军队依然奋勇抵抗，寸土不让。双方的战斗十分激烈，阵地犬牙交错。在这一连串的进攻中，日本海军的 M-25 装甲车不时露面，并一度发明了以炮兵尾随装甲车发动攻击的战术。但是，由于其装甲薄、火力弱，也屡次遭到中国方面的沉重打击。例如，2 月 9 日，在江湾路一带的战斗中，日军就连失 1 号和 9 号两辆装甲车。加上前后作战的损失，到 2 月中旬，日军 10 辆 M-25 装甲车中，能出动的仅剩 3 辆。

然而，耐人寻味的是这一阶段的作战开始后，中国的装甲列车部队再也没有在前线出现。

对此，中方史料并没有提供足够的说明。然而，究其原因，也不外乎两种可能。第一，十九路军的抗战与以蒋介石为首的国民政府方面的退让政策存在矛盾，因此并没有得到全面的支持。在这种情况下，本来就不是直属于十九路军的装甲列车部队，可能被调走。从后来北平号出现在济南判断，也许此时它奉命沿津浦线向北方撤退了。第二，日军加贺、凤翔两航空母舰的投入，大大增强了上海日军的空中力量。装甲列车笨重而且依赖铁道线，飞机正是它的天敌。在这种情况下，装甲列车部队继续留在前线已经没有用武之地。尽管中国装甲列车部队在淞沪前线作战的时间并不长，而且暴露了其必须依托铁路线造成的机动性问题，但它们的表现可圈可点。

不过，目前我们翻译过来的日军资料中，对在上海使用的 M-25 战车后来的命运都语焉不详，只能从中知道参加过上海之战的日军 M-25 型装甲车此后全部销声匿迹，后来日军使用的同型车辆或是新订购的，或是仿造的。

从前面战斗的情况看，参战的这批日军战车虽然损失很大，但应该还有残余车辆，它们跑到哪儿去了呢？

七

日军幸存的 M-25 装甲车到哪里去了呢？在《海军陆战队上海奋战记》中，我们终于找到了相关的材料——它们很可能全部毁于 2 月 21 日十九路军的夜袭之战。

这次十九路军与日本海军战车队的了结恩怨之战，应该是七十八师一五六旅发动的一次战术奇袭。在《淞沪御侮记》中对其有记载，称"晚7时，我军发炮击敌陆军司令部（在北四路横滨桥日本小学校内），连中四弹，登时火起，烧延两时余，闻其卫兵炸毙者，二十余人云"。

这里的"北四路"，似应为"北四川路"。

这段记载平淡无奇，一直也没有受到历史学家的重视，但如果对照日方的记录，就会发现，中方其实过低地估计了自己的战果。此战发生的时候，由于敌强我弱，十九路军和第五军实际上处于边打边退的状况，此战堪称当时节节败退的中国军队一抹难得的亮色。

《海军陆战队上海奋战记》中，对此战有详细的记录。按照此书记载，日本小学并非日军"陆军司令部"，而是日本海军陆战队第3大队的大队部。当时担任第3大队副官的特务中尉吉村贤二是这样描述此战的："21日晚7点左右，伴随着'轰'的一声巨响，大队部士官室立即被火光照亮了。我只感到全身剧震，房顶上的瓦片像下雨一样滑落下来。这时我才看到窗户上的插销已经被震开，覆盖在窗子上用于遮光的毛毯被气浪冲飞到一边。

"与此同时，整个大队部的电灯全部熄灭，显然是照明电路被炸坏了。几乎用不着思想，我冲出门外，在院子里大呼卫兵前来集合救火。两个班的卫兵匆忙从警卫室跑出来，刚刚出门，警卫室又被一弹命中，地动山摇！此时最后一个士兵刚刚走出走廊，真是幸运得很啊。

"附近的麦拿里也中弹起火，由此来看，敌军可能是从商务印书馆西侧打来的炮弹。从廊下望出去，北四川路一带已经到处是红莲一样的火焰。敌军还在开炮，危险随时都在。

"各层都在呼叫水源。三层以下的卫兵开始救火，但是接连数发炮弹在院子里爆炸，使他们不得不中止工作。在炮弹的爆炸声中，院子里的战车起火了……两台战车和一台牵引车如同穿上了一层大红的外衣熊熊燃烧。

"一面继续组织人员灭火，一面紧急联系前线反击。但宝兴路方面的部队报告他们也遭到集中火力的射击，自顾不暇，敌军似乎要发动反攻！不断接到各个阵地遭到猛烈射击正在迎战的报告。同时，受伤的人员不断被抬着从我的身边闪过……他们大多数都是炮弹的破片伤。

"9点10分，大队部再次中弹，引发大爆炸。'四层火灾，四层火灾！'有人在大声喊叫。中弹的房间恰好堆放了大量的桌椅，大火顿时腾起……

由于电话线和电源都被切断,只能靠人力传达命令。传令兵在敌军炮弹的炸点间纵跃前进。高桥大队长养伤期间代理指挥的大田中队长也负伤了。"

吉村因为及时组织救火,以"机敏而勇敢地行动"获得表彰。

另一名在场的长田机械曹长则回忆当时的情景:"第一弹后来判断应该是敌军的15厘米迫击炮弹。炮弹爆炸的同时,石井二等兵正在炸点上执勤,当即壮烈战死。这发炮弹击穿校长室改造的大队长室,在墙壁上打开一个三四尺直径的大窟窿。此后,运动场中弹三发,理科实验室(三楼)中弹一发,贯穿房顶,打入楼下的教研室爆炸。标本室中弹一发,另一发敌弹击中神社的房顶,剧烈的爆炸把整个屋顶都撕开了,里外一目了然,仿佛供奉的大神在拜月一般。"

与此同时,在第3大队大队部隔壁的宪兵队也遭到猛烈打击,这里的便衣队搜查总部被炮弹击中。宪兵队西侧空场上的一辆M-25装甲车不偏不倚正被一颗迫击炮弹凌空命中,当即被炸成一团烈火,进飞的金属碎块竟然将站在附近的出云舰轮机军曹中条长次郎撕成碎片,当即毙命——都撕成碎片了,要还不死那才奇怪呢。

从数字来看,第3大队大队部两辆装甲车被毁,宪兵队一辆,日军三辆幸存下来的M-25装甲车在此战中无一幸免。

值得一提的是,这次反攻受到了十九路军便衣队的密切配合。十九路军便衣队在淞沪抗战中神出鬼没,让日军极为头疼,是另一个有趣的话题。

其实,由于日军不断增兵,十九路军部队不断从闸北向真如、江湾等地调动。在这条战线上的日军比中国军队兵力更为雄厚,十九路军已经无力发动大规模的进攻,这次袭击明显带有打了就跑的痕迹。只不过中方情报很是准确,因此不多的炮弹就给日军后方的指挥机关造成了重大损失。倒是日军不明所以,忙乱了整整一夜。

不过,令日军困惑的是,按照此前战斗的情况判断,在装甲列车离开前线以后,十九路军仅有的80毫米迫击炮不应该有这样的打击力和攻击距离。日军判断中国军队使用了150毫米迫击炮,但十九路军并无这种装备。不管怎样,1937年侵华战争打响的时候,日军排列的中国军队三大王牌武器,150毫米迫击炮排名其中(另外两种是捷克式轻机枪和德国37毫米反战车炮。)。

中国军队的150毫米迫击炮

原来，这次奇袭使用的火炮，确实并非十九路军所有。

一二八战事打响之后，尽管蒋介石并不支持十九路军在上海与日军的全面开战，但由于舆论的影响与爱国官兵的强烈要求，他也不得不派出部队增援十九路军。这支增援部队，就是张治中指挥的第五军，下辖八十七、八十八两个国民政府的警卫师，是当时中国装备最为精良的部队。他们携带的装备中就有巷战中威力极大的150毫米迫击炮。

按理说，十九路军属于粤军，第五军属于蒋介石嫡系，两派之间矛盾很深。但是，碰上打鬼子的事儿，多深的矛盾也不重要了。2月14日，八十七师宋希濂旅长到达翁旅阵地，亲眼看到十九路军依靠简陋的装备奋勇与敌作战，十分感慨，因此主动提出借炮给十九路军，加强对日军的打击火力。翁照垣对此十分高兴，顺势向宋借机枪数挺，随即以这批装备发动了对日军的奇袭。战斗结束之后，翁曾亲自到宋部致谢，可见对这种大口径迫击炮的满意。

因此，根据日方资料的描述，这批M-25装甲车在上海基本全军覆没了，战后没有它们的进一步消息毫不奇怪。

一二八抗战，尽管中日实力相差悬殊，但以十九路军为首的中国军队依托上海的独特地形，顽强抵抗。日军苦战两个月，三易主帅依然无法取得决定性胜利，证明了中国军队并非不堪一击。此举对增强全国军民的抗日信心无疑是一个有力的支持。在淞沪战场，装甲列车、150 毫米迫击炮等少量重型武器也在战斗中发挥了重要作用。联想九一八事变，白白丢给日军的装备就包括两百架飞机、数十辆坦克、十万支步枪。假如东北军能够坚决抵抗，将这些武器用在和日军作战上面，那东北三省又将是怎样的局面呢？

抛开民族感情，这场战争中，中日两国机械化部队的轮番登场，可称是亚洲装甲部队在如此大规模的战场上经受的第一次考验。其经验教训，对此后的亚洲战场无疑起到了重要的启蒙作用，日军正是在此战之后开始大规模建立其装甲部队，而中国装甲部队的建设也开始从注重装甲列车转向更为灵活的履带式战车，开始跟上世界的潮流。这场战争的影响是不可被忘却的。

杨靖宇大战肉弹十勇士

肉弹，并不是一种熟肉制品，而是日军中发动自杀式冲锋的意思。在强调精神作用的日军中，在战局不利或攻坚不克时，经常有狂热的官兵全身挂满手榴弹冲向敌人同归于尽，被称为"肉弹勇士"。

最早的"肉弹勇士"出现在日俄战争期间，但都是个别行为。在一次有关靖国神社问题的采访中，笔者发现一份记载中提到，最早以批发方式出现"肉弹"的集体性阵前自杀，出现于1936年。当时，10名关东军官兵在伪满"东边道"的讨伐作战中，陷入一支中国军队的重围，发起自杀性冲锋，全部被当场击毙。日方将他们称为"肉弹十勇士"，并将他们供奉于靖国神社。

"肉弹十勇士"？哦，看起来是一种勇号，跟大清的某某巴图鲁似的……

这篇记载吸引我的地方，是因为这支中国军队，按照时间推断，只能是当时活跃在白山黑水之间的东北抗日联军。由于斗争环境的艰苦，东北抗日联军的作战经历能够保留下来的并不多，所以，能够在日方的记载中看到他们的战斗，无疑是令人兴奋的事情。

可惜，这份记载中只有一个时间，1936年1月14日，没有更详细的资料。

因为好奇，我采取了一个笨办法——寻找当时的日本报纸。虽然肉弹这玩意儿在后来自杀成风的皇军中不算新鲜，但第一次一下就冒出来10个，而且得了"肉弹巴图鲁"这样的勇号,要是当时的记者不感兴趣,那才叫奇怪呢。

可惜的是,在当年1月14日和15日的报纸上,没有找到相应的材料。16日、17日,也没有……

日军在作战中一贯有隐瞒损失的习惯,甚至为此不惜采取烧毁阵亡者尸体的手段,这一手在塞班岛差点儿让和他们打仗的美国兵发了疯,难道这回的10个肉弹也让日军给炖了?

想想,觉得不大可能,因为这个"肉弹十勇士"既然是当时公开入祀靖国神社的,没有理由不报道"肉弹是怎样制成的"啊。

功夫不负有心人,终于,在1936年1月18日《朝日新闻》"满洲版"中,我找到了一篇标题带着"肉弹"的报道。

这报道还是头版头条呢!

哦,理解了,这种稿子总得有几天让关东军审查一下吧。

让我更惊讶的是,在这篇报道中,我看到了一个熟悉的名字——杨靖宇!

在东北抗日联军的作战序列中,有"南杨北赵"的说法。南杨,即抗日联军第一军军长杨靖宇;北赵,指抗联第三军军长赵尚志,两人均为抗联优秀的领导人。

根据日方记载,这支歼灭了"肉弹十勇士"的抗联部队,指挥官就是抗联名将杨靖宇将军——严格地说,这时杨靖宇将军的部队,还没有正式改编为抗联第一军,它的番号当时是"东北人民革命军第一军"。

1936年,日军已经占领东三省将近五年了,杨靖宇如何能弄得堂堂皇军玩出"肉弹十勇士"这样的精彩节目来?想想看如果

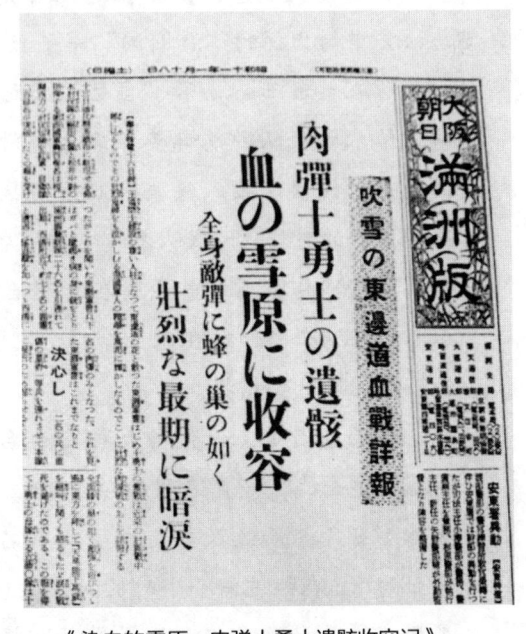

《染血的雪原,肉弹十勇士遗骸收容记》

是关东军派出 10 名肉弹勇士挂满炸弹，前赴后继地去炸杨司令，大老杨虽然枪法如神，恐怕也要防不胜防，那可不是好玩儿的。

幸好看来还不是这样。

那么，就让我们来看看这篇报道是怎么回事儿吧。

1935 年 10 月起，日军在伪满东边道地区，针对以抗联为首的中国抵抗力量，发动了声势浩大的"秋冬季讨伐作战"。整个战事持续数月之久。《朝日新闻》以"飘雪的东边道血战详报"专栏对此战进行连续报道。此报道属于这一系列中的一篇，副标题是《全身被打成蜂窝（煤），为他们壮烈的末日垂泪》，内容是：

〈奉天专电 16 日发〉在东边道作战中凋谢的东濑军曹等十名勇士，为建设王道乐土而化为尊贵的人柱（为何让我想起了《鹿鼎记》中的人棍？皇军喜欢这个调调？）。他们在近来讨匪战斗中表现出来的英勇行为，惊天地，泣鬼神，他们作为皇军精华发动的肉弹攻击将光耀万邦（光耀万邦未必，但别的国家的确没有用这种打法的），特此详报。

13 日，接到报告，称在桓仁县西部被包围的红军与地方武装一部约二百人突破了包围圈。在通化县英额布驻扎的铃木讨伐队福田中队与松井中尉指挥的"满洲国"军警数百名立即出发进剿。14 日晨 6 点，讨伐队在英额布以南和"匪团"遭遇，将其击溃。这时，有附近居民跑来铃木讨伐队的总部英额布大泉源村报告——讲"匪团"向西沟方向遁走。讨伐队投入追击，双方且战且走。"皇军在激战中"。接到这份报告的时候，讨伐队本部需要守备，已经没有人员能够出动。但是，当时正因冻伤、感冒等原因在总部治疗的东濑军曹等 13 名战士纷纷表示不肯在这个时候躺在床上养病。他们拿起武器，带了 26 名"满洲国"的警察立即赶去增援。

在西沟附近，他们与大约七十名"匪团"遭遇，随即展开了一场迅猛的追击战，一直追到西沟。这时，他们发现早应该到这里的福田中队踪影皆无，而敌人却变成了两百名，结果我军反而遭到包围，周围弹如雨下。在经过四个小时的激战之后，敌军顽强不退，进攻越发凶猛。星野一等兵身负重伤，我军弹药即将用尽，而"满洲国"警察队的人全都躲了起来，所以只有12名日本兵在继续作战。看到这样危险的情形，东濑军曹下定了决死的决心，下令两名士兵携带重伤的星野离开战场向总部报告，随后高呼"现在是死亡之花盛开的时候了，展现一下帝国军人的魂魄吧！杀，杀，杀……"（怀疑这位东濑军曹以前是在宝塚歌剧院打杂的，不然这种时候哪儿来那么多废话？）带队冲进"匪群"发动自杀性攻击。（下面这段比较令人骇异）军曹被打成蜂窝煤状之后向东方遥拜，高呼"天皇陛下万岁"，遂成令人泪下之牺牲。

得知这一悲报，勇士们的母队派出近藤中队当晚星夜驰援，于第二天清晨赶到现场，只见血染的雪地上战死勇士七零八落的尸体，无奈中只能痛哭着将他们火化后送回通化总部了。

报道正文之后，是日军指挥讨伐战的某司令官三毛×××的采访评论——《此方为皇军之精华》，在充分肯定了十肉弹的勇气和楷模精神之后，称"歼灭十勇士的'匪团'，是被称为东边道匪贼之王的红军第一军司令官杨靖宇麾下，经判定是其亲率最有战斗力的直属部队……"

同一天的《朝日新闻》中，还有日军中代中队在桓仁马鹿沟与"红军匪程司令"所部五百余人交手五小时，伤亡三十余人的报道。文中称"红军匪"为"东边道之癌"。

这个程司令，又是谁？这两次战斗，有关系吗？

据我个人推测，这个"红军匪程司令"估计是有"小杨靖宇"之称的抗联第一军第一师师长程斌。他当时正带领第一师三团在桓仁活动，一度也可称是一名抗日名将，日本报纸对他的评价是"狞猛"。可惜程斌在1938年叛变，后来反而成为了追杀杨靖宇的凶手。

不过，程斌当时并没有和杨靖宇在一起，马鹿沟的位置离通化还有一段距离，所以这一仗不像是他打的。

19日，《朝日新闻》则有对"肉弹十勇士"之战中幸存生还的星野的采访报道，内容更加详细，称这支准备出发的日军增援部队本来共计16人，而不是13人，但有三人病情较重，挣扎不起，遂与本部警卫部队留守。星野在战斗中一条胳膊被打断，另两名幸存者也是重伤，但似乎并非受命撤退，而是在抗联打扫战场时利用薄雾和树林躲过搜索而逃生的。

那么，这一仗真的是杨靖宇打的吗？

在有关杨靖宇的文献中，没有找到明确记载这一战斗的内容。但是，战斗发生的时候，杨靖宇的确就在战场附近活动。抗联第一军史料中记载："一军司令部于1936年1月上旬，经通化英额布和二密河，回到金川河里根据地。"这说明，日军的情报判断，还是比较准确的。

根据杨靖宇的警卫员王传圣回忆，杨靖宇将军这段时间的活动大致清晰，如果对照日方报道来看，竟然颇为吻合。

当时随杨靖宇行动的抗联部队，是第一军司令部和一师主力（一师师长程斌带三团在桓仁活动），共千余人，日军描述其为两百人大约是为了避免在舆论上造成太大影响。他们在这次通过英额布和二密河的转移中，的确和日军发生了交战。部队从桓仁出发后，还没走到英额布就被敌人发现了，遂迅速出山到达大泉源附近。

这次被发现过程十分戏剧化。当时这支部队走过一个叫做响水河子的地方，路边有几个老房框。休息的时候，十几个战士跑到那里去小便，忽然发现里面居然埋伏有敌人！

不过，这伙埋伏的敌人十分奇怪，竟然被战士的尿浇到了脑袋上也不吭一声，乖得不得了。

战士马上报告了军部，杨靖宇下令不理他们，不要响枪，继续前进，目标是沟外的大泉源。事后，抗联的老战士判断，这伙敌人是讨伐队负责堵截的小股伪军部队，看到这样大队的抗联不敢开火。但是，抗联部队当时行进在狭窄的山道上，如果响枪就可能被闻讯赶来的日军讨伐队大队堵截在不利的地形上形成重大伤亡。于是，双方采取了井水不犯河水的做法。

可能《朝日新闻》中提到这支抗联部队突破桓仁以西的包围圈，指的就是这里。这支伪军后来向日军报告了杨靖宇的动向，但当时杨的部队已经到了大泉源附近。

在大泉源附近，抗联部队与携带大炮的日军讨伐队相遇，杨靖宇先派出一个冲锋队，绕到日军背后打了一个突袭，随即走小路转向通往二密河的要道快大茂子屯。这次他遇到的，可能就是日军福田中队和指导官松井率领的伪满军，由于抗联撤退了，日军称之为"溃逃"，然而……

到达快大茂子后，杨靖宇派两个小分队占领两侧制高点，派人对村子进行侦察，发现村里住了敌人，正是追击他的敌军。于是抗联用机枪火力封锁村东、村西大道，对村中敌军开始了围歼。这场战斗敌军为"桓仁县警察大队"和"一个中队的日本守备队"，正与福田中队和松井率领的伪满军符合。此战伪军先逃，日军被逼到一个坟地里损失惨重，抗联活捉了几名日本兵，还缴获了两挺机枪一门炮。

这样，此后"肉弹十勇士"和杨靖宇部交战时，福田中队无影无踪的原因也就找到了，因为他们已经在前面的战斗中被打垮，如何还能来救援。

此后，杨靖宇怎样大战"肉弹十勇士"呢？

很遗憾，没有记载了，只有短短的一点影子。王传圣记得此战后部队沿着喇咕河向英额布方向前进，途中与一支小股敌军交手，战斗中警卫一团徐（光）团长负了伤。

看到这里不禁苦笑但是又没有办法，王传圣在快大茂子之战后被作战参谋高大山派出去找吃的了，他不知道此战的详情。王传圣干这个很厉害，1939年杨靖宇负伤，王传圣在江边随手一枪就打了一条四五斤重的大鱼给军长炖汤（当然挨了一顿狠批）。这一回他摸到附近的小屯堡，买到四只野鸡和半口袋粘火烧，让军部的人员足足开了一次荤——暗暗叹息，杨靖宇最后的日子里，王传圣已经升任少年铁血队政治教导员了，不在他身边。否则，以他的干练，搞几只野鸡来，杨将军就不会遇到有钱买不到吃的，被迫暴露身份的情况了。也许，那样整个抗联战史都会改写。

那么，别人有没有这方面的回忆呢？

很遗憾，至今没有看到。杨靖宇身边的这些官兵，最后撤到苏联境内的仅以个位数计。这也是直到今天抗联史料如此稀缺的重要原因。

王传圣的回忆尽管是多年以后回忆的，没有任何文字材料可以佐证，也没有讲明具体的日期，但战斗过程和日军描述的的确颇为相近。

看到这些又对得上、又对不上的史料，萨沉思许久，一个怪异的思路逐渐进入了我的脑海。

杨靖宇将军是公认的游击大师，遗憾的是，他没能有机会留下任何军事著作。而这次战斗，很可能是他娴熟的游击战技巧的一次出色体现。如果我们按照他的思路来分析这一战，我们可以看到什么呢？

第一次与福田中队遭遇，一沾即走，迅速脱离接触，决不让敌人粘住。

否则一旦抗联主力暴露目标，通化大队敌军赶来就麻烦了。

第二次和福田中队交手是奇袭，利用了敌军远行疲惫，到村子里警惕性放松的机会，优势兵力，优势火力，攻击果断，分化瓦解，迅速解决战斗。

你想打我不打，你刚一放松，我一拳打倒你，这就是杨靖宇！

而后呢？而后发生了什么？

这只是我的推测了——萨很怀疑那个向大泉源日军报告杨靖宇部队动向的"当地居民"是杨靖宇的人。他到大泉源据点报告求援的目的，就是钓一支敌军出来。

别忘了杨靖宇在快大茂子战斗抓了俘虏，就算日本兵顽强，伪满军明显不会那样"刚烈"，只要一问，大泉源日军总部的虚实就出来了——不过，杨靖宇并没有准备攻坚。日军死守的能力很强，面对没有重武器的抗联，往往少数部队也能坚守很长时间。而且日军很重视自己的据点，不会把留守力量抽空。

日军果然不肯出动留守人员，只拼凑了一支病员和伪军组成的队伍前去增援，结果白白送了礼。

那么，杨靖宇在快大茂子战斗之后为何不赶紧撤退呢？难道不怕日军主力从通化赶来吗？那里距离通化仅仅 240 公里。

我的推测是，杨靖宇这样做，第一种可能是他有充足的情报来源，发现通化日军尚未出动，自己还有时间。另一种可能则是所有人都认为他要跑路的时候，杨靖宇偏偏要杀个回马枪。猎物变成了猎手，足以让追击的敌人顿失重心，行动起来也多一些顾忌。

结果，这支日军分队被杨靖宇钓鱼一样一步一步钓入西沟，一口吃掉了。

抗联各部中，也只有杨靖宇装备最好，能让"肉弹十勇士"享受被机枪打成蜂窝煤的待遇，当时很多抗联武装连怎样用轻机枪都还不会呢。

忽然想起了有位朋友评价赵尚志和杨靖宇不同的作战风格——赵尚志就像利斧，只要他想拿下来的地方，那绝对准备充分，一击之下无有不克，你怎么守都不行；杨靖宇则是妖刀，擅长大范围的穿插奇袭，只要有破绽就会被他发现，捕捉战机的水平天下无双。

至于战果，杨司令消灭索伦骑兵 32 团，缴了 38 挺机枪都没有当回事，干掉 10 个鬼子就拿出来吹牛，估计将军会脸红的。

倒是日本人的宣传让人有点儿狐疑。从实战看，这所谓的"肉弹十勇士"被歼灭的战斗不可能持续四个小时之久（否则杨靖宇自己就危险了），从结果看也不能证明他们真的人人都发动了"肉弹"攻击——不发动"肉弹"攻击一样可以被打成蜂窝煤的，这不是证据。就算他们发动了肉弹攻击吧，这也属于拿脑袋撞机枪子弹的主儿，实在算不上聪明。东濑军曹轻敌冒进，被钓鱼一样把部队拉到抗联的包围圈全军覆没，更属于"军人的不是，战术的不懂"，何以获得这等宣传和殊勋呢？

那只能说，是日军这一次和杨靖宇的交手打得太丢人了，急于找出几个英雄模范来维护"皇军"的声望。然而，无论是丢了炮的福田，还是被人往脑袋上撒尿的桓仁讨伐队，都实在难以找出亮点来，只好避而不谈。倒是这"肉弹十勇士"脑子虽然不好使，还有几分骨气，日军宣传部门，也只好把他们捧出来了吧？

结果，造就了靖国神社第一批"集体肉弹巴图鲁"。

不知道，这算不算"时势造英雄"。

血斗南苑

——北平陷落前二十九军的最后一拼

一

1937 年 7 月 28 日，从长辛店通往卢沟桥方向的路上，二十九军二一九团在行军。这支部队的任务是反攻卢沟桥，夺回前一天失去的阵地。

二一九团，团长吉星文，正是这支部队在卢沟桥的一声怒吼，打响了中国全面抗战的第一枪。谈到抗日战争，二一九团和卢沟桥的名字，都不应该被忘记。

二十九军的老兵马步先回忆，当时"到了晚上，大概走到桥西边二三里地时，旅长何基沣坐着吉普车来了，说：'二一九团向后转。'他接到了上边来的命令——不上了。后来我们才知道，那时南苑已经丢了，二十九军副军长佟麟阁和一三二师师长赵登禹都牺牲了，大势已去，所以就撤了"。

大势已去。

7 月 28 日南苑之战，是平津抗战的转折点。这一战，中国军队不但折了两员大将佟麟阁和赵登禹，而且南苑的失守迫使二十九军当晚开始撤离北平。从此，北平和天津开始了八年的沦陷生涯。

而按照日军参战官兵的回忆，整个平津，打得最惨烈的，也正是南苑之战。连日军中著名的"勇将"，当时担任华北驻屯军第一大队大队长的一木清直

日军最终攻占宛平城，此时已经是 7 月 29 日，迫使宛平守军放弃阵地的原因，也是南苑的失守。

（后曾担任日军登陆中途岛部队大佐指挥官，因为日军未能登上中途岛就遭到惨败，转而率一木支队增援瓜达尔卡纳尔岛，因为轻敌被美军歼灭，是死在美军手中的第一个日军旅团级高级军官。）在第二年接受朝日新闻采访的时候，都不得不对二十九军在南苑的英勇奋战表示钦佩——"面对面地死战也不肯退却""中国兵甚至负伤几次依然冲上来拼杀"（朝日新闻《卢沟桥事件一周年座谈会》）。

当年读抗战史，曾经对七七事变前后二十九军的抗战有两个误解。第一，对 7 月 29 日二十九军忽然全部撤离北平，放弃大好古都感到不解。不明白为何打着打着忽然中国军队就撤了，当时日军不是还没有攻城吗？不免怀疑二十九军军长宋哲元是汉奸；第二，我曾一直以为卢沟桥在北京的北面——日军从北方来，自然战斗首先应该在北边展开喽。

直到后来有机会去卢沟桥旅游，才发现这个著名的地方其实是在北京的西南面。而看当时平津之战的作战图，更有一个发现——此战中日两军争夺最激烈的南苑、宛平、丰台等地，都是在北京的南面！

这个现象曾经让我感到奇怪。于是，询问一位在军校任教的朋友，他回答我说这一点也没错，当时双方的战斗主要在北平的南方进行。这是因为在长城抗战之后，日军势力已经明目张胆地进入冀北平西各地，并在冀东扶植了殷汝耕伪政权，北平东西北三方的交通都被日军控制。所以，当时驻扎在平津地区的二十九军部队，其实已经三面受敌，能够和后方联系的通道，只有南方一途。战斗集中于北平以南，正说明日军在发动攻势，试图全力切断第二十九军的退路，而其可以随意深入中国军队后方，又反证了两军战斗力的差别。

从战后的情况来看，七七事变的爆发有一定的偶然性。当时日军并未做好全面侵华的准备，日军直到20日才做好全面占领平津的军事部署。但是，此事又有必然性，因为地处北平南方咽喉的卢沟桥和宛平县城，一直是日军窥伺的重点。日军多次挑衅，以图控制这个要点。

日军控制宛平，意味着切断北平守军最后一条自己控制的对外交通。此后，北平的中国军队无论补给还是调动，都必须在日军的刺刀下仰人鼻息。那样，宋哲元只有两条路可走——要么，只在北平部署象征性部队，主力南撤，其实是将北平、天津拱手让出。那他这个失去地盘的冀察政务委员会委员长也就当到头了。要么，依然在北平做"土皇帝"，条件自然是做日本人的傀儡，四面无路的二十九军那时即便想反抗也不会有机会。

当然，以日军的想法，能够制造摩擦发个声明吓退中国守军是最佳结果，九一八的成功使日军对此很有信心。这也是日军以"一名士兵失踪"（二等兵志村菊次郎10点30分被认为失踪，12点15分归队，此人1944年在缅甸被新一军孙立人部击毙。）为由挑起冲突，而丝毫没有收敛意识的原因。日军未做全面战争的准备，不是他们不想获得北平、天津，而是他们认为根本无须兴师动众。

但是，日方后来承认，对二十九军敢于反抗的思想准备不足。

日本方面的资料是这样评价的。据田中新一《中国事变记录》，7月8日早晨5点54分，卢沟桥事变的消息传到东京，10点20分得到详细报告。下午，陆军省军事课长田中新一与参谋本部作战课长武藤章决定派遣三个师团前往增援。次日，陆相杉山元即批准了这个计划。河边虎四郎的《北支事件回忆》同样记录了类似的情况，可见日军对扩大对华战争的积极态度。日军认为，二十九军抗战热情的高涨，无疑是受到了早些时候傅作义部队在百灵庙方面的胜利影响，认为日军并非不可战胜。如果这种观念被中国军队树立起来，日军将没有征服中国的可能。

所以，日军无论如何也要"教训宋哲元"，同时实现占领平津的目的。而这时中国方面也不再肯做退让。于是，全面抗战就此爆发。

意识到和中国军队的战斗不可避免，日军的注意力依然集中在北京的南方。

实际上，当时二十九军主力四个师的部署宛若一把巨大的三叉戟，西侧是张家口刘汝明的一四三师，东侧是天津张自忠的三十八师，中央，包括北平和北平以南直到保定，是冯治安的三十七师，这是三叉戟的三个刃，前面还有一个独立第三十九旅作为屏障。三叉戟的柄，则是河间、大名一带担任预备队的赵登禹的一三二师。

从上面的部署可见，第二十九军军长宋哲元颇通兵法，并没有把兵力完全集中于北平。这个布局中央相对较弱，两翼较强，后方也有强力的预备队。如果日军先取中央冯治安部，则可能遭到两翼和后方刘、张、赵三路夹击，若是先取两翼，其威胁对宋部核心的北平地区又鞭长莫及。外围还有其他北方军阀万福麟、冯占海等部，一旦开战也可期待获得他们的策应。

可惜，布阵虽好，但天下没有必胜的阵法。宋哲元的这个三叉戟阵法，在七七事变以后，可说纯粹被他自己搞得七零八落。

要说宋哲元没有与日军作战的勇气是不正确的，二十九军上下的抗日热忱，与这位军长的默许有密切关系。但是，他确实缺乏和日军决一死战的精神。七七事变爆发后，宋哲元迟迟不肯从乐陵老家的"守孝"中返回任上，只是让部下与日军虚与委蛇。到任后他又拒绝中央军北上增援，一再向日军表示欲让步求和解，即便作战，也是"只应战，不挑战"。这些做法都使二十九军领导层思想不明，严重影响了对日作战的全面展开。张克侠回忆，当时南京方面向宋哲元要对日的作战计划，宋根本拿不出来。

与宋哲元千方百计与日军和谈不同，日军的增援部队源源不断，川岸二十师团、关东军的两个旅团利用谈判时间纷纷就位，对二十九军形成了战略的切割包围。而日军的眼光，也就瞄在了二十九军三叉戟戟头与戟杆相连接的地方。

这个地方，就是南苑——战前二十九军军部机关的所在地。

二

南苑，在北平正南，是二十九军在北平南方的大本营。如果说宛平城是北平南方大门的锁，卢沟桥是开锁的钥匙，那么，南苑就是这扇大门的门枢。所以，卢沟桥失守后二十九军并不十分惊慌，依然有何基沣旅反击的后手。因为即便丢了宛平，只要南苑这个门枢还在，二十九军依然有可能看住自己的南大门，也就是说，依然有和日军继续周旋的本钱。而一旦丢了南苑，整个大门就会轰然倒下——日军在北平东南、西南的部队打成一片，北平便成为日军的囊中之物了。

所以日军华北驻屯军司令官香月清司做出的总攻计划，将主力整整一个二十师团加一个步兵联队都用来攻打南苑。

从中日双方的记录中，可以发现一个令人惊讶的事实——在日军进攻南苑之前，曾经给二十九军预先通了气。

日方当时的华北驻屯军参谋长桥本通回忆，在预定 27 日开始进攻南苑的前两天，香月清司授意属下穿便装到和二十九军关系密切的中国要员家中，转达了日军即将发动攻击的消息。

所谓兵贵神速，兵行诡道，怎么会进攻前预先通知敌人呢？这在战争中实在是令人费解的行为。

但是，日方的评论家认为，这正是体现香月清司是一名"中国通"的地方。

香月清司做出这个决定，首先是因为他认为南苑之战没有悬念，如果打，日军会以轻微代价拿下这一要地。因此，让二十九军知道他要攻打南苑，并不会给日军整个行动带来多大风险。

他有如此把握，和二十九军军长宋哲元这一阶段的表现大有关系。

七七事变后的两三个星期里，虽然二十九军与日军战斗不断，宋哲元却始终忙于"政治解决"，军事布防上毫无变化，更无主动部署。战场上和日军对抗的，仅仅是一个三十七师，另外三个师按兵不动，三叉戟根本就没有舞起来。宋哲元的想法是愿意做出一定的让步妥协，但是不能交出宛平。日军威胁宛平，他是要打的，而且三十七师一直打得不错。如果日军同意

日军也派出代表虚与委蛇。这是穿中国服装的日军谈判人员，
中间为特务机关长松井，右边为日军驻二十九军顾问樱井。

停战，可以把责任推到三十七师身上，用三十八师或者一三二师和三十七师换防，就可以达到不伤筋骨保住地盘的目的。

为了达到这个目的，宋用心良苦，一方面和日军不断交涉，达成一个个停火协定，又一个个被日军用枪炮推翻（日军则说通通是中国军队挑衅造成的……那宋哲元忙着搞这些协定干什么）。另一方面，对来挑衅的日军，二十九军又坚决还击，决不让日军占到大便宜。与此同时，谣言却漫天飞舞，不一而足。比如卢沟桥事变是共产党搞出来的；比如三十七师和三十八师不和，想和日军开战的只有三十七师；比如击毙日军的中国军队并不是二十九军，而是蒋介石派来的特务，同时，他又阻止中央军北上参战……

一连串万花筒般的动作让人目眩神迷，搞不清这位军长心里到底是什么主意。

宋哲元对日军的态度十分微妙，他是1933年长城抗战中与日军死战杀出来的，有着强烈的爱国心和抗日精神，所以他和部下一样对日军有着深深的敌意。投降，他是不肯干的。但是，他又是一个典型的军阀，地盘和

宋哲元，有人说他是英雄，有人说他欺世盗名。无论如何，当时那一副担子，对他来说，实在是有些重了。

军队都是他的命根子。和日军火拼，会使他的军队伤筋动骨，与日军的实力差距，又会使他有很大可能丢掉华北的地盘。抗战当然是光荣的，但在当时的情况下，丢了地盘和部队，单光荣有什么用？九一八后依兰镇守使李杜是奋起抗日的，全国舆论皆呼英雄。结果呢？打到弹尽粮绝，仅剩一个勤务兵用爬犁将他送过黑龙江，回上海只能做个寓公，谁认得他李杜是谁？出于保地盘的心理，宋对日军百般妥协，竭力争取将七七事变大事化小，小事化了。

所以才有这万花筒般的表演。

要说这样的表演一点用处都没有也是不对的，至少，日军华北驻屯军总司令田代皖一郎就被晃晕。这位中将本来年事已高，指挥作战力不从心，加上宋哲元这眼花缭乱的表演实在让人琢磨不清，结果心力交瘁——心肌梗死发作了，躺了三天后 7 月 15 日见天照大神去了。田代成为抗战开始之后死在中国的第一个日本将军，虽然不是打死的。香月清司就是接他的职务。

然而，在宋哲元的表演中，更大的受害者则是中国方面。

因为他没有弄明白，无论他怎样表现退让和无辜，都动摇了日军痛击二十九军的决定。在宋哲元忙于"政治解决"的时候，日军则在源源不断增兵和调整作战部署，到 20 日，其作战部队已经把宋哲元的三叉戟死死按在地上。其中，刘汝明的一四三师遭到从长城外威逼的日军关东军东条纵队的威胁，动弹不得；张自忠的三十八师后有在海光寺窝着的日本海军陆战队，前面和三十七师之间的联络被廊坊的日军截断。北面，日军混成第一、第十一旅团对其构成了巨大压力；而日军的主力，包括第二十川岸师团和华北驻屯军步兵旅团，则被香月集中起来作为机动兵团，专门准备从南面切断二十九军的退路。日军如此强硬的原因，一方面是对华北志在必得（1935年日军就曾策动白坚武、石友三发动建立"华北国"运动，此后又大肆推动"华北五省自治"，其野心不言自明。），另一方面是和中国军队多次交手，如二十九军这样强硬的对手十分罕见，日军认为这是中国军方抗日情绪高涨的表现，必须予以猛烈打击，杀一儆百。特别是7月17日蒋介石在庐山发表演说，表示和平根本绝望，便只有抗战到底。同时下令中央军北上，更让日军感到如不加以阻止，就会进一步引发中国人的爱国热情和抗战决心，一定要予以扼杀。从全局角度才能认识这一点，作为地方军阀的宋哲元是远远没有这种战略眼光的。

于是，当香月清司即将以二十师团为主力（还有华北驻屯军第一联队牟田口部）进攻南苑的时候，在他看来，南苑的守军根本不堪一击。

此时南苑的守军，包括三十七师一部（这里本来是三十八师的防地，后转交三十七师）、佟麟阁副军长率领的军部机关人员和军官教育团、特务旅孙玉田部两个团、骑九师郑大章部的一个骑兵团，还有一二九运动之后，热血学生组成的一个学兵团（还没有发枪）。其中，特务旅所部和骑兵部队比较有战斗力。这之前，佟麟阁副军长也不断指挥骑兵和特务旅出击骚扰周围日军，颇有战绩（佟本人就是一个优秀的骑手，很欣赏骑兵，而特务旅的装备在二十九军中首屈一指，一个班两挺捷克式机枪、两具掷弹筒）。日军进攻南苑前夕，原二十九军文书关经谦从北平到南苑送信，路上就看到被骑兵击毁的日军装甲车，当时还很激动（二十九军骑兵用什么武器打的日军装甲车，就不清楚了）。不过，这支部队总的来说虽然兵员不少，但番号混乱，非作战人员较多。与日军二十师团相比，无论装备、训练，还是人数上，都不占优。

所以，日军一方面公式化地向二十九军发了最后通牒（这种通牒多了，二十九军已经有点儿麻木），另一方面，又悄悄让人通知二十九军自己即将进攻南苑的消息。香月认为二十九军属于军阀部队，作为"中国通"，他知道军阀部队作战很少拼死力，多以"政治仗"敷衍了事以免损伤实力。得知日军兵力，中国军队大半会自动撤离南苑。这样，日军可以兵不血刃取得这一要地，同时给二十九军卖一个面子，为将来收服二十九军为己用打下伏笔。

根据双方材料推测，这个在日军和二十九军之间奔走的中间人，就是当时的冀察政务委员会委员潘毓桂。

但是，香月这次的算盘有点儿没打对。二十九军得到这个消息后，没有决定放弃南苑。相反，看到日军部署的宋哲元终于明白此战日军不可能让他像以前一样保留平津地盘，于是下定了决心与日军决一死战，即刻部署对日军进行全面反攻，试图夺回战场的主动权。

其实，二十九军在7月下旬制订了一个反攻的计划，但一直被束之高阁。说实话，日军完成增兵计划后，此时反攻，二十九军已失先机。但是，宋哲元这个决定，依然有着重要意义。因为没有了地盘的二十九军也就没有了存在的基础，宋哲元有两个选择，要么和日军拼死一战，要么俯首称臣，在日方羽翼下未必不可以做第二个殷汝耕。

但是，宋哲元最终选择了一战。这里面的原因，一方面宋哲元毕竟是一个爱国将领，另一方面，由七七事变在全国引发的抗战潮流已经不容阻挡，这时屈服于日军，恐怕宋哲元连二十九军都会指挥不动。

可惜的是，计划在8月1日发起的反击尚未完全展开，日军的攻击就已经率先打响，而攻击的要点，正是二十九军的要害——南苑。

当27日日军开始进攻南苑的时候，南苑的守军正是最薄弱的时候。当时宋哲元已经认识到反攻时南苑的防御不足，因此命令预备队赵登禹一三二师迅速进驻南苑，以新锐之师阻击日军的进攻。同时，鉴于三十七师战线太长，原驻守南苑大营的三十七师部队调往北平方向，以缩短三十七师的战线。不过，鉴于前几天双方的激战，二十九军方面认为日军还要休整四到五天才能真正发起进攻。

27日，赵登禹到达南苑，急于赴战的他身边只带了一个团，一三二师的另两个团刚到团河，主力尚在涿州，而三十七师原驻防南苑的主力兵员已经离去。

正在此时，日军的攻击战打响了。

日军第一个打击的目标，就是团河一三二师增援过来的两个团。这两个团直接撞入了日军早已设好的包围圈，激战之后全部被歼，只有一个团长只身逃到南苑向赵登禹报告。

他们来增援的路线、兵力，日军早已掌握。

出卖他们的，就是潘毓桂。潘在参加完二十九军的军事会议以后，把二十九军反攻和军事调动的全部计划都交给了日军。甚至，潘毓桂还为日军出谋划策怎样打二十九军。

潘毓桂书画皆佳，人称才子，在当时被视作极会享受生活的人。他还是伪满著名电影明星李香兰（川口淑子）的义父，李香兰称他是非常和善的人。

他在 1935 年就和白坚武、石友三共同筹划了"华北国"，白、石都受到二十九军极严的监控，唯独他不但可以接触二十九军的机密，而且和日军打得火热也丝毫不受怀疑。甚至，他在战后受审的时候，还坚称是受宋哲元的派遣和日本人"周旋"，所谓出卖二十九军，是为了"和平"。

他居然还真的讲出了一番道理来。

三

中国台湾出版的《光复除奸录》一书中，记录了潘毓桂面对审判人员的自辩。潘果然是才子，在审判人员面前镇定自若，侃侃而谈，毫无愧疚之色。他认为，自己做"汉奸"，是做得有立场的。

这立场就是自己将二十九军的作战计划交给日军，是为了中日两国的利益，指点日军进攻南苑时集中攻击缺乏训练的学兵团驻地，也是为了中日两国的利益。

在他说来，为宋哲元周旋于日军之前，他是真心为华北谋一出路。潘称当时国民党政权对北方鞭长莫及，阎锡山封建落后，都不是二十九军和华北民众可以依靠的支柱。华北当时的唯一出路就是和日军合作，可免生灵涂炭。而且，日本文明开化，中国当时如果与日本合作，就不会有后来的八年战争，反而可以和平发展。他的理想是与日本合作，将华北变成没有军阀、政治开明的地方，为整个中国的开化建立楷模。所以，他一直为此而奔走，并不是为了个人的好处。

他对二十九军的所谓"出卖"，就是为了能够让二十九军中的反日力量尽快失败，以免"战事蔓延，祸及生民"，以使自己那个伟大的理想得以实现——所谓卖国，乃为了爱国是也。

而潘毓桂的一番说辞，亦引起不少人的共鸣。有人写信给国民政府，称潘毓桂虽然误入歧途，但终是名流，本心可嘉，被捕后不卑不亢，大有"国士"之风，当恕而用之。

这些人都忘记了，由于潘的出卖，一三二师两团弟兄在团河全军覆没，也都忘记了南苑之战中惨死在日军刀下的学生兵们。

28 日凌晨，日军总攻南苑。战斗一打响，其炮火就集中于南苑阵地南面的学兵团驻地。随后，日军突入中国军队的阵地中，残存的学兵们宁死不屈，与日军展开白刃战。在佟麟阁率教导团赶来增援之前，几百名学兵死于此役，伤亡十倍于日军。

这些死在肉搏战中的学兵，都是北平各大学、中学的学生，多是来投笔从戎的一二九运动的积极分子（学兵团的主官，也是原黄埔军校北平分校的学生）。当时中国有多少大学生，有多少中学生呢？宋哲元舍不得让他们当兵，所谓的学兵团，是想将他们培养成二十九军未来的地方干部。他们的驻地在南苑兵营的南部，也是受日军攻击可能性最小的地方（佟、赵匆忙的布防主要是向北，防止日军切断其与北平联络）。当日军扑向南苑的时候，学生们领到枪才刚刚几个小时！

他们年轻，所以他们不懂国士的风度和深谋远虑，所以尽管很多人连枪响要卧倒都不知道，他们却以十条命换一条命的代价和日军拼了刺刀。

十条中国大学生、中学生的性命换一条日本兵的性命。

他们换了。

日本画家宫本三郎所绘的南苑攻击

墙上的几个字有什么可怕吗？为什么几十年后看到这张照片，还有一种肃然的感受？

学兵团的白刃战详情已经不可考，只有两点值得记住。第一，他们虽然伤亡惨重，却没有后退，曾经赶鸭子一样赶着少帅几十万大军从关外跑向关内的日本兵，在他们的阵地上，没能打开缺口；第二，他们的牺牲只不过使这道阵地在中国军队手中多保留了几个小时而已。

几个小时，几百条年轻的生命，十比一的代价，值得吗？

他们也都是才子，如果活下来，也许他们中会出新一代的鸳鸯蝴蝶派，或者成为梁思成、巴玉藻。

可是他们死在了南苑这块土地上，如同轻烟消逝，没有人记得他们的名字。学兵团1700人中，活着回到北平的，不过区区600人，战死的学生，没有多少留下姓名。

也许，过些年，还会有人谈起潘毓桂，谈起他的诗，他的画，他照顾李香兰的无私父爱，甚至，他的伟大理想……

但是，没有人会记得这些学生的名字——他们根本什么也没有留下。

写到这里，我想到的一句话，是在另一篇关于志愿军的文章中写过的——

"尊严，不是无代价的。"

事实上，潘毓桂对二十九军的叛卖，这还不是最后的一次。南苑激战之后，军部给佟、赵突围的命令，还没有到佟、赵手中，就已经到了日本华北驻屯军第二联队联队长萱岛的手里。这次的叛卖，直接导致了佟麟阁、赵登禹两位将军的阵亡。

潘毓桂的这次叛卖，很容易看出和上次有着微妙的差别。如果说上一次他是为了"理想"，这一次，他纯粹是为了保护自己。潘借此青云直上，此后在华北伪政权中历任北平警察局局长、天津市市长。

潘因何要保护自己？这是因为日军攻占南苑的战斗，陷入了异乎寻常的苦战。

日军原以为可以轻取南苑，首先发动进攻的并不是川岸师团，而是华北驻屯军第一联队，联队长是牟田口廉也（此人后来升任中将职务，负责日军从缅甸对印度的进攻，在日军中被称作"猪突猛进的蛮将"）。27日深夜，在川岸师团40门重炮的掩护下，牟田口联队率先突击潘毓桂描述的守军软肋——南面的学兵团驻地。第一线的指挥官正是在卢沟桥挑衅的一木清直。

在卢沟桥事变一周年的座谈中，一木清直提到，他的部队冲向南苑守军阵地的时候，守军显然训练不佳，阻击的火力既不猛烈，也不准确。但是，日军却遭到了另一样兵器的打击。

四

南苑本质上是一个兵营，兵营的外墙在日军第一批炮弹的打击下就轰然倒塌，守军的阵地，就在院墙外面的战壕里。

一木清直所部的日军冲进南苑守军的阵地，却在最后一瞬间遭到重大伤亡。

就在离南苑守军阵地极近的地方，日军纷纷踩上了地雷，损失惨重。训练有素的日军虽然受到重创，依然嗥叫着向前猛冲，跃进战壕和迎上来的学兵团展开了肉搏，一部分日军冲进了南苑兵营。此前日军多次对南苑侦察，都未发现这里有布雷防御，这意外的打击使日军队形大乱。一木清直在回忆中写道，他身边的炮兵协调员被炸昏了头，对着话筒大叫打近了，打近了……原来他把地雷的爆炸当成了自己的炮火，认为是日军炮兵打得太近了。

这种昏了头的事情比比皆是，加上学兵团宁死不退的抵抗，冲入南苑的日军各自为战，失去了统一的指挥。所以，当佟麟阁率领军官教育团和特务旅一部赶来反击时，指挥混乱的一木清直大队未经激烈战斗，就被从

27日下午，牟田口联队向南苑行军途中，状似秋游。

阵地上赶了出来。

也有人说一木清直对这段战斗的描写文过饰非，更大的可能是他在白刃战中被二十九军用最擅长的大刀夜战给砍了出来。二十九军的老兵都专门练就破日军刺刀的刀法，每人一口厚背鬼头刀，近身格斗极有威力，包括学兵团都人手一口大刀。从此，一木到死都抱定了白刃战威力无边的观点，甚至率部下用刺刀拼美国坦克。由此来看，二十九军凶猛的冲杀可能的确给他留下了深刻的印象。

无论如何，日军的第一次攻击失败，日军记载时间是28日凌晨4点钟。

这一仗的时间一部分中方记载与日方略有不同，比如学兵团原北大学生王俊峰（从北平脱险后依然投身军旅，最后的职务是国防大学副教育长）回忆是早晨6点钟打的，但从清华大学化学系毕业的王君奎（当时和同学刘国柱在帮助二十九军研制防毒面具）则回忆日军确在凌晨开始进攻。

关于这批日军始料不及的地雷，据二十九军的老人讲，有两个说法。一说这批地雷还是七七事变之前，佟麟阁带军官教育团进行演习时埋下的，因为此后局势一日三变，也就没有来得及将其拆除，仅仅在地图上标出了雷区了事，却不料有此收获。另一个说法是前一天晚上刚给学兵团发枪（有一部分学兵团，第三大队冯洪国——冯玉祥的儿子所部，七七事变以后就发了枪），学兵们兴奋得睡不着觉，听着枪声纷纷要求去团河增援。营中有个参谋是从南京军校出来的高才生叫王汝厉，看到这种情况，就让他们在阵地前埋地雷，免得他们自行出动。没想到第二天日军恰好选择从这里突破。

随便抓个参谋就是军校高才生，二十九军好阔气。

但有时候太阔气了也不是好事。小小的南苑居然挤了一个副军长（佟麟阁）、两个师长（赵登禹、郑大章），还有好几个旅长，部队加上机关人员不到七千，番号却分属三师一旅的八个团（三十七师两个团、一三二师一个团、军官教育团、教导旅两个团、骑三师一个团，还有学兵团。实际上三十七师的两个团是原来的守军，奉命和一三二师交接防务，这时在南苑其实只有团部，主力已经奉调北上。教导旅也有一部分离开了南苑，军部的机关人员倒很多），互不统属。这个仗指挥起来不乱套才怪。

更乱套的是人事安排。

27日，二十九军得到潘毓桂转来的日军通报后，一面通电守土并要求中央军火速北上，一面急令南苑守军加强防御，一三二师师长赵登禹受命担任总指挥。赵的确是猛将，可是这位在喜峰口和日军拼过大刀的猛将刚到南苑还不到一天，无论对部队还是对布防情况，都来不及掌握。他的身边还有佟、郑两位更熟悉情况，而且级别不比他低的军官。二十九军是军阀部队，其他师旅的部队会不会听一三二师赵登禹师长的调度很成问题。

宋哲元的考虑是一三二师即将接防，接防后赵登禹是最合适的指挥人选。他没有想到潘毓桂向日军报告了二十九军的调动计划。日军发动袭击的时刻，南苑守军开始接防，尚未完成，是最混乱软弱的时候。

此时赵登禹真正能调动的人马还是他一三二师的一个团而已。他所能做的，一个是给学兵团匆忙发枪准备战斗，一个是把自己这一个团带起来夜间向团河发起攻击，试图把被围的两个团接应出来，他自己也到团河前线指挥作战。但由于日军是有预谋的伏击，装备火力优势太大，团河的一三二师部队迅速覆没，赵登禹的支援部队也受到不小损失。天亮时，赵率部撤回南苑，立足未稳，即遭遇日军的第二波冲击。

　　事实上南苑之战中，二十九军的部队佟、赵、郑各部，彼此联络不畅，是在各自为战。二十九军的老人后来都承认南苑打得很"乱"。

　　虽然乱，但南苑之战打得堪称顽强，二十九军有长城抗战的老传统，绝不缺乏抗日的勇气。

　　一木清直所部攻击的时候，并没有得到其他日军的策应。从日军的部署看，这次攻击配合得不好。当时日军二十师团的步兵主力还没有就位，一木清直的上司牟田口廉也可能是想抢在从朝鲜来的二十师团之前独立拿下南苑，以维护"华北驻屯军"的荣誉，才做出用一个大队的日军强攻的决定。而其他的日军没有接到命令，根本不知该如何配合，只能看着一木轰轰烈烈冲进去，再轰轰烈烈被赶了出来。

　　日军第一次攻击失败后，有些意外的二十师团师团长川岸文三郎赶到前线接替了指挥。8点，日军在猛烈炮火的掩护下，发动了第二次进攻。

　　这是一场那个时代标准的正规攻防战，所谓堂堂正正之师的打法。

　　据日本方面的资料，南苑之战中国军队的防御工事堪称教范。当然，以当时中国的国力而言，这个"教范"不可能是钢筋水泥，只是碉堡战壕而已。日军认为换了自己，也不能比二十九军在工事方面做得更好。但是

进攻南苑中的日军炮兵。重武器和空中支援，是当时中国军队最渴望和最缺乏的。

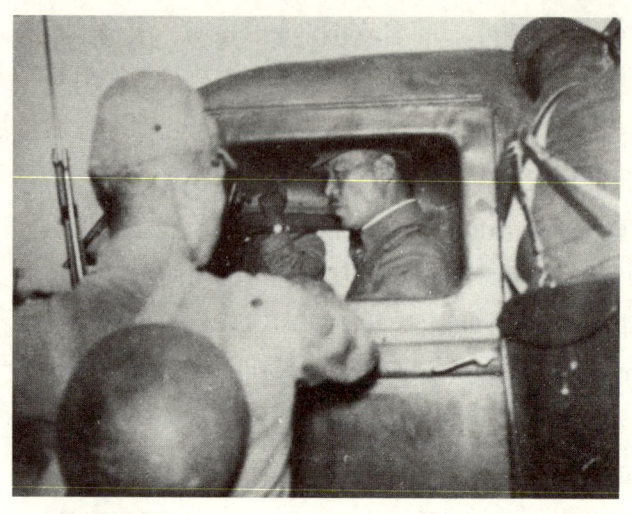

赶到前线指挥的川岸文三郎，因为没想到中国军队的抵抗如此强烈而面目严峻。

南苑还是丢了，除了国军指挥混乱、兵力不足以外，最重要的原因是南苑不过是一个兵营，无险可守。南苑的失陷，表明在一马平川的平原上，面对优势火力和掌握制空权的日军，靠死守的办法，工事做得再好也难以支撑。在上海，中央军也吃到了同样的苦头。到了此后的南浔线、武汉战役时期，国军就聪明多了，懂得了依靠地形和日军周旋，以至冈村宁次发出了"敌非敌，山水是敌，征战我不爱山水"的感叹。

清晨，日军飞机也赶来助战，没有防空经验的二十九军守军损失惨重，通信系统完全被摧毁。攻击的日军迅速攻占了二十九军的第一线阵地，南苑阵地的外壕外墙被日军从多处突破。

但是，南苑二十九军的工事的确有独到之处。日军发现原来二十九军的防御工事是双层布设的，第二线阵地比第一线阵地地势稍高，火力配备几乎没有死角。守军虽然番号驳杂，但都是老兵，抵抗十分猛烈，日军寸步难进。这一仗二十九军装备的捷克 ZB-26 机枪大展神威，直到 2006 年，日本 NHK 电视台做节目的时候，还有一个百岁高龄的日本老兵回忆这一战，依然对捷克式机枪凶猛的火力记忆犹新。

因为从没有遇到这样顽强的中国军，第二十师团日军一度发动强攻。此后的通州之战，和随后一周的追击中，日军报道损失一千三百多人，其中大部分损失在南苑。而南苑之战中，使日军受损最大的就是这次进攻。

从抗战经验看，中日双方都是老兵，都使用轻武器的时候，战斗力相差并不大。比如日军屡次攻击都拿不下谢晋元的"八百壮士"（实际不足三百人），就是因为四行仓库背靠租界，日军不敢动用重炮。

据分析，也就是这次进攻中日军的损失，造成了潘毓桂对二十九军的第二次叛卖。

战斗进行到上午 10 点，日军司令部忽然得到一个"噩耗"。

随二十师团前进拍摄战斗影片的日本著名战地记者、《每日新闻》华北特派员冈部孙四郎，在战斗中被二十九军击毙。

<h2 style="text-align:center">五</h2>

冈部孙四郎，战前就是日本知名战地记者，时年 29 岁，原《朝日新闻》驻汉城采访主任，7 月中旬奉总社命以"华北特派员"的身份随二十师团到达北平前线采访。他能写文章，也能摄影，是《朝日新闻》著名的多面手。南苑战斗之前两天，他在战斗的最前线所写新闻稿——《敌弹，在勇士们的头顶爆炸》一文，真切描写了二十九军炮火下的丰台日军伤员为了避免被俘试图用手枪自尽的场面，给日本国内民众极大的震撼。

这一次，冈部再次大胆地随二十师团冲锋部队行动，在第一时间突入南苑。没想到的是，日军陷入意料之外的苦斗。冈部在他的笔记本上记述道："敌人的伤亡显然很大，但是战斗精神依然旺盛，有的机枪手被打倒几次，依然带伤站起来射击。""敌我双方的炮声殷殷，我心中不禁想——这可能是'北支事变'（日军对卢沟桥事变的称呼）以来最激烈的大战吧！""我们的伤亡也在不断上升，我的身边，已经有 40 人高贵地战死……"

文字到此结束，因为这路日军发现自己所处位置遭到两处中国军队阵地的交叉射击，开始后退躲避。撤退中，中国军队的一发机枪子弹命中了冈部的头部，这发子弹当时就要了他的性命。

日军战后分析，冈部可能是此前摄影时就被中国军队的机枪手注意到了，认为他是日军的高级军官（当时日本记者的服装与士兵很难区分，头上也戴着日军的战斗帽），于是对他集中射击。

冈部的尸体。这张照片被日军报道部注明不得发表，可看到照片上的红叉。

惊悉此信的川岸文三郎连忙命令日军在炮火掩护下不惜一切代价抢回冈部的尸体——这可是日军在对华战争中死于前线的第一个记者，还一死就是名记，要是抢不回来尸首实在难以交代。

日军突然掉头抢尸的行动，让南苑守军更坚定地认为自己打掉了敌人的一个大人物，但是不知生死，于是冒着炮火猛烈射击抢尸日军，以免冈部被"救走"。日军历尽艰险，才用一台大车将冈部的尸体载了出来。

冈部后来被"供奉"在靖国神社，是非军人而在此被"供奉"的第一人。

由于遭到意外顽强的抵抗，川岸下达了两条对南苑之战结果至关重要的命令。第一条是命令从承德起飞的轰炸机部队全力加强对南苑的轰炸和扫射。川岸看清了二十九军防空火力几乎为零的弱点，决心充分扩大空中优势所能带来的战果。他的眼光极为毒辣，日军飞机没有遭到任何像样的抵抗，所以攻击极为肆无忌惮。南苑在炸弹爆炸声中变成了一片火海。实际上，参加过南苑战斗的二十九军官兵的回忆中，几乎无一例外地提到日军轰炸的惨烈后果。南苑守军基本没有防空经验，在这种只能挨打无法还击的情况下，军心迅速动摇，这是南苑失守的重要原因。

而另一条，则是川岸注意到此时南苑守军已经遭到北、南、西三面围

日军轰炸南苑的航空照片

攻后，命令日军驻扎在通州的预备队华北驻屯军第二联队（萱岛联队）从通州南下，自侧背的东方夹击南苑守军。这路敌军有些画蛇添足，其实在南苑周围的日军，无论兵力还是火力，都已远远超过守军，完全没必要增加兵力。川岸只是因为初次和华北中国军队交手，不免小心过度才提出这条要求。在他们到达南苑之前，南苑的守军已经撤退了。

但是，这条命令却带来了两个意外严重的后果。其中之一，就是直接造成了佟麟阁、赵登禹两将军的阵亡。

这里面有一段战斗，中日双方记录不一。中方的资料显示，日军加强轰炸以后，曾经派出伞兵空降，占据南苑部分营房，里应外合，造成了南苑守军的极大混乱。据二十九军参战老兵袁鸣玉回忆，战斗打到上午10点多钟的时候，日军飞机在南苑上空放下空降兵。这样在南苑城墙内外，日军同时发动了进攻，守军因此大乱。

但是，在日军的记录中，南苑之战并没有出动伞兵的内容。日军记载，他们第一次采用空降作战，是1942年在印尼的巴腊巴板，使用伞兵夺取该地的油田。七七事变期间，也确有一次动用空降部队的作战，但是并没有跳伞。当时另一名北方将领傅作义，眼看平津危急，挥师从绥远前来增援，试图切断日军关内关外的联络。傅部挟百灵庙战役余威，很快攻克商都（全面抗战中收复的第一个县城），继续东进。为了阻止这支中国军队，日本关东军火速派出一支空降部队，乘坐"满洲航空"的民用飞机，落在傅作义后方建立据点。发现自己后方出现敌人的傅作义，因为敌情不明，只好收缩撤回绥远。这和南苑之战并无多大关系。

而且，中国方面也没人记得看到过日本伞兵的空降伞。

事实上，很可能是从守军的缝隙中钻入南苑内部开花的日军步兵突击队而已。

以当时的布防而言，这完全可能。前面说了，二十九军负责南苑防御的总指挥赵登禹对当地情况还来不及熟悉就投入了战斗。尽管日军方面强调守军的阵地坚固，但有些二十九军旧人回忆南苑战斗时并没提到有什么工事可以依托。七七事变已经过了三个星期，南苑作为二十九军军部所在地，若是其守军连工事都不做未免太不正常。其原因就在于当时南苑混乱的布防状况使部分部队未能充分利用既有工事。

各自为战的部队难免给日军留下突入的缝隙。上午两次打退日军的进攻，已经使二十九军守军元气大伤，难以做出更积极的防御。因为这些敌军的渗透，本来在日军轰炸之下已经处境艰难的守军阵地逐渐支离破碎，难以支撑。坚持到下午 1 点，赵登禹下令突围，以郑大章所部骑兵开路，向北平撤退。骑兵不适合防守，郑部在上午的战斗中夹在佟、赵两部之间只能挨打，异常窝囊，因此突围时十分踊跃，而日军围攻部队并未进行特别猛烈的阻击，二十九军部队分南北两路突围而出（南线为孙玉田率教导旅一部，当天在永定河与当地守军会合，后撤保定，北线为军部主力，佟、赵、郑均随此路突围）。因为战斗激烈，且部队中夹杂了大量非战斗人员，突围后向北平撤退的二十九军部队队形混乱，争先恐后，各部长官实际已经难以掌握部队。从后来的资料看，突围中佟、赵、郑之间也都失去了联系。有人评价国民党的军队在抗战中进攻的时候亦堪称英勇壮烈，前仆后继，但最怕撤退，往往一撤就溃不成军，淞沪如此，忻口如此，南苑亦如此。

而一个更险恶的敌人在路上正等待着他们。

那就是萱岛的华北驻屯军第二联队，这支从通县赶来的日军，中途改变了行军路线，在南苑守军撤退的路上设下埋伏。他们把机枪架在了道路两边的田地和村庄中，静候着退下来的南苑守军。

下午 4 时，南苑撤退下来的守军在大红门一带落入日军伏击圈。在公路上行军的二十九军部队遭到萱岛联队用机枪和迫击炮等各种兵器的猛烈攻击，日军飞机也于此时投入轰炸。由于缺乏遮蔽，又没有组织，战斗很快演变成了单方面的屠杀，佟麟阁、赵登禹两将军皆殉国于此。有二十九军人员战后经过此地，回忆当时路上到处是二十九军的死人死马，其中夹杂着两辆汽车，赵登禹将军（此前战斗中腿部负伤）就阵亡在前面的黑色轿车中。因为车辆目标大，遭到日军的集中扫射，所以将军死状极惨。而佟麟阁副军长则是先被击伤落马，带伤指挥部下突围时头部再次中弹而牺牲。南苑守军七千多名，最后伤亡五千，大部分就是在这里损失的，残部以郑大章为首突出重围退回北平。是为二十九军于平津抗战最为惨烈的一幕。

这也是南苑保卫战的最后一幕。次日，宋哲元下令放弃北平，二十九军全线南撤。

不过，萱岛联队的参战也引发了另一个意料不到的后果。由于该部离开通州防地，通州日军防卫力量锐减。29日，早与二十九军有联系的原"冀东防共自治政府"傀儡政权伪军张庆余、张砚田部乘机发动起义，消灭通州日军，逮捕汉奸殷汝耕，史称"通州兵变"。两张所部后编为国民革命军一〇八师，也有部分人员加入地下组织继续在华北活动，刺杀日本天皇

向南苑前进的萱岛联队，其机械化装备使其运动迅速。

特使高月保的军统特工麻克敌就是两张所部。

说到南苑守军遭到伏击，在抗战之中，曾有多次类似的事例。比如第二次长沙会战，国民党军精锐第五十八师救援长沙，行军中就遭到日军拦腰袭击，损失惨重。若非日军掌握准确情报，实无法想象其设伏能够如此巧妙。

南苑守军遭到伏击，正是被叛卖的结果，叛卖他们的，又是潘毓桂。这个细节，直到解放后再次逮捕潘进行审讯的时候，才得以大白于天下。

原来，赵登禹下达撤退，并非擅自行事，而是根据北平宋哲元军长的命令行事。二十九军原定8月1日对日军发动反攻。7月27日，张自忠的三十八师实际已切断了丰台和廊坊日军之间的通信联络，并且试图借此诱歼日军一部，不料日军已经增兵，护卫一个电话线维护小队的兵力就达二百余名。三十八师没能顺利吃掉日军，二十九军上层已经警觉情况有变。随后日军的突袭打乱了中国军队的计划。28日南苑遭到袭击，宋哲元料守军难以支撑，当日上午下令赵登禹率部撤离。但是，由于南苑通信系统都被日军摧毁，命令通过最近的三十八师部队派员冒死送达南苑，已经是下午1点。

而此时，这一命令的内容，包括赵部的撤退路线，早已被潘毓桂以最快的速度转给了日军，日军立即下令萱岛联队转而前往大红门方向，伏击撤退中的赵登禹部。

关于潘毓桂的叛卖，颇有些耐人寻味的内容。

首先，潘毓桂作为著名的亲日派，为何在战役中一直能够接触二十九军最上层的机密呢？这就要涉及宋哲元的特点了。在对日问题上，宋一直摇摆不定，潘正是宋对日表示亲善时的窗口。在宋看来，打，是要靠冯治安、何基沣他们的，和，还要靠潘毓桂等人。宋是一个典型的中国旧军人，极重封建理念。潘与宋为两代相交，宋的父亲原为潘父幕僚，因此宋对潘信任不渝，视作亲信。在机密问题上，宋也绝不背潘。或许他的潜意识里认为要让日军能够真正信任潘，显然要付出一定代价，这上面宋也睁一只眼闭一只眼。只不过宋可能认为潘无论怎样总是二十九军的人，一荣俱荣，一损俱损，对于哪些能够用来和日军做交易，哪些不能，心中应该有数。

宋哲元就是没有想到，潘毓桂没有把自己与二十九军的利益绑在一起的兴趣，他有自己的"理想"。如果说他有一个效忠的对象，一定不是宋哲元，而是"大日本帝国"。自然，哪些可以卖，哪些不可以卖，他的理解与宋哲元完全不同。所以，宋对潘的期待，显然是没有弄明白潘的屁股坐在哪里。

其次，如果说潘将二十九军的作战计划出卖给日军是为了自己的"理想"，那么，这一次叛卖则无疑将山穷水尽的南苑守军送上了死路。都是同僚同胞，潘何以如此冷酷绝情？

要说潘是汉奸不假，但汉奸也有汉奸的逻辑，绝不会为坏而坏，潘这样做，最大的目的是自保。

解放后审理潘的材料表明，从南苑战斗打响，潘就处在一种非常"自危"的状态。因为日军通过潘把进攻计划转告二十九军，其目的是吓退南苑守军。谁知结果却是南苑守军顽强抵抗，给日军造成了相当大伤亡。作为传话人的潘毓桂深感恐惧——他认为是自己把这件事办糟了。日本人是不大讲理的，如果因伤亡过重要找个出气筒，自己无疑是最佳人选。就算因为有交情不会责怪，自己在日本人心目中的地位也无疑会大大下降。如果是这样，他将来的前途如何呢？难道跟着没有出路的二十九军南撤？

因此，潘毓桂一了解到南苑撤退的命令，马上就认为是一个很好的机会，立即将此消息告知日军，作为自己将功折罪的礼物。至于这样会造成多少将士的牺牲，就不是他会考虑的了。

事后，潘果然因为与日军的"精诚合作"分得北京市警察局局长的职务，不久升迁为天津市市长。

鲜血染红的顶子，不知道潘某人夜深可能安卧？

战后，潘被逮捕，从北平押解南下途中，身挂写着自己名字和"汉奸"二字的布条，一路遭到万人唾弃。由于潘家上下打点，并请动著名律师进行辩护，法院以潘 1939 年离开伪职，有悔悟之心（实为汉奸之间的内部矛盾——投日的汉奸来头越来越大，潘这样的老牌汉奸地位也就不断下降）为由，从轻判处并很快保外就医。

不过，虽然国民党的法院将其放过，但共产党却未放过他。1951 年，人民政府认为潘毓桂所犯罪行远未清算，以汉奸罪名将其再次逮捕。潘毓桂 1961 年死于狱中。

今天，北京还有三条街道是用二十九军在抗战中牺牲的将领的名字命名的，分别是赵登禹路、佟麟阁路和张自忠路。走在这样的街道上，也许，会让人想起南苑那血与火的日子来。

平型关，八路军来了

　　《良友》杂志 131 期一张别致的照片，题为"我第八路军健儿，擅长游击战术，常于夜间行军，袭击敌营，左图即夜间出发前之刹那间"。

　　能够想到用反色曝光的方式勾勒一支擅长夜战的军队，编辑的思路可谓别具一格。作为一本最初发行于沪上，以小资情调著称的民国杂志，《良友》却刊登了大量八路军战斗、行动的照片，这从某种意义上，便反映了八路军在当时普通国民心目中的地位。

　　淞沪战役的进程吸引了国际各方面的目光，全国抗日救亡的高潮也随着战况的日益激烈而深入。但是，淞沪的战局，仍然未能如中国人所期待的那样出现转折。迭经苦战，敌寇却愈益深入，一般世人，对于今后国家的命运，多半会感到迷茫。

　　然而，就在万马齐喑之际，在中日双方的报道中，一支此前不多为人所知的军队却为中国打出了一份希望。这支军队，

Fighting units of the 8th Route Army Ready for action during

出勤於擅我發营夜长第前，间游八之左行军刹国军战军那即，術健间夜袭，兒

《良友》杂志刊登的照片

进攻保定的日军和守城中国军队的战斗，《世界画报》日支大事变号第三期。

攻入张家口的日军继续前进，占领宣化，攻入山西。然而，日军没有想到，在山西的内长城，一个叫做平型关的关口正在等待着他们。

門關平
樓東型

A Gateway leading to Pinghsing Kwan.

《良友》杂志 131 期刊登的平型关城门照片

日军称为"赤军"或"共产军",而中国老百姓,则知道了八路军的威名。

淞沪战役进行的同时,北方日军也在节节南进,他们在 7 月底攻陷北平、天津,随即沿平汉线先后攻占石家庄、保定、顺德,并沿津浦线席卷马厂、德州,攻入山东。而北方战局最激烈的地点,则是被称作华北屋脊的山西。日军清楚地意识到,山西不能攻克,则中国军队随时可以从俯瞰河北平原的黄土高原上冲杀下来,切断南下日军的补给线。故此,欲控制华北,必先夺取山西。

平型关位于雁门关之东,今山西省繁峙县东北与灵丘县交界的平型岭下,是从大同至太原的必经之路。宋代称之瓶形寨,明武宗自此经过,见其险峻下令改修关城,并改名平型关。9 月 11 日,日军进犯内长城,遭第二战区部队顽强抵抗。23 日,八路军投入前线,随即根据侦察结果在平型关外乔沟段公路侧面设伏待敌。

9 月 25 日晨,日军第二十一旅团一部及辎重车队,沿灵丘至平型关公路向前线西进,而另一支该旅团的汽车队反向从平型关开往灵丘。7 时许,两路日军全部进入我八路军一一五师在平型关预设的伏击地域,经过约 6 个小时的浴血奋战,至 13 时许战斗结束,八路军取得首战大捷。这就是著名的"平型关大捷"。

日本侵华战争的主要口号之一便是"反共",因此对于中国共产党和八路军的存在十分警惕。

而日本媒体由于其新闻检查制度的存在,对于战败是很少给予描述的。因此,很难在日方报道中找到平型关之战的消息。不过,如果耐心寻找,也会在其检查的缝隙中找到线索。

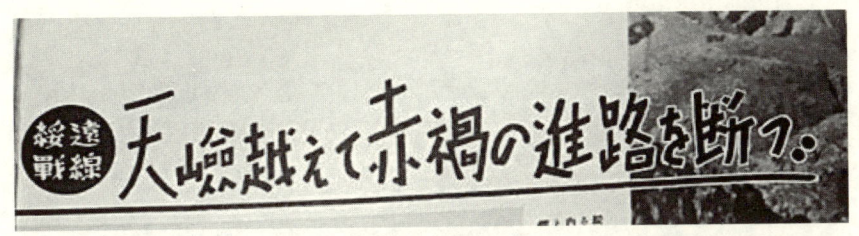

《世界画报》第四期，日军从绥远进攻山西的口号，便是"越过天险切断赤祸之进路"。

《世界画报》的一则新闻似乎和平型关战役并无关系，但这名被用白木盒子装回到日本，"无言凯旋"的新庄淳大佐，正是在平型关大捷中被八路军击毙的两名日军最高佐官之一（毙命时为中佐，死后特晋一级，另一名被击毙的日军中佐为第五师团参谋桥本顺正）。此人是日军在热河战役中的所谓突击英雄，曾以率领汽车队长途奔袭，突破中国军队汤玉麟部防线而著称，在平型关战役中因为乘坐在首车，一开战便遭到八路军集中火力射击而毙命。

平型关大捷，是八路军出师后的第一场大胜仗。中国的媒体，包括《良友》杂志，立即毫不吝惜地以大量笔墨加以展现。良友杂志 131 期便这样形容此战："晋北的重镇大同失陷后，敌人就虚避实，绕道猛攻平型关。但我方早有准备，以第八路军某营一营人，诱敌深入，然后以伏兵痛击敌众，地方劲旅坂垣师团因之损失过半，图示我第八路军健儿出平型关击敌之影。"

尽管文章写得花团锦簇，但图片使用上显然出了问题，这支戴着英式钢盔行进在长城上的部队，应该不是八路军。

在内长城战线战死的日军新庄淳大佐等 68 名日军的遗骨 10 月 31 日随长城丸轮船到达日本神户港，经慰灵祭后送回其故乡《世界画报》日支大事变号第四期。

。士戰軍路八第的局危北晉救挽，線前赴開
Reinforcements Rushing to the Front.

The 8th Route Army Moving Up Along the Great Wall to Take New Positions at Pinghsinkwan.

《良友》杂志131期照片中开赴前线，挽救晋北危局的第八路军战士。

推测是八路军刚刚出现在前线，采访不易，故此不得不用其他部队的照片填充版面。

　　对于八路军的战斗，本文的描述也不是十分准确，所谓歼灭坂垣师团过半，应是记者为了满足当时渴望胜利的中国民众而有所夸张。真实的战斗中日军伤亡约千人，并未伤筋动骨。平型关的胜利，对于军心士气的鼓舞意义，要远大于单纯的军事意义。此战虽然并不算规模太大，但八路军的威名从此天下传扬，让国人对胜利多了一份期盼和信心。

而《良友》杂志描述八路军所谓诱敌的一个营，因为打的是交通线上的伏击战，在平型关大捷中似乎也不存在，应该是虚构的。

不过，如果要说这个营有一点影子，那要到驿马岭去找，杨成武率领的八路军 115 师独立团一营在这次战斗中与敌殊死奋战，掩护主力歼敌于平型关下，八路军确实有这么一个吸引了大量敌军的步兵营。

驿马岭，晋冀两省交界的一个马鞍形隘口，鸡犬相闻，和北中国成千上万的村庄没什么两样。可是，20 世纪 80 年代的一天，当地人在修的时候，却被地面下的情景惊呆了。

日本华北派遣军描述驿马岭之战的档案，惊呼这是"共产军"。

据说当地人是在翻地时发现的这些遗骨，衣服已经烂没了，分辨不出是什么人，大多数残缺不全，还有的纠结在一起，好像在格斗。

在日军的档案中，驿马岭却是个令人心惊肉跳的名字。9 月 26 日凌晨，总算爬上驿马岭隘口的日军第九旅团旅团长国崎登少将，在《涞源附近战斗详报》中用颤抖的笔触写道："驿马岭遭遇的敌军仅仅是五百名有迫击炮装备的步兵，所属番号不明，他们大多不到二十岁，从遗物判断，这是共产党的部队上来了！"

日军说对了，这正是共产党领导的八路军。

平型关大捷主战场打响前，日军第九旅团的部队 24 日已到涞源以西的腰站，离平型关不到二十公里，援军怎么会整整一天没有赶到战场呢？

答案，就在这个小小的隘口——世人皆知平型关，鲜有人知驿马岭。就在八路军在乔沟与日寇血拼的同时，数十公里外的河北涞源驿马岭，也

○戰作兵步助協，地陣兵砲軍路八第

Light Artillery Units of the 8th Route Army In Action.

《良友》杂志 131 期中八路军步炮协同阵地。

在进行一场同样残酷的阻击战。他们是 115 师独立团，其任务是坚守驿马岭，阻敌增援平型关。时任独立团团长的杨成武在晚年的回忆录中写道："师首长叮嘱我，你们如果不能把敌人的援兵挡住，平型关战斗就胜负难料。所以你们必须全力以赴，死死顶住敌人，绝不可放过一兵一卒。"9 月 25 日，为了保障平型关战场的侧翼，独立团在这里硬生生用几百名战士的生命顶住了一个旅团数千名日军的疯狂进攻。这些刚刚从红土地长征而来的中国军人如同血肉长城般打到了最后一刻，没有让日军突破自己的阵地。从日军的档案看，八路军的凶悍是日军从没有想到的，他们从没见过这样不要命的中国军队。一交手日军最前线的一个大队就被打乱了套，其中作为先锋主力的本山中队干脆被打得连建制都失去了，只得派另一个大队来收容它。战后，为死难烈士收敛遗体的战友发现，竟然无法将他们与纠结在一起的日军尸体分开，只得将双方的遗体葬在一处。几十年后，当部分遗骨被发现的时候，他们仍然保持着与敌同归于尽的姿态。

本书的撰写目的是中日期刊在战争中的报道对比，而之所以花费这么多笔墨在双方都不曾真正报道过的驿马岭，是因为这一仗的忠勇和牺牲仿佛中国军队在抗战中的缩影。而这支部队，在胜利后竟然是无名的，如同今天依然埋骨大江南北、黄河上下的无数中国战士一般。

驿马岭的血战，日军记入了华北派遣军战史。蒋介石也对八路军平型关的战斗发电表彰，只是，战报中独立团的悲壮阻击只是一语带过。在八路军总部的嘉奖令中，"独立团"三个字也没能出现。这是因为这支部队没有正式番号，是一支"黑部队"。国民党方面在红军改编过程中一再压八路军的规模，八路军的战斗序列中根本就没有独立团的存在。

就是这样一支"黑部队"，却是最先开赴前线的。8月31日，他们在芝川渡过黄河，直奔前线。杨成武预测芝川的国民党河防部队可能不给这支没有番号的部队提供渡河工具，便与李天佑的688团混合行军以避免国民党一方的刁难。一个团的番号渡过了两个团的人，国民党军见此情景，却无人深究，只是默默相送。在前线死伤惨重、军无斗志的情况下，竟然有这样一支面对危局，却毅然赴死向前的部队，他们显然也被这份骨气感动了。

仅仅25天之后，驿马岭血战爆发。几百名这样渡过黄河的中国军人，便长眠在了这片陌生的北中国土地上，用他们的生命，屏护了中国人在这场战争中第一场胜利。

在伯罗奔尼撒半岛的崇山峻岭中有一座温泉关，千百年来希腊人不断到此凭吊，把鲜花和热泪留在这里。此处矗立着一座古老的墓碑，碑文感人肺腑、催人泪下：过路的客人啊，请告诉斯巴达同胞，我们尽忠死守，在这里粉身碎骨。

公元前480年，波斯王薛西斯入侵希腊，斯巴达王李奥尼达率领三百名勇士拒敌于此，全体阵亡无一还乡，这段碑文便成为整个欧洲历史上忠诚与血性的记忆。

驿马岭，一个被几乎忘却的战场，便是我们的温泉关。在这里长眠的，便是我们的斯巴达勇士。

因为有这样让人无法忘怀的记忆，我们便将其作为平型关这一文的收尾吧。

从日方史料还原平型关之战日军损失

　　曾经写过一篇对于日军在平型关大战中损失的文章，写完以后多承熟悉军事的朋友加以指点，或指正，或考证，多有收获。于是我萌生了对这次战斗中日军的损失进行进一步考证的兴趣。其结果，在日本，陆续发现一些相关资料，个人认为颇有补充的价值，于是将原作加以修订，重新做成此文，作为对这一问题的一点补足吧。

　　从当时日军的作战图可见，此战日军是与国民党军和共产党军同时交战的。不过，和国民党军交战中日军阵亡最高的军官仅为中尉（与国民党军的战斗也是颇为激烈的，第 11 联队战史中记载第一大队长尾家剑就差一点因为全军覆没而引罪自杀）。所以，八路军在"平型关大捷"，即在蔡家峪和平型关之间描述的战斗中，击毙日军两个中佐的伏击战战果显然对国共两军都是很重要的。

　　可能因为此战中被歼灭的并非第 11 联队所属部队，图中有一些错误。第一，"平型关大捷"战斗日期应为 9 月 24 日，图中标错；第二，新庄所部被称为"全军覆没（全灭）"，而第二十旅团坚称该部队有不少的突围人员，不能称为"全灭"。这也符合我对此战战果考察的结果。此外，图中标注的"朱德指挥的第二十三军两个师 9 月 30 日向五台方面逃走"，也很有趣。因为，朱德虽然被任命为第二战区副司令长官，但实际无权指挥国民党军部队，而平型关前线中国军队中也没有二十三军这个番号。据对比双方序列推测，这可能是三十三军孙楚的部队，是两个旅，不知道为何被日军误会为两个师了。

当初写平型关之战，是因为在海外看到一份报道，提到平型关战役日军的损失，认为日军的损失应该是"一个不完整的汽车中队和一个负责大行李的运输和护卫的辎重小队，共计有日本兵 60 人"。因此，认为把平型关看作大捷纯属夸大。这样的所谓资料实在让人哭笑不得，在日本所见有关的资料，日军伤亡是远远超过这个数字的。而且，把平型关伏击战称为大捷，还有一条重要的理由。

那就是当时日军的新闻管制还不够完善。在七七事变以后的一段时间里，日军的新闻报道管理还不十分严格，如《朝日新闻》报道的南苑之战（即佟麟阁、赵登禹殉国之战），曾相当真实地反映了二十九军顽强的防御，并对守军的坚强深表钦佩。不过，这种报道随着战况的"泥沼化"，日军管制的力度日益加强，这种还算客观的报道就越来越难以看到了。日文报纸《每日新闻》根据其华北特派员的报道登出了平型关伏击战的新闻，加以实地照片，并冠以"我军运输部队在平型关关口附近不明地域遭到从两侧高地的伏击全军覆没（全灭）"。虽然没有具体报道人员装备损失情况，但依然成为战时日军报道在中国作战失利的极少珍贵新闻之一。从国际影响来说，无论此战歼敌数量多少，称为"平型关大捷"，都是很有道理的。

平型关之战，到底毙伤了多少日军，中国方面有一万（蒋介石贺电）、三千（长期使用的数字）和一千（近期国内著作如《三晋同仇》等使用数字）之分。从当时日军投入战斗的属于后勤部队来看，一万和三千都不大可能，属于战时为了鼓舞士气而进行的战果宣传。据此，我认为中方比较可靠的数据是一千。这个数字对比日军的参战部队，个人认为是比较可靠的，所谓日军仅仅损失 60 人的报道，是不确实的。

然而，分析日军损失，使我们遇到一个比较头疼的问题。那就是日军为了维护士气，对战时损失和战果的不实报道，使日军的实际损失与其公报不符。比如，日军报道在中原战役中最为激烈的洛阳之战，我曾找到龙门山激战、停车场肉搏战、禹王庙之战等多次恶战的回忆文章，中日方面都承认这是一次大规模的攻防作战。而日军最后报道的伤亡情况呢？不过损失 55 人而已……这种情况不仅发生在中国战场，在太平洋战争中，日军曾经一次就宣称击沉美国四艘航空母舰。实际上战后调查，击沉的，仅仅是一艘登陆艇而已。

所以，对于平型关之战的真实情况，我采取了根据史料进行推测，而不是直接采用日军公布伤亡数字的报道（第 21 联队战史中直接报道此战阵亡 15 人，连日本大概都不会有人信）。

在日本的有关资料《终战纪念日特集》中，日方资料写道："八路军在五公里的峡谷里将日军团团包围，不断攻击，经过不到一天的恶战，日军全军覆没。"如果五公里的战场上只有 60 个日本兵，那就要差不多 100 米一个了，稍微有点儿军事常识的人也明白，这个仗怎么能打呢？"第五师团四十二联队救援的官兵证实，可以看到约百辆被烧黑的汽车和辎重车。"如果是这样，就算一辆车一个人，日军也不可能只有 60 人。何况，驾驶车辆的和押运的还应该是不同的部队呢。

战斗中日军突围的人员似乎不少，日军突围人员形容"红军"（就是八路军）作战与国民党军不同，他们子弹不多，似乎有一个不成文的原则：打出三枪就冲锋，因此与日军很快进入白刃战。八路军使用的白刃战武器除了刺刀，还有"青龙刀"等冷兵器。

日文刊物中对此战结果还有一种说法："这次攻击中，毙伤日军 1000人以上部队，很多军用物资被缴获，中国抗战以来的大胜利，称为《平型关大捷》。"不过，这个说法有些值得质疑。最初我查到此文时，认为是日方自己的数字统计。不久，有朋友告诉我，这是日方引用中方史料翻译过来的数字。虽然可以认为这表示日方接受这种看法，但是并非日军的内部统计，其权威性当可质疑。

好在还能够找到更详细可靠的资料。目前关于平型关之战，日文资料中萨注意到三本很有价值的材料，《第二十一联队战史》，原每日新闻随军记者益川的《大陆舞台上的中日死战》，前者日本各大图书馆都可以借到，后者在《丸》杂志上曾经连载，其第三部分，对平型关之战进行了详细的描述。另一本则是在查找其他资料时，意外发现在日军《第十一联队战史》中，有着比遭到打击的日军部队对此战更详细的记录。因为第 11 联队的尾家大队，正是 22 日最后乘坐新庄淳卡车的人员，该联队亦奉命救援平型关遇伏日军。

日军在山西行进的兵站汽车队，也是《每日新闻》报道此战的插图。

可能因为损失的不是自己的部队，所以记录更没有顾忌一些。日军勾勒出的平型关之战，终于显露出了比较清晰的形象。令人惊讶的是，它提到的战场状况，居然有很多是中国史料中所根本没有提到的。平型关之战可能和我们传统的看法不同，在八路军的伏击圈中，它有两个战场，日军是从两个不同方向钻进八路军的伏击圈！

从中文史料看，日军在平型关之战中的状况，是一个典型的口袋之战，也就是日军钻进中国军队布置的口袋阵，然后被全部歼灭。但是日本方面的记载，这个口袋却是有两个进口的。

平型关之战，实际发生的地点并不在平型关，而在平型关以东的关沟峡谷。

益川的文章中对这一战一开头就交待"平型关是北支山岳地带山西北部的阀门""曲折的隘路两侧是十米 - 三十米高的陡崖""昭和十二年九月二十五日午前，雨中，两件大惨事在这里发生了"。

一次战斗，为什么会发生"两件大惨事"呢？原来，进入八路军"第一一五师六千余"部队伏击圈的日军，分属两个部队！这两个敌军部队，一个是从平型关返回灵丘的"新庄自动车队"，搭载其他日军部队一部，属于日军第六兵站汽车队，由两个中队组成，搭载部队人数不详，从西向东进入八路军伏击区。这支部队的指挥官是新庄淳中佐。日军资料中没有记录它的总人数，但是从后面记录的伤亡来看，这支部队比对向而来的大行李部队要多得多。有朋友考证日军旅团长三浦少将和从前线归来的慰问团也在其中，这一点我所见到的日方资料没有记载，存疑。进入伏击圈的另一支部队是携带大批弹药、衣物、粮食等物资，从灵丘向平型关前线支援的步兵第21联队（指挥官浜田大佐）辎重部队，第五师团参谋桥本顺正中佐与他们同行。

这两支日军部队的最高指挥官都在这次战斗中被击毙。

日军在平型关战死的最高军官是中佐，而且一下就打死了两个，第二十旅团的新庄淳中佐和第21联队的桥本顺正中佐。中佐，就是中校，在日军中指挥一个大队的军官军衔只是少佐（少校），比如11联队的三个大队长，就都是少佐。中佐属于中高级军官，一下打死两个，如果日军投入部队只有60人，那应该就不是辎重部队，而是贵宾部队了。

这两个人的身份也很有意思。

首先，桥本顺正的"参谋"身份，在中国人眼里属于那种可有可无的次要幕僚，所以并不觉得打死一个日军"参谋"有多高的价值。实际上，这是中日两军"参谋"职务不同造成的错误理解。中国军队中，参谋是连级军官，中尉而已，责任也是补缺拾遗，跑腿辅助，所以有"参谋不带长，放屁都不响"的说法。而日军中，"参谋"是非常重要的职务，在指挥主官不在的时候，常常要负责指挥整个部队的作战行动，在军中的地位极高。比如河本大作、石原莞尔，在关东军中的职务也不过是"参谋"而已。实际上，日军师团的参谋长，也不过是大佐军衔，只比"参谋"高一级。另一个"参谋"的例子是高月保，他在被军统特工击毙于北平的时候，职务就是华北方面军的"参谋"。而这个"参谋"，不但是日军大本营号称"拉脱维亚的樱"的苏联问题权威，是日军制订对华细菌战方略的关键人物，还是贵族院的议员，担任天皇特使"宣慰华北"。日军中的"参谋"可能小看？这种职务，通常是日军培养高级指挥官时给予有前途的军官的过渡。事实上，日军中具有战略思想的高级将领，多半在发迹前最后一个职务就是"参谋"。在战斗中，派一个"参谋"去指挥一个联队长，并不是稀奇的事情，因为他属于那种带尚方剑的人物。而这个桥本正顺的履历更显示，如果不是被打死在平型关，此人很可能是一颗日军中的明日之星。桥本是日本陆大毕业生，从 1933 年到 1936 年长期担任"朝鲜军北方特务机关本部"（地点在珲春）副机关长，军衔少佐，其顶头上司，就是关东军中著名的老牌殖民专家和野心家——河野悦次郎大佐。这个特务机关，是镇压东北抗日联军的重要组织，他的对手，就是大名鼎鼎的杨靖宇。桥本在这个任上"功勋卓著"，估计是因为这个原因才将其调入第五师团担任师团参谋，也因此他的军衔为情报中佐。在遭到伏击时，桥本的表现，也证明他的军事素养相当出色。

这种因为两军军制引发的理解错误，并不仅仅限于"参谋"。在缅甸战役中，被孙立人逼得剖腹自杀的日军将领水上源藏，其职务是"五十六师团步兵团长"——一个团长，在中国军队看来实在不是什么高级军官，怎么会是少将？实际上，日军中的"步兵团长"，指挥的部队至少一个旅团……

也正因为日军将桥本顺正视为有前途的军官，所以此战之后，对桥本的死多有惋惜之词。桥本最后的风头，比同时战死的新庄淳中佐高多了。

其实，新庄淳也是个很值得注意的人物。至少，在被包围以后，新庄所部的抵抗远远超过桥本的部队，八路军的损失，推算起来大半是这支日军造成的——这不奇怪，桥本手下多为辎重兵，训练不足，新庄的部下则堪称精锐，数量也远远超过桥本的部队。

新庄淳的军衔比他的职务似乎要高。新庄淳的职务是新庄自动车队指挥官。这个自动车队（即第六兵站汽车队）包括两个机械化中队。按照建制来说，是一个简编的大队级单位，按说，其指挥官应该是少佐级别。然而，新庄却是中佐，原因何在呢？这是因为新庄部队并不是普通的后勤部队。

从军事角度，一支部队的战斗力，如果不计补给和士气（前者部队本身不能决定，后者涉及因素太多不好计算）是三个因素相乘构成的，即火力、机动能力和防御。日军在侵华作战中一度横行，是因为对中国军队而言，它的火力和机动能力都有极强的优势。其中，机动能力角度，日军在七七事变时，已经是一支半机械化部队。所以，在中国军队普遍采用的线性防御阵地上，日军经常可以利用机械化的优势，快速移动到中国军队薄弱的一翼实现作战的胜利，防御时亦然。而中国军队仅仅靠步兵机动，在平原地区是很难发挥人数优势的，往往是总兵力占优，具体战场上却体现不出来。这种机械化还使日军的重武器能够快速跟上一线部队，从火力上压倒对方。

不过，日本也不是富有的国家，像第五师团这样的部队，也无法实现完全的机械化，只能称为半机械化。半机械化的含义，就是部队本身还是传统的步兵，但机动作战时，由专门的汽车部队进行运输，实现快速行进的目的。"新庄自动车队"，就是为平型关日军提供这种机动能力的部队。事实上，在平型关作战的日军主力三个大队（第11联队尾家大队、第21联队平岩大队和第42联队折田大队），正是新庄部队从灵丘，于22日送到平型关前线的。实际上，新庄部队在现代军事角度有一个更贴切的名字，应该是——摩托化部队。

不过，抗日战争开始前后，正是这一兵种处于幼年时期的时代。因此，日军将其归于辎重兵也无不可。但真正的辎重运输，日军还是舍不得使用这样宝贵的部队，日军向前线运送弹药、被服之类，还是采用大车运输的方式。巧得很，平型关之战，一一五师包围的，恰恰是日军一个汽车队，加上一个大车队。尽管兵种地位未定，但日军深知摩托化机动这种战术的价值和汽车部队的宝贵，所以"自动车部队"在日军中的地位高于普通步兵部队，有兵种优势。这才会任命新庄淳这样的中佐指挥此部队。

如果回头来看，林彪这一战，第一打掉了日军的辎重队，也就是说端掉了平型关日军的饭锅，第二打掉了日军的摩托化部队，也就是说打断了平型关日军的腿，这一击，实实在在地打在了日军的软肋上。

那么，这两支部队的日军，到底有多少兵力呢？

首先，让我们看一下第21联队的辎重部队。我在最初研究平型关之战的时候，认为这支日军辎重部队包括担任警卫的高桥义夫骑兵小队共计250到260人。其中，因为日方文献记载桥本中佐乘坐一辆运兵"巴士"随同前往，我这样推测他的随员。担任指挥的指挥官第五师团情报参谋桥本顺正中佐，他率一辆运兵汽车（特别点名是运兵车）担任指挥。他不但是这支队伍的指挥，还有到前线执行联络的使命。从点名他带的是运兵车看，估计车里有他的卫士、司机、副官等，总共约十人。

然而无意间发现的一张照片，改变了我的看法，这支日军的兵力，要

在太行山中的日军辎重队——大行李队，可以看到每车约四人控制前进。

重新计算。

　　这张图本身并无特别，但书中对于此照片的一段说明引起了我的注意——"昭和十二年九月，粟饭原部队大行李从灵丘出发，满目沧桑的北支大行山脉（应为太行——译者注），艰难的行军，同期小仓中尉也在其中，于是留影纪念，不料却成永别。"

　　最初吸引我注意的，不过是"大行李"这几个字，因为平型关之战中，关于日军"大行李"是怎样一个作战单位，始终有所争议。等我仔细看这张照片的说明，心中忽然一动。灵丘？桥本顺正所部不正是从灵丘出发的吗?! 我以最快的速度查找日军在灵丘的作战情况，发现日军占领灵丘的日期是 9 月 21 日，攻占灵丘的部队，则是日军步兵第 21 联队的第 1、第 3 大队。战斗中，第一机关枪中队中队长福岛勋负伤，伤亡数十人。所以，日军不可能在 9 月 21 日之前从灵丘出动任何部队。而按照日军的纪录，所谓"粟饭原部队"，正是日军步兵第 21 联队的别称！

　　按照日军记录，25 日清晨，日军第 21 联队的大行李队从灵丘出发，携带粮秣、弹药、被服等前往平型关方向，并在这一天上午遭到八路军一一五师的伏击歼灭。此后，日军步兵第 21 联队主力（除已在平型关前线的第 3 大队）则全力向平型关下集结，补充三浦旅团的一线兵力。28 日到达前线，开始对内长城一线的继续进攻。因此，在这种状态下，很难想象日军可以在 9 月底前的三五天时间里重建一支"大行李队"，并从容自灵丘再次出发。

而且，照片上有一点特别的地方令人瞩目。那就是在日军的大车辎重队中，居然有一辆汽车！这也恰好和桥本顺正中佐乘汽车与 21 联队辎重队同行前往平型关相符。

所以，这张照片上的日军辎重队，我判断，极为可能就是日军这支被八路军包围歼灭于关沟的桥本部队！

这支桥本所在的辎重部队，根据日军的记录推论，应该包括以下单位。

第一部分是大行李。这个需要解释一下，有人认为这是对于辎重队的统称。询问现存的日军老兵，大行李是一个独立单位，相当于兵站（旅团才有正式兵站，联队只有大行李），编制约百人。这次估计就是因为这个大行李部队要到前方建立兵站，才携带了大量物资，以至于八路军缴获的军大衣都够整个——五师每人一件。由于日军进展顺利，而 9 月底正是换季季节，估计三浦旅团此时考虑的已经不是怎样拿下平型关，而是冬季作战的物资储备问题了。如果不是出于建立兵站的需要，携带这么多的大衣显然难以理解。第二，小行李即普通辎重队，携带日军第 21 联队作战需要的日常补给，如弹药、粮秣等，共计辎重兵七十余，担任掩护的轻重机枪兵 15 人。运输兵没有经过全面的战斗训练，因此自卫能力较弱。两路共计有辎重车 77 辆，上面第 11 联队战史也提到日军进入包围圈的包括"大、小行李"队。不过，由于大小行李编制并非固定，如果这路日军中大小行李的辎重兵人数少于此处的计算，也不奇怪。第三，为了加强自卫能力，派遣护送的高桥骑兵小队（高桥义夫第三骑兵小队），编制 60 人。第四，担任指挥的指挥官第五师团情报参谋桥本顺正中佐及随员。这里，根据照片上汽车的类型，我认为其随员不应超过五人，否则车中无法坐下。实际上，照片上可以看到汽车上共有四人，加上司机，桥本及其随员很可能正好是五个人。按照这个计算，这支部队的日军总兵力为二百余人。

有日文资料称这路日军不过是"马 50 匹，大车 70 辆……有辎重兵 15 人，特务兵 70 人护卫"，这里面毛病可就大了。马 50、车 70，不知道这个车如何拉法，难道用皇军来拉？有的车"皇军"拉，有的车畜牲拉？估计是皇军会法术，一指，车就走了。再说了，只有 15 个辎重兵，这 70 辆大车怎么赶法？看来鬼子会木牛流马。你说那护卫的也可以赶车。问题是护卫的是高桥义夫骑兵小队。骑兵啊，难道鬼子用战马拉车？那打仗的时候怎么办？这叫护卫吗？要是骑着战马在旁边赶着无人的大车行进……剧寒，好像幽灵片啊！

其实，如果看那张在太行山中的日军辎重队的照片，可以看到在太行山山地地区，每车实际至少需要四人一马推拉才能正常前进。这就是中国军队青睐于在山地和日军进行战斗的地方——使它的机动性下降，并且造成后勤的瓶颈。结合这路日军共计七十余辆大车（日方记录实际共 77 辆）的情况，如果加上负责警卫的高桥义夫小队 60 名骑兵，总人数应接近四百人。之所以与预计二百余名日军有出入，是因为日军当时普遍使用朝鲜人作为后勤支援人员，参加运输，他们不属于日军的军队编制（日军后勤人员也有台湾人，但前期不编入战斗部队。在日军中，日本人高于朝鲜人，朝鲜人又高于台湾人。当时还少见在当地拉伕的情况）。而战斗中，显然这些朝鲜人由于穿日军后勤人员服装，无法分辨，也被八路军消灭，并记入了战果，因为此战中并无朝鲜民夫被俘的报告。说起来，八路军把这些朝鲜"夫役"记入战果并非错误，由于"日韩合并"和多年殖民教育，二战中日军的朝鲜帮凶颇为不少。而且在对华战争中，他们经常在战斗紧张时拿枪投入战斗并对中国军队顽抗到底，后来还有大量朝鲜人补充进日军成为日军正规官兵。在伪军发展起来之前，这种日军中的朝鲜人常常被中国军民称为"二鬼子"，并以其凶残和纪律败坏而著称。实际上，如美军在吉尔伯特群岛的作战中计算的日军死亡人数，就包括大批担任设营的朝鲜后勤人员，而日军计算损失时，一向是不计算朝鲜人的。

新庄所部日军，其总人数则是一个谜。他的本部，包括两个汽车中队，其中的中西汽车中队，共有人员 176 人，另一个中队不详。这另一个中队的人数究竟有多少很难确定，但应该高于中西汽车中队。因为在网上查找，日军一个中队，最少的人数 194，最多的 350。中西汽车中队只有 176 人，在 1937 年的日军中，是非常罕见的。日军一个大队的标准人数为 1091，包含三个中队和大队直属部队，一个中队的兵力在二百多人才是正常的。

有日本网页介绍此战新庄部队损失为"第六兵站汽车队共出动卡车80辆，计损失卡车75辆，指挥官新庄淳以下43人战死，34人负伤"。

这有些令人不可思议。

75辆卡车被击毁，连死带伤八路的子弹手榴弹一共碰着了77个鬼子。

除了指挥官新庄，平均一车一个鬼子，只有一个误差，还不都是打死的，连擦破皮的也算。

那击毁卡车不是给你打成火焰山就是给你扔俩手榴弹炸开花，多壮观啊。可是，八路也是超人，就能掌握好一辆车上只能死或者伤一个鬼子！不能多，也不能少，打了正司机就决不能伤副司机，误差不过3%！

忽然一想，剩下的鬼子呢？两个中队怎么也有400人吧，减去死伤的77，还有三百多，可车辆给毁了75/80，连鬼子头都给毙掉了，这皇军干什么吃的？是不是枪一响就跟兔子似的……

其实，这个数字的产生，是有背景的。新庄这一路日军，除了自己的两个中队，还记载携带有如下人员——一个护卫小队和机关人员，到前线的慰问团若干成员（有资料称三浦敏事旅团长和他的卫队也在其中，但也有资料称当日三浦在内长城前线，故存疑），从前线撤退下来的伤兵和看护人员。伤兵这部分可能是日军损失最大的。因为如果是轻伤日军前线的野战医院都可处理，日军在平型关前线的鹞子沟就有野战医院，后送的肯定是重伤失去战斗力的人员。战斗打响后日军汽车兵可以突围逃跑，这部分伤员，就很难脱逃了。日军新庄自动车队代理队长中西正式报告中自述这支部队损失七十余人，这个数字常被引用。而日军增援部队进入战场后，自称"新庄中佐以下二百人战死"。其区别，就是中西的正式报告只提汽车队本身的损失，却全然没有搭乘日军的损失情况。

那么，当时车上有多少日军伤员呢？在国民党军的顽强抗击下，平型关前线日军的损失不小。实际上，战斗到28日，前线的尾家大队报告全大队1091人编制中还剩三百余人。日军记载，由于25日"平型关大捷"，国民党军受到胜利鼓舞，26至28日发动了富有勇气的反攻。而日军由于没了新庄这副"快腿"，增援部队直到28日才到达战场，这一阶段日军损失惨重。如此，假设此大队日军的伤亡有一半是26到28日发生的，按照当时作战正常伤亡比例一比三计算，到新庄汽车队出发的25日，则有约170

人阵亡，430 人负伤。其中轻重伤各占一半的情况下，就有伤员两百余人需要后送。而平型关下 25 日前日军共有三个主力大队（其他部队因为本来编制残缺暂不计算），就算另两个大队的伤亡只有尾家大队的一半，则合起来，也有四百余名伤员需要后送。如此，看护兵也要至少一百名。所以，新庄所部日军，算上伤兵应该在千人左右。

至于汽车一共 80 辆，这很可能是中西汽车中队的汽车数量（每车正副司机一共 160 人，加上一个修理班，与该中队 176 人的记录基本符合），而不是日军全部汽车的数量。原因是这支汽车队是日军派出运送三个大队部队到平型关前线的，且预定返回接运一个联队的援军。三个大队携带全套装备的日军，共计三千余人，如果仅仅 80 辆汽车，每车要装携带全副武装以及被服，携行近距离支援武器（迫击炮、掷弹筒等）的 40 名士兵，显然是不可能的。如果翻一番，每车 20 人，还比较合理。而中西的报告，实际也没有提被拦在包围圈外的日军车辆。

25 日上午，两路日军同时进入八路军伏击圈。11 点，东路日军在雨后湿滑的小道上行动不便，大车行动艰难。这时，八路军猛烈的袭击开始了。

说到这里，有一点应该回顾一下，那就是大家都将平型关之战称为八路军与日军的第一战。从日军的记载来看，这是一个错误。在平型关大捷之前三天，八路军就已经和日军打了一仗，不分胜负。这一战斗，也在八路军老战士的回忆中得到了证实。只是，双方对待这一战的态度，却是迥然不同。我认为，正是这种不同，导致了平型关伏击战双方不同的命运。别忘了，八路军这一边的指挥官，可是后来称为"黑土地之狐"的林彪。按照第 11 联队战史的记载，桥本顺正这一路日军，并非坐以待毙。

在八路军部队的第一次打击中，桥本并没有当场毙命。他的座车恰好被山崖挡住，八路军的手榴弹和子弹都无法击中这辆汽车（否则以这一路日军仅有一辆汽车的情况，他的座车一定是八路军的主要打击目标）。战斗打响后，桥本跳出汽车，立即在附近的一处台地建立了指挥位置，组织幸存日军进行抵抗。

这里面有两点耐人寻味。第一，日军为何未派尖兵搜索前进；第二，桥本所部中，除了日军以外，是否确如推测的那样有一批朝鲜夫役随同，他们是否没有武器。

日军未派尖兵，一方面是他们前一阶段作战顺利，确实骄横。还有一个原因，却是因为，八路军设伏的关沟，是在实实在在的敌后。日军称，八路军一一五师是从三角山（中国名称，不明，与1930高地为日军所称的平型关前两大制高点）42联队平岩大队的侧翼阵地上穿越过来，进入伏击阵地的。而桥本所部认为如果有敌军渗透过来，必然会和42联队发生战斗。既然前线一切平静，当然也就没有必要派出尖兵喽。

其实，山西的山地丘陵地形极为复杂，所谓"控制"，对于日军这样的客军来说，只能是相对而言，而本地的军队完全可以从敌军的缝隙中实现穿插。应该说，一一五师的战术动作果断坚决，人员战斗经验丰富是能够悄无声息进入敌后设立埋伏的重要原因。同时，24日夜间的大雨，更使日军无法行动，平岩大队能够发现八路军的行踪，反而是奇迹了。换句话说，日军这种粗糙的战斗作风，也可以说是前一阶段国民党军节节固守，绝不向敌后出击"惯"出来的。

说起国民党军的单纯固守，祖父认识的一个旧晋绥军军官说，单讲国民党军士气不振也是不对的。当时晋绥军和中央军抗战的士气都比较高。尤其是晋绥军，属于保家守土之战，战斗力强弱不说，作战还是勇敢的。其青睐于固守，有武器方面的原因。当时晋军防守阵地有一件奇门兵刃，就是太原兵工厂造的"滚山雷"。这种大号的防守兵器重达几十斤，外观酷似水雷，像手榴弹一样扔是不可能的。使用方法是居高临下，拉了导火索后用脚踹下阵地，滚落到敌军中爆炸。由于这种兵器爆炸起来大有淮海战役"没良心炮"的风格，山地作战中曾经给日军造成巨大损失，有把整整一卡车日军士兵连人带车炸进深沟的恐怖战果。这是晋军防守的主要兵器。但是，这种兵器也有致命的弱点——敌军不靠近阵地无法使用，敌军位置比自己的阵地高也无法使用，且无法携带行军。晋军将领多为旧军官，对武器的迷信比较重，所以对离开阵地，不带这个东西去和日军交战，认为很难取胜。这是晋军在平型关大捷前很少主动出击的一个奇特理由。

而桥本所部随行人员的情况，我再次仔细研究《太行山中的大行李队》那张照片，也就是桥本所部的绝影，发现推拉第一辆大车的辎重兵服装不统一。其中在后方推车的士兵肩挎步枪，头戴三块瓦的皮帽，与日军的服装显然不同。仔细看来，我觉得，它和当时在山西与我军交战的一支伪军的服装颇为相似，那就是蒙古分裂势力德王所属的伪蒙军。

难道跟随桥本进入伏击圈的还有伪蒙军？无论朝鲜夫役还是伪蒙军，从运输队情况看人数都不会少，为何会和日军一同全军覆没而没有人投降？是听不懂劝降还是八路军火力太猛？或是受到日军的胁迫？

这恐怕只能是一个谜了。

桥本顺正指挥日军的抵抗颇为顽强，据称他曾准确判断一个中国军队的指挥所，并指挥轻机枪进行攻击——"可能是八路军指挥官被打死，一度攻势得以减缓。"然而，他的兵力毕竟有限，装备也不充足，更要命的是由于八路军伏击阵地选择得好，日军处于"很难看到敌人只能挨打"的境地。当八路军第二次发动猛攻的时候，这支日军终于未能逃脱"全灭"的命运。有消息说当时日军辎重中，枪支与弹药是分装的，以至于一些没有枪的辎重队员找到了枪没有子弹，找到了子弹没有枪，抵抗能力大减。不过这种说法没有得到日方资料的证实。一一五师冲下山来，和日军发生了白刃战，日军全被杀死，连手表和钢笔都被八路军缴走作了战利品。部分当时未死的日军拼命抵抗，遭到八路军的杀戮，有的被和车辆一起烧成黑炭。（当然，这时候又少不了皇军责备八路军"野蛮"的话题）

大家看到这里可能会觉得奇怪——既然这支日军已经"全灭"，如何还能够提供如此详细的战斗经过呢？

其实，这一路日军还有几个幸存者。三天以后日军21联队的官兵赶来救援，在死尸堆里发现了两名奄奄一息的日军重伤员，随后又在附近山坳中发现隐藏于此处的三名日军伤员，这就是此战这路日军的全部幸存者了。但是，没有一个日军能够说出桥本顺正中佐的死亡经过，他们对桥本最后的记忆就是他指挥轻机枪射击的时刻。

如前面对这一路敌军人数的分析，桥本所部被消灭的当在三百五十人左右。应包括日军桥本顺正中佐以下随员数人，大小行李辎重兵一百多人，高桥义夫骑兵小队六十人，以及约同等数量的朝鲜夫役或伪蒙军，损失马匹一百多匹。77辆大车和一辆汽车全被摧毁，物资被缴获。

另一路日军新庄汽车队的情况，要凌乱得多。我们现在所知道的情况是，战斗打响以后，日军的首车即被摧毁，日军人员纷纷下车。由于没有统一指挥（新庄中佐在第一次攻击中即毙命），这段时间的日军作战情况没人能够掌握。其实，此时这一路日军进入伏击圈的已有七十多辆汽车，单纵队的长度约一点五公里，另一方面桥本部队的日军七十余辆大车也绵延一公里左右，两军之间的间隔不过两公里多一点。如果新庄所部日军向前冲，与桥本所部合而为一，则战斗无疑会复杂得多。不过，可能是因为失去指挥，这路日军并没有做这样的努力。这一路日军的损失，日本记者益川《大陆舞台上的中日死战》的记载："在八路军伏击圈的西端，遭到预设的伏击，指挥官新庄中佐以下约二百人战死，车辆焚毁。"由于日军未能全部进入伏击圈，所以一部分日军撤出了战斗，向后退却，随后立即投入反击，试图打开缺口，救出被围的战友（按照某些说法，是战斗开始后立即突围成功的三浦少将亲自指挥反扑）。经过"奋战"，终于一度打开了包围圈，掩护部分日军未死人员撤离，这就是日军两个汽车中队的中队长都能够生还的原因。但是，由于日军得以打开包围圈的时间极短（此后足有三天日军没敢，也没兵力进入关沟伏击区），估计在被击毁汽车上的日军伤兵很少有人能够生存。

　　从八路军方面的描述看，这路日军未能突围的部队由于是摩托化部队的精兵，武器也比较好，曾经依托汽车进行顽强的抵抗，甚至向八路军发动反冲锋。日军伤兵也并非任人宰割。26日，国民党军反击鹞子沟日军野战医院的时候，日军伤兵就曾顽强抵抗。但是由于一一五师兵力超过日军数倍，终于将日军全部歼灭，以至于三天后进入此地的日军只见被摧毁的汽车和车上车下层叠的尸体。

　　根据这一战情况分析，新庄汽车队方面日方自己承认战死者约二百人。当时战争死亡率与战伤率为1∶3，考虑到日军遭到突袭，而且部分人员最终被包围全歼，死亡人数应该比较高，这个比率可能改为1∶2更趋合理。因此，即便这战死的二百人日军包括了解围部队的阵亡人员，这一路日军的伤亡也将达到六百人以上。

　　如此计算，仅这两路日军的伤亡，就已经达到了九百人以上。

　　同期，日军第11联队、第21联队、第42联队等部队曾全力突击，试图挽救两支日军。但是由于遭到八路军各部队的顽强阻击，未能前进，反而不得不作出后退姿态。日军直到三天后才进入关沟伏击区，他们除了收尸已经没有作用。按照当时日军援救战友的作战士气和未能成功的结果，日军在这三路援助中每路遭到数十人的伤亡应该不会离谱。这样说法还有一个佐证，就是日军第 21 联队战史记载当天在镇边城损失 20 名士兵。其时间正在桥本和新庄两部覆没之间，推测当为试图突入解围时遭到的伤亡。

因此，平型关大捷中日军伤亡千人应该不是一个很离谱的数字。

关于平型关大捷的日军伤亡数字的推测，实际上与我当年写这篇文章时的情况出入不大，并不能算太新的资料。然而，另有一些，则是值得写出的。

那就是平型关大捷的影响。

我们曾经说，平型关大捷的意义在于它是抗日战争中第一次大胜。事实上此战之前，在抗战中我国军队也不是全无胜绩，但打成让日军"全灭"的歼灭战，的确是第一次。

其意义在哪里呢？

从战术上说，这一战的确达到了一一五师战前所讲切断平型关后方日军补给线路的目的。平型关日军三浦旅团四个大队从 25 日到 28 日，与后方的联络中断。由于补给不足和缺乏援军攻势停顿，这三天中未能向前进一步。日军原计划从灵丘方面支援一个联队的日军增援平型关，由于交通中断，不得不改用已迂回到大营方向阎锡山军后方，已经攻占浑源的 21 联队主力两个大队又两个中队变更方向，赶到平型关下支援三浦旅团本阵。阎军无意中逃过一劫。而即便得到了增援，由于补给不济，三浦旅团在平型关下也仅仅是维持而已，攻击效果不佳。此后的三天，日军一直在平型关下徘徊，毫无进展。

造成平型关线失守的原因是日军关东军支队从西侧更远的茹越口突破了阎锡山军防线的薄弱之处。国军梁鉴堂旅长战死，平型关守军退路被切断，10 月 1 日被迫放弃阵地撤离。当时在关前苦斗的三浦旅团官兵发现阎军如"雪崩"般突然撤退，纷纷高呼万岁。可见林彪这一刀插入日军软肋造成的伤害，使气势汹汹的三浦旅团成了病猫。

从战略上，则是给了中国军民，特别是国民党军极大的鼓励。这并不是口头的说法，实际上参看第 11 联队战史，就可以看出，战役进行到 25 日，国民党军虽然防守顽强，却几乎没有主动出击。日军取得的最后一个大战

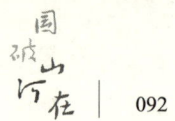

果是在一一五师打响同时，攻占了平型关前极为重要的 1930 高地。

然而，此后，受到八路军大捷鼓舞的国民党军纷纷主动出击，从 25 日到 28 日，一线日军到处处于被动挨打的局面。其中战斗包括：

25 日上午 11 时，国民党军反攻 1930 高地，以迫击炮轰击并试图迂回日军后方。日军的部队是炮兵和车兵，近战能力不足，只好且战且退。双方间隔 300 米的距离进行对射，日军退到二线阵地勉强挡住了中国军队的进攻。

26 日晨，国民党军突袭鹊子沟日军野战医院，日军卫生兵和伤员进行顽强抵抗后，医院终于被攻占。第一机关枪中队中队长宣野等伤员被俘或被杀。

28 日，国民党军对日军 11 联队第 3 大队发动总攻。日军被包围在一个马蹄形的防御阵地中，伤亡惨重，全军从满编的 1091 人剧减到三百余人，弹药用尽，援军无望。日军大队长尾家剑嘱咐护兵烧毁队旗并准备自杀，幸为援军所救。

这都是此前日军记录中未见的灵活主动战术。

此后的忻口战役中，迂回敌后也成为国民党军的重要战术之一。

可见，一一五师的平型关之战，的确让当时士气受创的国民党军也为之眼睛一亮——和日本人原来还可以这样打啊！称平型关大捷鼓舞了全国军民的抗战，绝对是一个并不夸张的说法。

猛龙过江

——中国炮兵击伤日本亲王之战

一

偶然的机会，在日本发现一条历史线索——淞沪战役期间，曾有一个日本亲王在前线被中国军队击伤。

经过调查，这的确不是谣传，这个被击伤的亲王便是日本海军大佐伏见宫博义，时任海军第三驱逐舰队司令，日方报道称"伏见宫博义王殿下"。1937年9月25日，他在指挥日舰与中国军队进行炮战时，因座舰被中国军队一发75毫米山炮炮弹击中而受伤。

1937年9月26日日本海军省发布的"公表"对此战有如下描述："伏见宫博义王殿下以第三驱逐舰队司令之职，在指挥属下驱逐队遂行某重要任务之时，于黄浦江溯江行动中，在上海日本邮船公司浦东栈桥附近，与附近仓库中隐藏敌军发生战斗……战斗进行到下午3时40分，敌卑怯一弹击伤殿下左臂，幸伤势不重……同时，殿下身边的部下也有多人伤亡，但官兵努力奋战，终于压制敌军，完成任务。殿下负伤后极为奋勇，始终坚持指挥战斗……"

虽然其中不乏水分，但对于整个战斗过程，描述还是比较详尽的。

这个伏见宫是何许人也？说起来，此人在日本皇族中，地位还颇为显赫。

在上海被中国军队击伤的日本皇族伏见宫博义王，曾经作为天皇的代表校阅 1935 年的日本海军特别大演习，日本海军兵学校第 45 期毕业，是日本贵族院 51 名皇族议员之一。

他是伏见宫博恭王（曾任日本大本营军令部总长）的长子，其母为幕府末代将军德川庆喜的女儿德川经子。他的儿子后来继承爵位，称伏见宫博明王，1947 年因麦克阿瑟在日本实施抑制大族政策而被废除皇籍。

应该说，中国军队这个战果还是有点儿遗憾。若是炮弹落点再准确一点，日本海军将欲哭无泪——因为这位伏见宫博义王，在日本海军中，就算不是招牌，也属于牌位型的人物。这就要说到伏见宫家对日本海军的意义了。

日本的皇族中，有四大历史悠久的世袭亲王世家，史称"四亲王家"，即伏见宫家、桂宫家、有栖川宫家和闲院宫家，他们可称是日本贵族社会的主要支柱。其中，伏见宫家地位最高。这是因为桂宫、有栖川宫两家，都因为生不出儿子来，在二战前就绝嗣了，影响微弱。闲院宫家也因为在明治初年绝嗣而不得不从伏见宫家引进义子才维系传承。因此，当时日本贵族中最有影响的两大家伏见宫、闲院宫实际上是一门之后。

不知道因为什么原因，日本皇室从明治以后就子嗣艰难，或者是不生，或者是生女不生男（日本皇室爵位法定由男性继承），就算是生男也往往精神或身体有问题。说起来伏见宫家倒是这方面的异类，不但自家子嗣不乏，还能过继给其他华族，甚至曾过继给天皇，第 102 代后花园天皇，就是从伏见宫家过继的。即便如此，他家还有剩余的孩子，便依律封为新的宫家。

这些新的宫家虽地位不及四亲王家，但因其数量关系，自然也有巨大的影响力。直到 1947 年麦克阿瑟在日本打击传统贵族，废除伏见宫家皇籍，伏见宫一系的皇族，还有十家之多。

不过，在日本陆海军的竞争中，作为有影响力的皇族，伏见宫、闲院宫两大家却站队不同。日本陆军极力拉拢闲院宫，海军则以伏见宫为靠山。任职军令总长的伏见宫博恭王是强硬的海军派，海军将他的这位世子博义王视作未来海军皇族发言人来培养。

那么，既然是如此重要的一个招牌，怎么会送到战场上呢？

从实际情况看，日本海军还真没想让这位亲王大佐打什么像样的仗，大约只是想让他到战场来镀镀金。

由于实力悬殊，当时的中国海军对日本舰队根本构不成致命的威胁。中国海军的主力为"拱卫京畿"，将八艘巡洋舰中的七艘集中在江阴，依托

伏见宫博义王和他的弟弟华顶宫博忠王。其父伏见宫爱贤年轻时过继给华顶宫家（也是伏见宫系的贵族之一），本来已经离开了伏见宫家族。不料原定的伏见宫世子体弱多病，不能继承家业，于是他只好一身担任两家的爵位，既是第 25 代伏见宫家主，又是第 4 代华顶宫家主，所以他的后代享有两个王爵。

为了鼓舞士气，当时到前线的日本皇族屡见不鲜，这是日本天皇的弟弟高松宫亲王到上海前线视察。

封锁线阻止日军深入长江。双方水上舰艇较激烈的战斗，大多集中在这一水域。而这位伏见宫博义亲王指挥的第三驱逐舰队并不在江阴方面，主要活动于上海黄浦江面。这里虽也是前线，但中国海军留在上海战区的仅有永健、普安两舰。其中，永健舰在开战第二天即在和日军轰炸机的战斗中被击毁，沉没在江南造船厂对面的江中。而普安舰为一战期间中国缴获的德国运输舰，已经陈旧报废，战斗力可以忽略不计。因此，第三驱逐舰队的日军舰艇，并无水战任务，其职责只是炮击中国军队的陆上阵地而已。由于当时中国军队的装备差、火力弱，这种一边倒的战斗当然没有什么风险。

即便如此，日本海军依然不放心，因此为第三驱逐舰队配备的兵力异乎寻常地强大。一般日军一个驱逐舰队装备三至四艘驱逐舰，而第三驱逐舰队却装备了七艘，而且全部是日本海军速度最快的峰风型鱼雷驱逐舰。这位伏见宫大佐的座舰，更是日本海军长期的航速冠军——岛风号，其创造的航速40.69节高速，直到1943年才被打破。

在几乎没有敌人的情况下，乘着风驰电掣的战舰在黄浦江上横冲直撞，

遭到中国空军袭击的日军运输舰。舰体上的黑色斑点，就是中国空军战机扫射的结果。

似乎是很快哉的事情。可以想见，伏见宫依靠这样的"战功"，今后在海军中的前途肯定是青云直上。

不幸的是，人算不如天算，显然中国军队的抵抗超过了日军的预期。日本海军很快发现黄浦江上并不是一个安全的地方。尽管中国海军在上海已经没有战舰，但电雷学校史可法中队的英制鱼雷快艇史102艇从内河潜入黄浦江，8月16日奇袭了日本海军在中国的舰队旗舰出云号，震惊中外。而中国空军也不顾敌众我寡，奋勇出击，不时攻击在上海的日舰。伏见宫部下的舰艇，也多次被中国陆军的炮兵击中负伤。

因为这种不安全的因素，加上日本海军认为伏见宫"镀金"的目的已经基本达到，在他被击伤之前，已经发布他转任第六驱逐舰队司令。不料，还未移交，就发生了这样的事情。

根据日方资料，伏见宫博义王被击伤的时候，正是在岛风舰上。按照日本《读卖新闻》的报道，其战斗经过远较日本海军"公表"的描述险恶得多。而中方的报道中，这支击伤日本亲王的炮兵部队也经常受到青睐。只是，好像这些炮兵也没想到，在他们给日军造成的伤亡中，居然还涉及一个亲王。

二

这次击伤日本亲王的炮战，在中国方面的文献中并无专门记载——原因是立功的中国炮兵似乎根本不知道自己这一炮打出了如此一个稀奇古怪的战绩。我所见中国方面提及击伤伏见宫一事的，是美国出版的戴维·贝尔加米尼的《日本天皇的阴谋》一书。由于资料不够详细，该书只提到这个亲王随日军增援部队到达上海时被中国军队击伤。

实际上伏见宫和他所指挥的第三驱逐舰队，是日军最早投入淞沪战场的海军舰艇部队。他这次被击伤，根据日方记载也不是随增援部队行动，而是在黄浦江上执行任务时遭到了浦东方向中国炮兵部队的奇袭。

说起来在当时的浦东战区，日军炮火占据绝对优势。这一段战线，双方隔黄浦江对峙。中国军队右翼军团五十五师三三〇团的团长，一度担任炮兵指挥官的孙生芝回忆，即便不算日军陆军部队的炮兵，单计算航行在黄浦江上的日本海军部队，其实力就远远超过中方——"当时领空、领海已经为日本飞机和军舰所左右，敌人军舰在30艘上下，每舰有大炮12门以上，30艘军舰共有360门炮，力量比我们强得多。"

但在如此敌强我弱的情况下，浦东的中国炮兵部队却打得相当出彩，不但在阵地防御中屡立战功，使日军在这条战线上始终无法跨过黄浦江一步，而且不时主动出击，发动对日军的炮战。

这支炮兵部队行动诡秘，胃口奇好，从吴淞的仓库到停泊在英美烟草公司对面码头的出云号装甲舰，都在它的打击范围。而且炮术又奇佳，哪怕是藏在建筑后面的日本军舰也不乏被它像打篮球一样一炮吊中的经历。日军对这支中国炮兵部队的炮为何打得如此之准始终不得其解，隔山打牛这种活儿即使在武术界也只是传说。日军恼羞成怒，曾多次调集部队，空中江上一齐动手，誓欲除之而后快，但每次"全歼"之后，过不了一天，中国的炮弹又会像还魂一样落到日军的脑袋顶上。直到日军在金山卫登陆，中国军队大撤退，这种带响的问候始终没有停过，相对于罗店的"血肉磨坊"，形成了淞沪战役中少有的戏剧性场面。因此，这支部队在当时中国的报道

中国 75 毫米博福斯山炮在射击。就是这张照片，使张发奎总司令很是着了一次急。

之中，有"神炮"之称。

说来说去，这支炮兵部队，到底有多少兵力呢？

观看淞沪战区作战序列，其部队分为左、中、右三个军团，左翼军团总指挥陈诚、中央军团总指挥刘建绪、右翼兵团总指挥张发奎。浦东属于淞沪战区中国军队右翼军团的一部分。说来惭愧，堂堂右翼军团总司令、北伐名将张发奎上将，手下总共只有一个营的炮兵。日夜不停进行"问候"，搞得日军鸡犬不宁的，便是这个中国陆军炮兵第二旅第二团第一营，击中岛风号炸伤伏见宫的，正是该营的一门 M1930L20 式 75 毫米博福斯山炮。

炮兵第二旅，是 1934 年国民党军整编炮兵部队的成果。当时国民党军总共建立了第一、第二两个炮兵旅，第二旅由原独立炮兵第二团、第三团组成，番号仍然称为第二、第三团。

炮兵第二旅装备的全部是瑞典博福斯 M1930L20 式 75 毫米山炮。这种火炮初速较慢，但射速较快，精度高，故障率低，又能拆卸后运输，很受中国炮兵部队的喜爱。要说，在浦东这个战场，这种炮还真是特别适用。因为它射速快，所以很适合中国军队打了就跑的作战方式——不跑人家的炮兵也不是吃素的；它初速慢，所以弹道不清晰，难以找到发射阵地；容易拆卸，所以中国炮兵人员可以拖着它到处"游击"，让日军防不胜防。这种火炮虽然是瑞典造，实际却是德国克虏伯公司的技术。只是因为一战后《凡尔赛和约》的限制，德国不得在本土生产先进火炮，克虏伯只好在瑞典开设子公司来生产卖给中国了。卖给中国这批火炮，本来是要给土耳其人的，因为土耳其经济困难，付款不及时，结果大炮被中国政府转手买下。

使用这种火炮，中国军队还有独到之处。在中国炮兵手中，这种山炮的射速达到了每分钟25发的惊人速度。在偷袭时这种不可思议的射速使其威力发挥到了最高。然而，这个25发每分，已经接近理论上的最高射速——这种火炮炮身从后座到复进到位，中间就需要两秒以上的时间。实际使用射速能否达到这么高呢？颇有专业人士认为人不是机器，除非使用自动装弹机，否则根本无法达到甚至接近这个数字。但是，中国炮兵用自己的智慧使火炮达到了这个速度。这样做也是不得已，一则由于是搞弱势逆袭，不得不在最短时间内达到袭击效果；二是压缩射击时间，避免产生长时间超速打炮引起的身管灼损，保护珍贵的火炮。实际上，中国军队（不论国共）的炮兵好手都擅长这一手，其打法非常有中国特色——必须是三人操炮：供弹手将炮弹递到装弹手手中，装弹手在炮膛后座停顿瞬间（此时炮膛尚未回位）打开炮膛，此时弹壳会因膛内残压及后座惯性高速滑出，装弹手随即将新弹装入尚在回位中的炮膛，并关膛上闩。与此同时，炮手有一秒多一点的时间做炮瞄微调，这对炮击精度非常重要。当炮身达到回位静止的第一瞬间，炮手发炮。每次发炮时，炮膛只是瞬间静止，但不影响精度。当然，这样做很容易导致炮手受伤。射速从正常加到25发每分，炮手们致伤可能性上升200%！

单看作战序列，张发奎的名下，有着一整个炮兵第二旅，下属炮兵第二团、第三团。抗战期间，国民党军最大的炮兵单位，就是旅，说起来张将军的本钱似乎很丰厚。其实，这只是纸面上的。炮兵第二旅的第三团，当时奉命"借入"第九集团军，猛攻汇山码头和日本海军陆战队司令部。该线战斗此后激烈胶着，该团始终无法归建。第二团共有一、二、三营，二营散放在杭州湾、乍浦一线担任要地防御，三营位于嘉兴旅部看家待命，真正拨归右翼兵团的，只有第一营。按照炮兵第二旅的编制，一个营辖三个连，其中一个连是辎重连，没有炮。两连炮兵各辖四门炮，总共八门75毫米博福斯山炮就是中国右翼兵团的全部炮兵火力。实际上，除了留两门作为"救火队"，中国军队在前线的火炮，总共只有六门。

六门对三百六十门，六十倍的差距。但是，这六门炮的作用却十分出色。淞沪战争爆发后，右翼军前方颇有一些日军据点，如日华纱厂、日清公司、邮船公司栈桥以及新老三井码头等，大部分被日海军用为后勤设施。张发奎命令炮兵猛轰这几个据点，给日军造成相当大的损失，单日本海军煤库据说中弹后就烧了三天三夜。这几次战斗中，炮兵发挥了巨大的作用，也因此让张发奎将军对这几门炮兴趣大增，经常亲自指挥这几门炮袭击日军对岸阵地和江中的舰艇，作用很好。张发奎在几次炮击作战取胜后说："敌人为谋消除这威胁，曾采取了种种侦察手段，不间断出动飞机，企图搜寻我炮兵阵地，毁灭我炮兵的力量。但他们始终无法找到我们的炮兵阵地，更无法制止我炮兵每天黄昏和夜间的袭击。"《八一三淞沪抗战史料辑选——第一道防线的防御战》也提到："浦东炮兵对日军的牵制，对于淞沪正面的华军，是有着很大的帮助的。"

正因满意于战果，同时觉得博福斯75毫米炮威力稍小，张发奎上书国民党当局，希望能够"由乍浦附近海岸赶筑一条可以运输重炮兵的临时公路，直达浦东，效法海岸游动炮兵的使用方法"。

可惜这个计划没有真正实现，国民党军中高级将领并不都像张发奎将军这样头脑灵活。否则，炮兵们真的把彭孟辑的炮十团拉来，弄几门德国造十五榴到浦东，用这个大家伙打伏见宫大佐一下，那就不是受伤的问题了，只怕要找几个日本大夫来做亲王版的拼图游戏啦。

但中国这支不大的炮兵怎能产生如此奇妙的战果，甚至能够"隔山打牛"？这就要提到中国炮兵史上的一位传奇人物兼怪物，国民党军炮兵第二旅旅长蔡忠笏了。用打篮球的招炸日本军舰，把炮藏得跟周扒皮家的钱罐子一样谁都找不着，都是此公的杰作。

有趣的是，这位中将炮兵旅长，国军中类似红军炮神赵章成式的人物，竟然曾经是四川一个中学的数学老师。

三

浦东中国炮兵部队的总指挥官，就是蔡中笏。

炮二旅在浦东前线出动了六门炮，淞沪战役打了三个月，回来一数还是六门炮，除了炮弹送给日本人了，毫发无伤，一号功臣就是这个蔡中笏。对日本人来说，这个对手实在让自己丢脸，哪怕是六门炮打掉一半呢，日军历次"全歼中国捣乱炮兵"的报告，也算是有个交代不是？偏偏是一门没少，这日军战报里头的水分可就大了去了。

日军的损失，可是板上钉钉，自己军报都承认的，挨了揍的有仓库、有军舰、有电台……还有亲王。说起来国军一般部队在淞沪战场损失极大，这种只占便宜不吃亏的部队堪称凤毛麟角，不由人不称奇。其实国民党军损失大很重要的原因是战术不对，用射程、精度都不如三八式的汉阳造和日军打阵地战，还是在日军舰炮射程内（其实何应钦、白崇禧、陈诚多次劝说把阵地转移到预定的吴福锡澄国防工事去，蒋委员长咬死了一个"国际观瞻"死活不肯撤），当然损失惨重了。炮二旅这个营怎么能在敌强我弱的情况下打出这个战果呢？和老蔡的战术对头、机动灵活大有关系。

蔡中笏的招数其实很简单，就是"隐蔽出击，打了就跑"八个字。

说起来简单，做到可不容易，这背后正透出了蔡中笏的炮兵专业功底。"打了就跑"还好说，训练得好些，加快发射速度就可以了，反正博福斯山炮是易于搬运的家伙。而"隐蔽出击"可就不容易了，这炮兵阵地是那样好隐蔽的吗？你一放炮人家还会看不到？何况日军还有侦察机助阵呢。老蔡有办法，他的炮布置得十分分散，而且发射阵地和隐蔽阵地不在一个地方。平时把大炮隐藏在竹林、沟渠之中，任你狂轰滥炸，我不还击，你就找不到目标。等要打了拉出去就打——那你进入阵地不用试射吗？老蔡还真不用试射。理由很有意思，第一是他训练出来的炮兵的确非常熟悉这种炮的性能，训练有素。但这还不是主要的，关键是离目标近，黄浦江很多地方宽度只有三四百米，老蔡的炮都放到最前沿去打。离得近了，好的炮手的确不用试射命中率也不低。这就有点儿土八路大炮上刺刀的味道了。

那你放到那样前沿的地方，日本人不会发现吗？嘿，老蔡还有绝招呢。

他选择的炮阵地，都是日本人觉得特别别扭的。第一，老蔡选阵地必选附近有租界建筑的，日本人怕打了中立国的目标惹祸，跳着脚骂也不敢放开手脚还击——这种事日本人骂得很厉害，意思是中国人狡猾狡猾的，不仗义。其实，他们自己也是这样干，日本海军在上海的旗舰出云号的泊位，就藏在英美烟草公司大楼的后面，让中国军队攻击它特别困难。利用中立国的大树乘凉，对各国军队来说，都是"有便宜不占是王八蛋"的金科玉律。第二，老蔡选择的炮阵地皆在日军看来人畜无害的地方，他绝不挑对面就有日军目标的地儿——那种地方都有日本兵盯着呢。他选的炮兵阵地都是和要打的目标隔个大楼什么的。您说这样怎么打啊？又不是魔术师大卫·科波菲尔，难道能把山或者楼变跑了再打？这就是专家的能耐。博福斯山炮，偏巧就是一种弹道弯曲的武器。也就是说，打出去的炮弹是画一道抛物线，刚好绕过建筑物或者山包，落在日军头顶上开花——这还有个好处，要是对面有人朝你打炮，你肯定很容易发现敌人在哪儿，要是从脑瓜顶上掉下来个炮弹来，这是谁从哪儿扔出来的，可就难猜了。当年在大学宿舍喝酒，多次发生过有人往下扔酒瓶子误中各种目标的记录。据萨所知，还没一个苦主能找到是谁干的，同样是这个道理。所以，往往是老蔡已经往人家脑袋顶上扔了一堆铁西瓜跑了，这边日本炮兵除了骂街以外还不知道朝哪儿还击呢。

但是，您说就算扔篮球，也得知道篮筐在哪儿吧，隔着楼，怎么看得见？这就是老蔡另一个绝招了，他在黄浦江对面藏了一个秘密的炮兵观察所。

在哪儿？

就在刚才说过的那个掩护出云舰的英美烟草公司大楼里——谁叫它最高，看哪儿都一目了然呢？中国军队在黄浦江底下拉了一条水底电缆，在这大楼里悄悄放了一个炮兵观察组，专门给蔡中笏修正射击误差。那边一开炮，这边的电话就过去了："偏左两个密位……偏右一个……中了，接着打……快走，鬼子军舰来了……"这个损招到打完了仗日本人都没想明白。

倒不是蔡中笏故弄玄虚，他这是没有办法的办法，日军炮兵开炮都是水上侦察机或者气球跟着校射的，中国炮兵可没这个指望，只好动脑筋了。

其实要是日军抓一个中国炮兵来问问，这个戏法也就没戏。不过，过江来抓老蔡的手下可不是容易的事情。右翼兵团司令长官张发奎上将爱死了这支炮兵，一个营的炮兵愣派了一个团的步兵掩护——而且这个团还不是一般的团，这个团是五十七师的主力团。五十七师何许人也？熟悉抗战史的朋友可能知道余程万大战常德的"虎贲"部队，要说这个您可能还觉得陌生，整编七十四军、张灵甫、孟良崮，有印象没有？国民党军五大主力的七十四军，就是后来由五十七师、五十一师、五十八师组成的！这绝对是国民党军王牌中的王牌，就派来干个警卫的活儿，还能让你日本人偷走我的炮兵弟兄？

要说张发奎对这点炮兵，那可是发自内心的爱护。张上将有清晨看报纸的习惯，一天看到一条新闻，马上拍案而起，让人通知蔡中笏立即转移阵地。原来，一个记者采访"神炮"部队，居然拍了照片放上头版。张将军马上反应过来，如果日本人看了这张照片，肯定会按图索骥来炸我的炮啊！果然，刚刚转移，日军轰炸机和重炮就发飙了，一时黄浦江右岸所有的竹林几乎被荡平——这都是因为那记者的照片上用了竹林做背景的缘故，可见日军对这支中国军队何等恨之入骨。

咱们自己说，这皇军杀气好强啊，照片上有竹子就把竹林都给炸了，那要是照片上有个厕所，还不得把整个上海的粪坑都给崩了啊？

总之，摊上蔡中笏这样一个"老炮"，再摊上张发奎这样一个鼎力协助的上司，浦东的日本兵要有好日子过，那才没有天理了。

说了半天，这蔡中笏到底是何方神圣？淞沪战役，中日双方投入兵力数十万，蔡中笏一个小小的旅长，似乎也快赶上"芝麻绿豆大的官儿"这种水平了。不过，这个旅长可不同于一般的旅长。说起来，国军在淞沪战区的实际总指挥官陈诚上将还是他的老部下呢。

蔡中笏，毕业于保定陆军军官学校炮科，堪称国民党军炮兵元老，先后追随过黄兴、孙中山，黄埔军校成立时任少校教官，是北伐军炮兵部队总指挥官。此人虽然资格老，但一生大起大落，忽而当中将师长、炮兵司令，忽而离开部队去教书摆摊，而且这种起落都不是因为政治上站错队之类的大问题，境遇之奇，也算天下少有了。前面说到他教数学，就是因为在许崇智军中干得不爽，1921年干脆去当了教书匠。这一次击伤伏见宫，可说是他布的局，但遗憾的是真正开打的时候，他已经被调回南京做炮校高级研究员去了，又开始了新的一轮起落。

如此老资格的人物，为何屡次失意呢？据说是人缘不好。蔡本人性格极为随和，很受学生爱戴，在家里也是一流的好丈夫，为何会人缘不好？

起因是酒。蔡中笏做了将军，却无酒不欢，是军中典型的酒鬼。要说好饮倒也不算大毛病，叶挺也能喝，而且和蔡中笏还是不错的酒友，人家就是国共两党都抢着拉的。可老蔡还有个毛病是没有叶挺的酒量，经常喝醉误事，而一旦喝多就会口中无德，专爱在这种时候讨论上司的祖宗。这种人要是能被上峰喜欢那才奇怪呢。据说这次在淞沪前线被解职，就是因为总长何应钦来视察的时候老蔡喝得不省人事，而何、蔡一直心有芥蒂——蔡不喜欢何，是因为记恨黄埔军校成立时何嫌老蔡个子矮，硬要给他降级使用，蔡酒后经常大骂何应钦挤对自己；何不喜欢蔡，倒不是因为他骂人，而是因为他和自己的政敌陈诚交好。老蔡是个搞技术出身的，有"不为五斗米折腰"的犟脾气，一跟别人吵架就撂挑子脱军装，自然大起大落多些。

那么，为何老蔡又能屡次东山再起呢？他的技术好啊。在炮兵专业说起来陈诚的技术不错，有"三炮起家"之说。陈在东征军中担任炮兵连长的时候，营长就是蔡中笏。要论起放炮的技术来，陈诚还真比不上这个学长兼顶头上司。陈诚三炮起家，不过是炸死几个陈炯明的敢死队。蔡中笏呢？照孙元良的回忆，则有一炮炸死敌军师长的传奇经历。孙的回忆是这样的："红鼻子的蔡中笏老师成为全军崇拜的明星……他使用火炮决心迅速，放列快而命中准确。我们在火线上的战士只要听到他的炮声，不由得齐起欢呼，争先前进。反动的滇军师长赵成樑在广九铁路上与我们作战时，被蔡老师一炮轰死！在很短的时间内，这一整师滇军就被打垮了。"那个时代内战外战不断，这样一个炮兵专家，自然是让人捏着鼻子也忍不住要用喽。所以蔡降职以后，想出山了，只要上军中逛两圈，就自会有人抱着将军服找上门来。

有资料记载，蔡中笏曾参加过抗战后国民党裁编人员组织的"哭陵"活动，后来"穷困潦倒而死"。这个说法是不正确的。蔡虽然参加了哭陵，但主要是为自己失业的学生们请愿，他本人的生活并不困难。蔡中笏一直活到1961年辞世。蔡的外孙女吴楚，则做了解放军信息工程学院的教授。

要说，好酒的确是军人不应该有的毛病，但怎样能用好这样有毛病的人才，也真是一门艺术。

真正打了伏见宫的，是9月中旬接替了蔡中笏职务的原炮二团团长蔡培元，从年龄上，应该叫小蔡。只是，他用的战术，还是老蔡留下来的，所以，

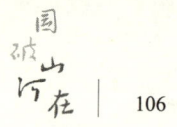
老蔡对这次战斗的贡献着实不小。

四

对于这次战斗，日本《朝日新闻》曾有更详细的报道，下面就是萨对《朝日新闻》27 日报道的翻译，尽量保持原汁原味。题目是《伏见宫博义王殿下在黄浦江上的奋战——手臂负伤尚悠然》。

> ［第三舰队报道班上海特稿 26 日发］
>
> 　　浦东侧残余的敌军至今依然活跃，或依托各外国建筑物，或化装便衣，不断袭击我在黄浦江上的警戒舰船，以及我国在共同租界的无辜侨民，甚至出入上海的各国舰船。为此，我第三舰队的战舰和海军航空队同心协力，昼夜监视敌军，斩断黑手。25 日全天，我在招商局栈桥附近的舰艇不断遭到中国军队攻击，我军舰队英勇迎战，终于粉碎敌军使其沉默。此时，在江上执行警备任务由伏见宫博义王殿下担任司令官的 × 驱逐舰队也赶来参战。各舰一起开火，以炙烈的射击取得优异战果。殿下以金枝玉叶之身于炮火下挺身阵前指挥，挺立于危险的舰桥之上。在敌军还击的弹雨中，殿下悠然自若，恍若不闻，终将敌军密集的大部队击溃，堪称这一天最大的武勋。这一天敌军的炮火也是开战以来最猛烈的。一弹在殿下身边爆炸，将殿下击伤，但殿下不为所动，依然有始有终地沉着指挥战斗。此战后殿下将迅即投入新的战斗，不禁让人想起身担军令部总长职务，指挥海军战斗的伏见大宫殿下（即其父伏见宫博恭王）在日俄战争中挺立于三笠战舰炮台上英勇奋战的情景啊，云云。

这是一篇带点儿八股味道的称颂文字，不过结合中国军队炮兵出动的方式，字里行间却隐约披露了一些有趣的真相。

接替老蔡蔡中笏的小蔡蔡培元后来在两浙指挥部代参谋长的职务上被俘，成了功德林的一员，1961 年和廖耀湘等一同被特赦。但他在玩炮上还是有两手的。接管浦东的炮兵指挥后，他并没有墨守成规，其中最大的创造，

淞沪战役时的上海邮船码头，是日军的重要据点，也是伏见宫被击中的地方。

就是展开了水上炮兵游击战。

由于吃了一个多月的亏，日军对于浦东中国炮兵恼恨异常，还击的速度和力度大为加强。这种情况下，在日军眼皮底下再打了就跑也不是一件容易的事情。"水上炮兵"，就是蔡培元和另一个炮兵指挥官孙生芝的创造。具体的做法是用小汽艇后拖一艘木船，船上装山炮一门，炮弹二三十发，以浦东蜘蛛网一样的港湾河汊为阵地，频频袭击对岸敌仓库、码头和舰船。

假如在岸上开炮，打完拆卸拉走总要几分钟。有汽艇拖着，跑起来可就更快了，日军还击再狠再快，也只能在汽艇原来的泊位打水漂儿玩。此外，中国炮兵还玩出一手更别出心裁的，就是每次出击两艘汽艇交替掩护，第一艘打，打完了就跑，日军吃了哑巴亏也就算了，如果它追出来，就用第二艘给他当头一棒，乘着日军搞不明白敌人在哪里，两门炮一块儿跑路。

综合这些信息，这位伏见宫博义王被击伤的经过大概是这样的。

中国军队先以一艘"炮艇"袭击了停泊在栈桥的日军舰艇，日军挨打后马上还击，中国这门炮已经打完了开始跑路，让日军误以为它已经被打掉了。看到敌人"沉默"了，在江上巡逻的伏见宫带着第三驱逐舰队（从文章看还不仅仅是他的座舰岛风号）冲过来打死老虎。不料正中第二艘中国"炮艇"的下怀，当时就挨了一顿暴打，岛风号"身先士卒"，所以舰桥中弹，伏见宫以下多有伤亡。混乱中，中国的炮兵乘机跑掉，并不知道自己打中了一个亲王。

如果真是这样，那这位"殿下"还真不是一般的窝囊。

张发奎后来曾经提到浦东炮兵袭击日舰，很遗憾地说："可惜我们的山炮缺乏破甲弹……假如能够有较多的炮量和较大口径的炮种，我深信对这次会战将有更大的帮助。"根据当时的记录，岛风号此后由日军停泊在吴淞的朝日号修理舰维修舰桥甲板和鱼雷发射器。看来，用山炮打驱逐舰，的确是不太容易威胁到它致命的水下部分。这位伏见宫殿下，也因为中国军队的炮弹威力有限而没有被当场击毙。

按照日军报道，伏见宫此战仅仅负轻伤。然而，《日本天皇的阴谋》一书里面则提到一年后这位殿下死于负伤引发的并发症，看来伤得并不是那么轻。

萨在日本查看有关文献，称这位亲王一年后因呼吸困难，请医生注射缓解针剂一个小时后死去，言下之意好像是大夫打错了药。这种情况和奥运射击冠军打错靶一样不可思议。如果看这位殿下后来的任职轨迹，就会发现一个耐人寻味的现象。伏见宫本来已经内定转任第六驱逐舰队司令，负伤后却很快改为到日本海军学校担任教官，做一份闲职，直到莫名其妙地死亡。

联想到这位博义王殿下原来在日本皇室中是出了名的身体好，当众和别人相扑表演的主儿，怎么会在42岁盛年就猝然死亡？那一发75毫米山炮炮弹到底给这位殿下造成了怎样的"轻伤"，就很耐人寻味了。

这一点，还是留给后人考证吧。

淞沪上空的鹰

一

淞沪之战是一场史诗，我没有谱写这部史诗的能力，只好从中间选择一个短短的小节。

与一位朋友谈起这场战役，不料意外发现这位朋友的长辈当时正在当地的宝山县任职，曾积极参与组织当地民众进行救亡的工作，在历史上写下了他的名字，其家甚至还保留了少量当时的报刊文件等材料。

这可是个意外的发现。中学历史教科书曾几经修订，对国民党军的抵抗，最早的描述就是谢晋元团长大战四行仓库和姚子青营长所部死守宝山。

经过交谈和对资料的了解，我才发现，原来，当时宝山范围远不止一个宝山城，月浦、杨行、大场，甚至"血肉磨坊"罗店，这些淞沪抗战中颇有名气的地点，都在当时的宝山县境内。我们谈起宝山的抗战，并没有想到后来会谈到一架淞沪战场的中国飞机。

宝山这个县，几乎可以说是淞沪抗战中打得最为惨烈的一个县。

姚子青营死守宝山，的确是值得写进历史书中的。关于姚子青营长的殉国，有种种的描述，但大体是文学性的内容而已。因为，他这一个营五百余人，只有一个士兵最后活着离开了宝山。而他离开的时候，姚营长还在

国民革命军第 18 军 98 师 583 团第 3 营中校营长姚子青，1937 年 9 月 7 日战死宝山。

国民革命军第 7 军第 171 师第 511 旅中将旅长秦霖，1937 年 10 月 23 日战死杨行。

任云阁，河北文安人，空军中尉，1937 年 8 月 14 日战死宝山。

组织最后的抵抗。就是这个回来报告全营牺牲经过的士兵，还因为脱离战场，在报告完后足足挨了二十军棍！

打的人流泪，被打的人毫无怨言。

当时的中国军队，无论是属于哪个党派的，都有和日军拼死一搏的决心和勇气。

即便是老百姓，纷纷组织起来支援抗战也有这种精神。比如杨行镇，当地人组织了类似志愿者的团队，叫作保卫团。成员都是当地的青年子弟，以小商人和工人为主，主动承担了维持公共秩序、抢救伤员等工作。

9 月 7 日，宝山城陷落，日军随即进攻杨行。随着前线形势越来越紧张，驻军 511 旅旅长秦霖自知血战难免，向我这位朋友先人所在的部门要求当地民众支前。这时，保卫团主动站出来表示不要拉夫，而由他们来担任支前工作。

在杨行的第五次争夺战中，511 旅据垒奋战，与敌军反复争夺阵地。经过四天血战，因日军有舰炮掩护而且已经夺取吴淞要塞，只有轻武器、失去侧翼的国军部队伤亡极为惨重。保卫团与其他支援前线的民众团体冒着弹雨抢救伤员、运送给养，很多人死在战场上。最终国军力竭，被迫放弃杨行向西撤退。

秦霖旅长在阵前指挥的时候中炮（一说被敌机炸中）殉国，后获赠中将军衔。就在同一天，510 旅旅长庞汉桢少将也战死在淞沪前线。秦、庞所部是广西军队，千里赴援，义无反顾，大部牺牲在这场战斗中，尸骨不得还乡。他们战死的时间，离他们到达前线，只有区区一个星期。

以萨看来，他们是中国人在抗战中最值得骄傲的牺牲。

你要想一想，一个旧时代的军人，已经达到少将的职务，他却带着队伍走了比圣马丁远征还要远的路，从遥远的广西长途跋涉到上海，然后在比自己强大得多的敌人面前血战到死。

圣马丁的远征是为了一次辉煌的胜利，而秦旅长和他的袍泽们，只是为了把自己的血洒在抵抗外侮的战场上。

中国人就是用这样的精神保卫着自己的国家。

还有哪个民族能够拥有这样的忠诚呢？

我想，这样的人，无论他一生还做过什么，这一瞬间已经是永远值得中国人自豪的了。

蒋介石在这场战争中犯了很多错误，但是有一句话他说对了，打这一战，中国人需要"地无分南北，年无分老幼"。

真的是地不分南北。作为一个河北人，在殉国于宝山的、长长的官兵名单中，我在第一时间注意到了前排的一个名字——任云阁，他不是将军，却是第一个战死在宝山的空军飞行员。

在《宝山史志》中是这样记录的：

1937 年 8 月 14 日上午，我国 3 架轰炸机飞越百里长空，冲出云雾，突然出现在吴淞口上空，对准停泊在那里的日军旗舰"出云号"猛烈轰炸。敌舰中弹，顷刻间浓烟滚滚，直冲云霄，博得同仇敌忾的中国军民热烈欢呼。

嗣后，吴淞上空展开了一场激烈的空战，敌我双方的飞机上下迂回盘旋，互相射击。稍后，6 架敌机围攻我方 1 架飞机。我国飞机虽英勇搏杀，终因寡不敌众而不幸被击中。该机瞬间发出震耳啸声，带伤向西北方向滑行，降落在杨行北宗村小庙附近的棉花田里。周围的农民目睹我国飞机降落，纷纷奔去营救。

那时，我随家人就住在小庙附近的村上。当我随着乡亲们奔到现场，只见两道很深的轮胎印，飞机螺旋桨刚停，引擎还在隆隆作声。那是

中国空军诺思罗普 2E 轻型轰炸机，任云阁的飞机就是这一种。

一架美制双翼 907 轰炸机，机翼下还挂着一枚未来得及投掉的炸弹。

乡亲们出于高度爱国热情，含泪急忙扶驾驶员出驾驶舱，可惜他已经中弹停止呼吸。于是，乡亲们七手八脚把洁白的丝质降落伞平铺在机旁棉田，将尸体平放在上面。死者身穿飞行服，中等身材，脸色苍白，神态安详，殷红的鲜血不时滴落在洁白的降落伞上。后来知道，他是少尉机长任云阁，当时才 27 岁。

一会儿，杨行镇镇长张渭滨和镇保卫团的一批人员闻讯赶到现场。他们动员姚春熙（今年 82 岁）、程银千二人把尸体抬到镇东成善堂，死者佩用的一支手枪被保卫团人员拿走。当天下午，由富商、保卫团长颜颂棠出资 80 块银圆，向张大宝购得一口寿材，用白丝（降落伞）裹尸收殓，将烈士埋葬于杨行张家桥南。任云阁是河北省文安县人。抗战胜利后，烈士的亲属曾专程到杨行墓前祭拜，半年后将尸骨运走。据查，烈士忠骨后迁放于南京太平门外紫金山北麓的国民党航空烈士公墓。

同机飞行员、机枪手梁鸿云因飞机着陆时剧烈震动，一条腿骨折，脑部严重震伤。他以坚韧的毅力爬过小庙塘。他见到的第一个人是看管寺庙的王其康，便说："我是国军飞行员，腿受伤不能走了，求你叫几个老乡把我抬到附近公路旁，我要去上海医院。"王见状，二话不说立即去石家埝喊来奚介吾（今年 84 岁）等 3 人，带了门板、绳子、扛棒，迅速把梁鸿云抬往顾村方向。途中，梁鸿云说："任云阁还没成家，过早地为国捐躯了。我希望早日康复，再上蓝天，为任云阁报仇。"由于梁鸿云伤势严重，途中一度昏厥。当到达顾村镇南公路旁时，正巧碰上红十字会汽车，随车不仅有医生，还有空军几位官兵。他们很客气地支付小费，并要介绍奚介吾等人去国际电台吃中饭。奚等婉言谢绝，随即协助车上人员将梁鸿云送上救护车。那时梁鸿云还用轻微的手势，向奚等表示谢意。救护车直驶同孚路中德医院。事后得知，梁鸿云终因伤势过重，于凌晨三时去世。

1937 年 8 月 15 日至 16 日，上海《大公报》连续登载了"空军少尉任云阁轰炸日寇出云舰后，为国殉职'和'空军又一殉国者梁鸿云因重伤抢救无效逝世"的消息。

捍国搏长空，卫国照青史。值此太平盛世，追忆为国捐躯之烈士，殊为情长意深。

文章写得情深意切，也记录了很多重要的历史事实。但是，我们很快发现，要重现任云阁殉国的一战，还有很长的一段路要走。

比如，任云阁是怎样牺牲的？

《宝山史志》中的说法是："6 架敌机围攻我方 1 架飞机。"

但是，国府《空军抗日阵亡将士》记载："奉命轰炸上海日舰，俯冲投弹，遭敌炮火击中殒命。"

而根据日军方面的记载，任云阁的 907 号诺思罗普 2E 轰炸机，是被日军出云号上的舰载 95 式水上飞机在浓雾中偷袭击中的。

甚至，这还不是他们第一次施展这种战术。因为就在几个小时之前，他们刚刚用这一战术，击落了另一架中国空军的霍克 III 战斗机，编号 2410。

根据中国空军的记录，2410 号战斗机的驾驶员，是梁鸿云上尉。

咦，奇怪，梁鸿云不是任云阁飞机上的机枪手吗？怎么会在几个小时之前已经被击落呢？

所以说，围绕着任云阁的 907 号机，还有太多的谜团等着我们来解开呢。那么，就让我们开始吧。

二

让我们先看一下这一战的背景。

8 月 14 日这一天，是全面抗战爆发后中日空军的第一次全面碰撞。

应该说，这次碰撞，双方能升空作战的，都是出色的军人。因为 8 月 14 日这一天，中日两国的空军在上海同时面临着很大的麻烦，技术稍差的飞行员，连起飞都做不到。

这个麻烦就是台风——一次强烈的台风席卷了上海以东二百公里的洋面。在这一带活动的日军航空母舰也被迫转移到马鞍群岛避风，舰载机无法活动。

日本海军在上海战区当时有四艘航空母舰，其中排水量 7500 吨的凤翔号是世界第一艘专门设计的航空母舰，吨位较小；13500 吨的龙骧号是日本海军为了填补《华盛顿海军条约》设计的，为了多装飞机稳性不佳，在大风巨浪中自身难保，根本无法出动飞机。

还有一艘神威号是水上飞机母舰，当时在韭山列岛秘密进行侦察活动。日本海军决心在上海开战后先发制人，攻击中国空军基地，因此 8 月 10 日曾命神威号派出飞机侦察上海、杭州方面中国军队动向，结果在杭州上空正和中国空军学校进行飞行练习的训练飞机遭遇。中国空军教练机当即中止训练，开始尾随神威号的水上飞机。双方纠缠良久，但因此时中日在上海尚未开战，故此不了了之。此后，日军发现花鸟山灯塔的守军也向上级通报了发现神威号的情况。甚至，还有中国海军的炮舰靠近监视神威号（根据日本防卫厅整理的《中国方面海军作战》第一部中第 338 页记载）！于是，日军命令神威号离开中国海岸，避免暴露战术企图。

这艘监视神威号的，很可能是中国海军留在上海的唯一一艘炮舰——

日军凤翔号航空母舰

日军龙骧号航空母舰

永健号炮舰

永健号。

永健号是中国海军仿中山舰建造的航洋炮舰,抗战开始后奉命留守上海。根据民国海军部记录,当时中国海军主力退入长江,试图在江阴沉船锁江,全歼上游日舰。为防日军长江口外舰只有所行动,中国海军曾派永健舰驶出长江口进行侦察活动。8月25日,该舰在江南造船厂借口修理停靠在岸壁时(按照《淞沪停战协定》中国海军除非修理不得进入黄浦江)被日军飞机炸沉。打捞后又先后被日军、战后的国民党军和解放军使用,经历十分坎坷。根据海军史专家陈悦先生的考证,这艘永健号在解放军中名为延安号,最出彩的却是在退役之后——在电影《甲午风云》中,邓世昌的致远舰,据考证就是用它改装拍摄的。

实际上,发现神威号,已经引发了中国方面的警觉。因此,在八一三开战之后,中国空军率先发难,让日军试图"先制攻击"的计划付诸东流。

因为远离了海岸,神威号到15日才再次进入阵位,投入战斗。

　　只有加贺号大型航空母舰受风浪影响不大。但是，它上面的双翼舰载机马力不足，在这种天气里无法起飞，否则可能会像树叶一样被台风吞噬。

　　这样，8月14日全天，日军在上海地区几乎出现了空中真空。

　　但也不是完全的真空，日军在台湾的陆基航空兵就在号称"中攻四天王"之一的新田慎一中佐率领下，不顾风险穿越台风海区，大胆地发动了对杭州中国空军基地的"越洋爆击"。

　　中国空军也面临同样的艰难，几乎所有基地都在大雨之中。但是，空军将士求战心切。这一天，中国空军冒着大风奋勇出击，猛烈攻击日军在上海的阵地和舰艇。从周家口冒雨飞来杭州参战的第4大队，恰好和新田中佐在机场上空迎头相撞。

　　双方都是敢在台风中奔袭的好手，但日军是对付陆军的轰炸机，中国空军是专打飞机的战斗机，结果可想而知——新田中佐对上了高志航大队长，饮弹身亡。日军最先进的18架96式远程轰炸机被击落4架（新田长机、桃崎三空曹机、三井一空曹机、小川一空曹机），重伤迫降后报废1架（大串机），负伤4架（石大尉机、大杉大尉机、井上三空曹机、福田二空曹机）。

　　中国空军在战斗中无一损失。

　　中国空军的轰炸机部队在空中则几乎如入无人之境。

　　八一四空战，画面中带有 IV-1 字样的中国战斗机，就是第4大队大队长高志航的座机，被他击中的是日军大串机。高共计击中大串机73弹，几乎把它打成了筛子，可惜7.7毫米机枪火力太弱，大串机终于挣扎迫降，而没有被当场击落。

　　中国空军第4大队大队长高志航，满族，1937年11月11日战死于周家口。

14 日晨 7：00，暂编第 35 中队许思恩部 5 架古老的可赛 V-92 式轰炸机率先轰炸了公大纱厂的日军基地，全体返航，毫无损失。他们半夜 3：45 分就起飞了。

9：50，2 大队从广德出击，谢郁青队 9 架诺思罗普 2E 轰炸机轰炸了汇山码头。

10：00，2 大队龚款澄中队攻击了日军在黄浦江上的出云号装甲巡洋舰。可惜，由于上海依然浓云密布，投弹未能命中目标。

11：00，第 5 大队丁纪徐部第 24 驱逐中队 9 架霍克 III 战斗轰炸机在白龙港追炸了一条日军驱逐舰。

14：00，受炸伤日军驱逐舰的鼓舞，第 24 中队再次出击，由中队长刘粹刚、副中队长梁鸿云、飞行员袁宝康 3 机轰炸了日军海军陆战队司令部。

直到此时，中国空军的对手，只有恶劣的天气和日军的高射炮。

但是，返航的 24 中队 3 架霍克 III 战斗机，却突然遭到了袭击。

根据中山雅洋《沉默的航空战史》记载，发动这次袭击的，是日本轻巡洋舰川内号的舰载 95 式水上侦察机，驾驶员森澄夫三飞曹、机枪手藤岗与一一飞曹。

这架日机出现在这里，与龚款澄中队那次不成功的袭击很有关系。尽管这次轰炸未能命中，但有多发近弹，日军的确吓了一大跳。这种情况下，日军紧急命令出云号（驾驶员出崎三飞曹、机枪手宫田大尉）和川内号（森三飞曹）的两架舰载水上飞机冒着大风起飞，担任空中警戒，并随时给陆军提供支援。

中国空军钱斯·沃特可赛 V-92 式轰炸机

中岛 95 式水上侦察机

日军飞行员的素质还是过硬的,在狂风中从水面起飞成功,随即隐入了周围的云团——出云舰和川内舰长年驻扎在上海,两舰的飞行员对当地空况非常熟悉。

24中队的3名飞行员,都是本中队的尖子飞行员。但是,几次出击都没有遇到日军飞机,导致他们多少放松了警惕。

出发前吃中午饭的时候,副中队长梁鸿云一边收拾碗筷,一边说:"这一餐是这么多双筷子,明天不知道会少谁的一双?"

森澄夫驾驶着95式水上侦察机,通过云缝忽然发现,在他左下方一百米处,有一队中国空军飞机正在行动,包括3架霍克III和6架诺思罗普2E(未能考证是哪个部队),其中一架2410号机。

2410号机,正是梁鸿云的座机。

<h2 style="text-align:center">三</h2>

推测这很可能就是刘粹刚、梁鸿云和袁宝康的三机编队,因为这一天中国再无其他三机一组的出击单位。

那天下午天气很恶劣,虽然雨停了,云层却很低。根据森描述的情况,由于日机占有高度优势而且是奇袭,中国空军的飞机毫无防备。他从后上方靠近到距离梁鸿云2410号机只有50—100米的位置,用7.7毫米机枪猛烈开火,霍克III冒出浓烟开始下降,在距离上海大约20公里的地方坠落。

而中方的记载,此事还有后文。

就在此后不久,虹桥机场的机务人员看到空中飞来一架拖着黑烟的霍克III战斗机。这架飞机东倒西斜地冲向跑道,降落后却迟迟不见飞行员出来。

机场的卫兵和地勤人员冲向飞机,才发现这正是遭到袭击的2410号机,机上的飞行员梁鸿云中尉身中五弹,腹部被洞穿,但仍坚持把飞机降了下来。当时《新闻报》报道,落地的梁鸿云"经车送同孚路中德(宝隆)医院救治,到院时双腿已失知觉。其主要伤处有二,一弹从左后背穿过脊骨,由前腹而出,流血过多;肝脏及腰部均受创伤"。

2410号飞机损伤不重,不久又重新投入战场。但梁鸿云中尉因为伤势过重,经过几个小时抢救仍然不幸瞑目。"临终时并无遗言,唯云我不能死,

8月14日，外国记者拍摄的一张照片，三架中国霍克 III 战斗轰炸机正在飞向日军阵地，下方是正在撤离战区的英国竞技神号航空母舰。

中国空军第 5 大队第 24 中队副队长梁鸿云中尉，山东栖霞人，战死于 1937 年 8 月 14 日。

我尚需飞空杀敌。"

这样重伤之后仍坚持把飞机开回机场的飞行员并非仅仅梁鸿云一人。

九一八之战，空军为纪念东北沦陷六周年对日军发动空前的猛烈攻击（实际也是要在转用苏式装备后消耗掉原有的美式装备），宋美龄亲自到南京大校场机场迎送飞行员出击。混战中一架重伤的中国空军轰炸机挣扎着飞向机场，看得出来飞行员和飞机已经是在苦苦支撑。宋美龄回忆她当时和所有的机场人员都停下了手中的事情，遥望那架摇摇晃晃的飞机，全心祈祷它能够平安落地。

不幸的是，这架飞机再也无法坚持了，在即将进入机场的一瞬间终于力竭，翻滚坠落。

那一瞬间，机场中人无不一声痛苦的长叹。

那是我们自己的兄弟，那是我们中国的好男儿啊！

《中国大空战》中记录了另一个场景——1937 年 8 月，南京大校场机场，一架"雪莱克"攻击机像一头犹斗的困兽，遍体鳞伤，千疮百孔，座舱里、仪表板上处处是鲜血，挡风玻璃上是四个碗口大的血字："还我河山。"

血字是中国空军第 9 大队少尉飞行员徐汉灵写的，他出击上海扫射日军阵地时受了伤，伤得很重，但仍把飞机飞了回来。落地后，这名年轻的

英勇出击的中国空军飞行员

飞行员蘸着伤口喷涌的鲜血，写下了这四个大字。

当时的中国，飞机太少了，而……自己又造不出来。

任云阁是9大队的飞行员，9大队的装备以轰炸机为主。梁鸿云是5大队的飞行员，该大队是中国仅有的三个驱逐机大队之一。梁和任既不是一个部队，使用的机种也不相同。所以，梁鸿云是不可能和任云阁在同一架907号轰炸机中坠落宝山的。

根据中国空军官方记载，这一战，任云阁机的驾驶员是一名东北籍飞行员，名叫祝鸿信，任云阁实际是射击手。

之所以《宝山史志》发生这样的错误，也是可以推测的。

《宝山史志》对于抢救907号轰炸机飞行员的描述，实际来源于一篇回忆文章，即亚平在《杨行抗日风云录》中所书《捍国搏长空 卫国照青史——记小庙坠机逸事》。作者是任云阁被抬出机舱时的目击者，并非专业史学人士。该文写作于1995年，距离907号机的坠落已经过去了48年，所以记错记漏在所难免。实际上，该文的大部分内容是准确的，例如任云阁曾被安葬在当地八年之久，抗战胜利后亲属才将其遗骨迁走。这些都证明了任云阁牺牲在宝山，他的飞机也的确坠落在了北宗村小庙旁。

从文章内容看，作者并没有亲眼目击对驾驶员，也就是祝鸿信的抢救。所以，应该是抢救飞行员的人员错将其名字传成了"梁鸿云"。这个错误，第一个原因可能是祝鸿信的名字中也带一个"鸿"字，双方口音不同，交流不畅；另一个原因可能是受到了第三天《大公报》报道的影响。

正因为把梁鸿云和任云阁两机当成了一架，所以我国文献中对这次战斗的描述衍生出颇多错误。例如，多有描述任云阁机也是迫降在虹桥机场的说法，这应该是不确切的。

第二天的《大公报》中是这样报道的，注意画线部分。

任云阁机与梁鸿云机的相同之处，是他们同是遭到了日军95舰载水上侦察机的伏击。

在日本偶然发现的一张照片——一架中国轰炸机坠落在南京大校场的外壕中。我很怀疑这架飞机，就是宋美龄在回忆录中说的那一架。

下午，任云阁所在的9大队第9中队再次登机，前往杨树浦攻击日军阵地。

此时，风速已经达到每秒20米，但日军出云号的水上飞机（宫田大尉、出崎三空曹）依然起飞了，在3000米空中担任警戒。16：00，宫田发现在1000米高度飞行的中国诺思罗普轰炸机编队，当即从云中钻出，突然袭击了任云阁、祝鸿信的907号机。

遗憾的是，由于通报不及时，任云阁、祝鸿信和梁鸿云一样，对这样的袭击毫无准备！

与梁鸿云不同，任云阁他们遭到的是迎面袭击，日军95式密集的机枪子弹，击穿了诺思罗普机挡风玻璃，重伤了驾驶员祝鸿信，后座的任云阁

空中之虎——抗战开始时中国唯一的攻击机A-26雪莱克

第9大队雪莱克攻击机的飞行员们，徐汉灵少尉，或许就在其中。

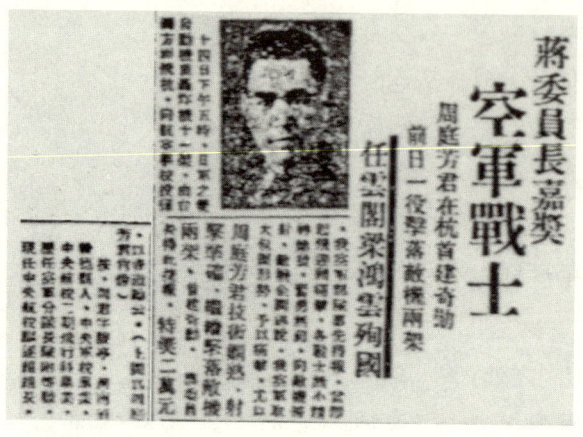

注意其中画线部分："任云阁梁鸿云殉国"，因为两个人的名字是并排的，宝山当地的抢救人员可能想当然地认为救起的驾驶员应该就是梁鸿云。

出云号所属，宫田大尉乘坐的那架 95 式水上飞机——在它完好的时候。

胸部中弹，当场阵亡。

907 号机立刻冒出了黑烟，并开始掉高度，很快落到了 500 米的空中。

问题是，可一而不可再，被空战中视若垃圾的水上侦察机接连偷袭，若是依然毫无反应，中国空军未免太窝囊了。

其实，宫田大尉命中注定的克星，此时也正在不远处飞行。这个克星，就是第 34 中队中队长周庭芳。

四

周庭芳其实已经在我们这篇文章里面出现过一回了，在记录任云阁和梁鸿云阵亡的那篇报道中，有一张照片，就是周庭芳。

只不过当时的影印效果太差，把个帅哥上尉印得如同妖魔鬼怪。

顺便说一句，这份报道，最初我认为是空战第二天，也就是 8 月 15 日发表的，而按照西西河友安逸云兄的考证，是在 8 月 16 日。我找到了《大公报》的原件，证明安兄的看法正确。

为什么两位烈士没有照片，唯独周庭芳登了照片呢？因为根据报道，周在 8 月 14 日的战斗中，依靠娴熟的技术，先后击落两架敌机。因为这个战绩，周庭芳成了空军的明星。

报道原文如下：

> 蒋委员长嘉奖空军战士周庭芳君在杭首建奇勋　前日一役击落敌机两架

> 十四日下午五时，日军之双发动机重轰炸机十一架，由台湾方面飞杭，向空军学校投弹。我空军部队事先得报，当即起飞迎头痛击。各战士无不精神焕发，奋勇无前，向敌机扫射。敌机企图脱逃，我空军取大包围形势，予以痛击，尤以周庭芳君技术娴熟，射击准确，连续击落敌机两架，首建奇勋，蒋委员长得此捷报，特奖二万元。

中国空军第34中队中队长周庭芳上尉有个奇怪的外号，叫"空手入白刃"。这外号很有名，都传到日本去了。

不过，如果抛去新闻描写的成分，这份报道里面，正确的地方固然不少，错误的地方更多。至少，周庭芳这两天的作战经历，这里面就写得完全不对头。不熟悉军事又要抢新闻，这也是当时国内报纸的共同特点了。

8月14日，日军的确出动轰炸机袭击杭州，但在那里迎击日军轰炸机的是高志航所部第4大队，周庭芳并没有参加此战。那一天，他倒是和另外一路日军轰炸机发生了交手，可是并没有击落敌机。

这不怪周庭芳技术不精，因为他根本没法击落敌机，周庭芳这一仗施展的功夫十分邪门，叫作"空手入白刃"。

事情是这样的，8月14日下午4点，周庭芳驾驶一架修好的霍克III战斗机正准备从杭州笕桥机场起飞，进行试飞，防空哨忽报日机来袭。此时，从周家口飞来的第4大队战机正好到达，一落地就纷纷立即重新起飞迎战，连加油都来不及。

周庭芳的飞机因为是刚修好的，两挺机枪里都没有装子弹。周看到情况不对，当即要求地勤装上弹药，升空杀敌。但是，地面指挥官感到时间太

中国空军霍克 III 战斗机和日军 96 式轰炸机群

紧来不及，告诉他："这是紧急警报，敌机马上就要临空，没有时间装弹了。但是留在地面可能遭到轰击，你可迅速飞往南京。"关于此事，周庭芳自己的回忆略有不同，他讲是航校蒋坚忍校长发现有日机编队飞过，命其前往南京，跟踪截击日军轰炸机。综合日本方面的记载和其他中国空军成员的回忆，周此日似驾机试飞的可能性更大。假如蒋坚忍真的发现日机编队，必然用电话通知各机场备战，而不会只派一架飞机去截击。8 月 14 日高志航迎击日机成功，就是因为青田的航空监视哨提前发现了从台湾来的敌机。从周庭芳飞到广德后的情况看，当时地面对日军来袭毫无准备，似没有接到任何通知。而第二天，周庭芳带队在嘉兴落地时，的确曾接到蒋坚忍的电话，令其率队截击 8 架飞临嘉兴的敌军轰炸机，周庭芳此战击落一架日军 96 式轰炸机。可能时间过久，周老在回忆时把两次战斗混淆了。

周庭芳起飞后向西飞行，不久即进入雨云——第 4 大队从周家口飞来时，曾和这片雨云搏斗一番，周庭芳这次也撞了进去，吃了不少苦头。好在最终他冲出云团，发现自己已经在太湖上空。而就在此时，他发现有 6 架大型双发双尾翼大型飞机正和自己同方向飞行。仔细一看，复杂的迷彩，红色的膏药标志——日军的 96 式轰炸机啊！

根据日方记载，日军这支编队是 3 点 50 分从台湾起飞的日军陆军航空兵轰炸机队，目标广德，指挥官浅野少佐。他们本来和攻击杭州的新田中佐合队飞行，在永康分离后正在飞向中国诺思罗普轰炸机的基地——广德。不过，这队日机一共9架，而不是周庭芳所看到的6架。

周庭芳从罗盘方位角判断出敌机的目的地是广德，而且这批轰炸机明显是很好的目标。但他却无可奈何——霍克Ⅲ的机枪里一发子弹都没有啊。难道让他拿根棒子去把敌机砸下来?!

唯一能做的，只能是赶紧报警吧。

可是，那时候的飞机又没有无线电通话设备，没法立即警告广德机场。仓促中周庭芳开足马力，避开敌机视线，转向飞往广德。他的想法是利用速度优势到达广德后预先报警。

但是，由于距离已经很近，他估计在机场上空只有两三分钟时间报警，根本来不及落地报告。

怎么办呢？正在思考中，飞机已到广德上空，而且清楚地看到地面上诺思罗普轰炸机和霍克战斗机整齐的列线。

这要被轰炸损失就太大了！

周庭芳俯冲向机场，又急速拉起，同时拼命摆动机翼，试图提醒地面警惕。

当时在地面上工作的空军人员回忆，看到周庭芳的飞机从低空飞过，他们的想法是："哦，它要着陆。"

看到地面上的人无动于衷，周庭芳估摸是自己表达得不够明确。他再次冲向机场，先俯冲后拉起，做出轰炸一般的动作。他想，这样明显的表示，地面的人该明白了吧？

看到他这样疯狂的动作，地面人员的反应是："哦，这架飞机出故障了，轮子放不下来……"

俏眉眼做给瞎子看，时间就这样一分一秒飞逝，周庭芳急得在飞机里猛跺地板。

就在这时，六机编队的96式轰炸机，已经从云中飞出来，直奔广德而来！

眼看就是一场打地靶的惨剧，日军忽然发现自己背后冲来一架中国战斗机，凶神恶煞般全速向日机接近，显然是试图攻击。

这正是周庭芳那架霍克Ⅲ战斗机。

被弟兄们的麻木不仁气坏了，一贯老实稳重的周庭芳也玩出了新鲜的，

日军96式陆上攻击机，其腹部自卫枪塔是伸缩式的，而且到中国作战时都装备有美国最先进的自动驾驶仪，这是当时美国轰炸机都没有正式装备的设备———直到珍珠港，美国人都在为赚钱卖给日本人各种各样的东西。

"赤手空拳"冲向了日本轰炸机。尽管没有子弹，但他决定用自己的假动作吓唬日军飞机，来帮助地面的战友。

突然发现后面来了敌机，日机一瞬间队形散乱，纷纷钻入云团，但飞出云团时很快整理好了队形———日军的训练还是非常严格的。

而周庭芳再次冲了进来，娴熟地直奔日军长机，贴得很近却不射击———他想打也没有子弹啊！

不明白这一点的日军却以为这个中国飞行员不是那种一见敌人就把子弹打光的菜鸟，而是空中老手，他是要靠近到极近距离以便一击即中！

此时周庭芳已经钻进了日军轰炸机之间。每架96式有3座自卫机枪枪塔，6架就是18座，18座机枪塔的射手此时都在拼命地朝周庭芳开火，而周庭芳的飞机上偏偏连砖头都没有一块，只能上蹿下跳地躲避。

这真是个发疯的主意。

不过面对这个疯狂的对手，日军队形真的乱了起来。这时候他们已经进入轰炸航线，有人要躲，有人要打，周庭芳闹事的结果是日本人统统把炸弹都扔到了跑道外面。根据日军的报告，他们在飞出云层后，看到机场，U形转弯掉头开始轰炸。此时，一架寇蒂斯霍克战斗机突然来袭（日军地图上画出了周庭芳的航迹）。尽管遭到攻击，他们依然炸中了机场，并能看到机场人员纷纷倒地。中方的记载则是炸弹全部落入了稻田。双方记载相同的地方是中方地面飞机没有被击中。

八一四空战中被击伤日机的伸缩枪塔

几分钟以后，落后的3架日军轰炸机赶到，遭到了周庭芳同样的"攻击"，轰炸也没有击中目标。

根据推测，日军炸弹不能命中目标，和96式的设计缺陷有关。日军96式轰炸机使用的是显隐式自卫机枪枪塔，平时为了减少阻力枪身藏在机体内，需要射击时把枪塔伸出来打。但是，枪塔伸出来时由于阻力骤增，飞机的速度会掉几十公里。面对横冲直撞的周庭芳，日军轰炸机纷纷伸出枪塔自卫。这种速度的突然变化，造成轰炸瞄准上的错误，是很自然的事情。

不过，这也让周庭芳足足地享受了一番子弹雨的洗礼。

周庭芳本人沉稳谨慎，即便是"文革"的时候，也能安然度过，干这种光着膀子拿子弹洗澡的疯狂事情纯属迫不得已。日本军史作家中山雅洋在《中国的天空》一书中描述了周庭芳"空手入白刃"之战，而且认为他干得非常成功，演技出色，所有日本飞行员都上了他的当。不过，周庭芳用子弹洗澡的结果是他的飞机被打了5个窟窿，算是施展这门武功的纪念。

这队日机在返航途中，路过杭州，把剩下的炸弹丢了下去，炸掉一辆加油车，这可以算是浅野少佐及其部下从台湾跑大陆一趟唯一的战果。但是这个战果捅了马蜂窝——4大队刚刚在这里打垮了新田中佐的机队，士气正旺，信心大增，现在忽然又有一队日本轰炸机送上门来，真是正中下怀。浅野的机队在钱塘江上空被中国空军战斗机追上，一番激战，郑少愚分队长击中其中一架，负伤的敌机向海上奔逃而去。

这架被击中的日机，应该是浅野手下的2小队2号机（小川一空曹驾驶），因为重伤无法飞回基地，在基隆港外的社寮岛附近落水，机毁人存。

那么，周庭芳有没有真的打下两架敌机呢？

根据中方记载，周庭芳这两天的确认战绩是8月15日于嘉兴击落日机一架。击落两架云云，多少有点儿夸大。不过，偏偏从日方记载中，可以发现周庭芳确实击落了两架敌机。一架是国民党空军记载的那架96式轰炸机，还有一架就是宫田大尉的那架95式水上飞机。周庭芳干掉了它，为907号机和任云阁报了仇。算起时间来，周庭芳击落宫田机的时间，比笕桥空战还要早好几个小时，是中国空军在淞沪战役中击落的第一架日军飞机。

而周庭芳一直认为，自己只是"或许"击伤了这架敌机……

五

继续写周庭芳与日军水上飞机的战斗之前，需要讲明与前文有关的另外两件事。

第一件，一位朋友于台湾资料中帮忙找到了907号轰炸机驾驶员祝鸿信在8月14日战斗负伤后于医院的照片。这些从侧面说明祝鸿信的情况与宝山县抢救的飞行员"梁鸿云"十分接近。

这张照片却让人感慨。在当时空军的飞行员中，颇有一些人有妻女而不承认。例如，任云阁和下面提到的全正熹都是如此。这是因为当时国家对战死军人的抚恤很不到位，对日作战明显牺牲的可能性很大，比较重视袍泽感情的空军官兵中没有家庭牵挂的飞行员常常获得更多出击机会。例如，因喊出"中国无被俘空军"而著名的阎海文，请战时就表示："我是东北人，一无牵挂……"

于是，为了表示自己"一无牵挂"，以争取能够上天与敌一战，任云阁等人纷纷表示自己没有成家，没有家室之累。

任云阁的女儿回忆："父亲为了求得上级的批准，在写家中有何人时，只写有父母，而一字没提有我们母女三人。此时此刻，他一心想到的就是狠狠打击日本侵略者，杀敌立功，为国效劳。经过战前一开会动员选拔排定，

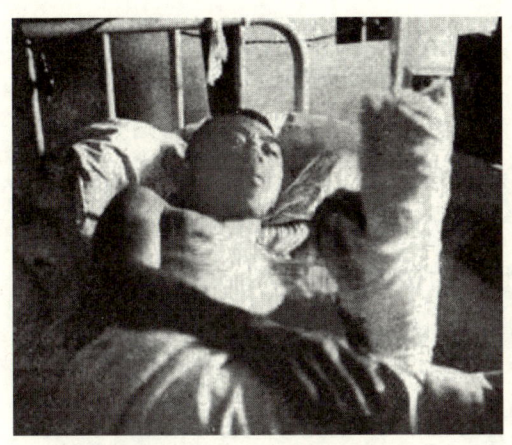
祝鸿信在医院中，可以看到其腿部骨折。

祝鸿信小愈后和女儿在一起

我父亲被批准参加出击。此时，一个平常沉默寡言的人，也高兴地跳起来，欢呼起来。"

这一天，就是任云阁战死的那一天。

第二件，这位朋友还找到资料，证明重伤后在雪莱克机风挡上以血写下"还我河山"四个大字的徐汉灵少尉并没有死，在那架雪莱克攻击机中牺牲的是他的战友李文韶。战斗中他们的飞机被日军高射炮击中，李的双腿都被打断，徐的臂、背、腿也多处负伤，但两人相互鼓励依然将飞机飞了回来。落地后，李因伤势过重牺牲，徐则用断指在风挡上写下"还我河山"后昏迷。他虽然负伤，但最终伤愈回到空中，一直战斗到抗战胜利。

应该说，这是一件值得欣慰的事情。

周庭芳并不是第一个对出云舰舰载水上飞机发动攻击的。祝鸿信、任云阁机遭到攻击后，第一个反应过来的是同一个编队的902号机，这架诺思罗普轰炸机随即转向，照着宫田大尉这架飞机就是一梭子。

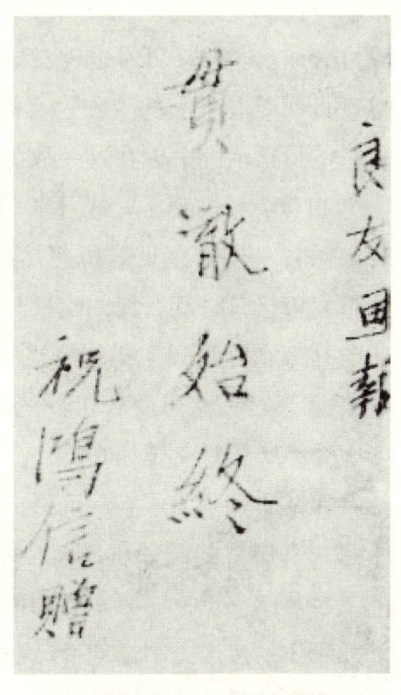
负伤的祝鸿信给《良友画报》题词

全正熹上尉，空军第 14 中队中队长。1937 年 10 月 24 日与战友游云章少尉自山东驾 902 号轰炸机返回南京途中为日机截击，苦战良久，壮烈殉国。

902 号机的驾驶员名叫全正熹，初听此名可能会让人误以为他是朝鲜族人。其实，全正熹的来历很古怪，他是贵州人，苗族（有记录为汉族，不确），少年时是一名好猎手，战友评价他身上带有"原始人的气质"。也许因为这个原因，让他在其他飞行员没反应过来的时候已经投入截击。

带着炸弹的诺思罗普轰炸机和宫田的水上飞机都不太灵活，这一梭子子弹没有打中，但却迫使日军水上飞机向低空躲避，并把日军飞行员的注意力吸引过来了。

全的战友杨炯先生曾撰文描述全正熹的死另有版本，讲他当时是和游云章奉命尝试一种新的战法，利用伪装涂饰单机偷袭日军长门号战列舰，失败牺牲。但这在双方的正式记载中均不见记录，大约是一家之言而已。不过，日军也曾尝试过单机偷袭武汉中国大本营，结果同样失败。这都证明对军事上的"硬"目标，这种战法事倍功半。所谓"中攻四天王"之一的得猪治郎中佐在这一战中被击落，机毁人亡。

和 902 号机交了一下手，宫田也注意到高度问题，立即开始爬高。就在这时，一架霍克Ⅲ战机忽然如同鹞鹰一样自上而下猛扑过来，一道火舌直取宫田机，将其右翼的支柱打断。

这架霍克Ⅲ战斗机就是当时在 3000 米高度飞行的周庭芳机，他正率领 34 中队飞行在诺思罗普机群的上方，看到宫田机和全正熹机交手，当即来了一个螳螂捕蝉，黄雀在后。

霍克Ⅲ就是为了空战而造的，马力大，航速快，这下子宫田吃定了苦头。不过，宫田机的驾驶员出崎良平也堪称出色的飞行员。日方记载，双方缠斗了足足 20 分钟。宫田机利用当时台风带来的浓云左躲右闪，但是周庭芳死死咬住，接连击中这架 95 式水上飞机。

有趣的是，这方面的记录双方有些不一致。

日方是根据机号判断截击宫田的为周庭芳机。战斗到最后，重伤的95式终于摆脱了周庭芳的追击，但因为伤势太重，在出云舰附近试图降落时撞毁，后机身折断。宫田和出崎被甩出飞机而由江面上的日军小艇救回。

而中国空军方面，却是这样说的："15：50暂编34队6架霍克机也出发了，领队的周庭芳队长驾一架霍克Ⅲ，带着50公斤炸弹2枚、18公斤炸弹5枚，其他5架霍克Ⅱ则各挂6枚18公斤炸弹。由于担心速度差异无法维持编队，周庭芳刻意不将霍克Ⅲ座机起落架收起，借以降低速度，让固定起落架的霍克Ⅱ能跟上编队。一到达上海上空，突然一架日本水上飞机突破云层，朝34队机群对头冲来。由于来不及反应，同时仍有任务在身，周庭芳决定放弃追逐，带领僚机继续前进。抵达目的地后，发现要攻击的目标太多，于是6架霍克机便分散各自攻击目标；在完成任务脱离上海返航之际，周庭芳与队员王志恺，发现日侦察机一架对头飞来，周庭芳向它开火，最后被它逃入敌防空炮火圈内而作罢。"

周庭芳遭遇的第一架日军水上飞机，估计就是击伤梁鸿云机的日军川内号巡洋舰舰载机，但是这次它没得到机会对第34中队进行偷袭。而他遭遇的第二架日军"侦察机"，似应就是宫田机，但并没有记录战果。

看来，中国空军这回谦虚了一点，周庭芳是高志航最得意的学生之一，追着一架水上飞机打了半天却没看到对方坠落，对他来说，应该算件丢人的事情。

可惜由于历史的原因，从1952年开始，主动留在大陆的周庭芳一直在建筑队担任司机工作。否则，以这位抗战王牌飞行员（确认击落日机5架）的本领，不知道能为中国空军做多少事情呢。

对907号轰炸机的坠落，考证到此，或许已经可算是到了一个段落。

然而，据宝山收殓任云阁的地方人员回忆，当时任云阁的遗体双目圆睁，死不瞑目。

大约，是因为被一架水上飞机偷袭打下来，觉得实在不甘心吧。

也许因为这一仗打得窝囊，即便是周庭芳立即就报了仇，依然难让任云阁安然而逝。

那么，第二天的空战，应该能让任云阁瞑目了。

八一五空战，被日军战史学家中山雅洋称为中国抗战史上空前绝后的

132

这架日军95式水上侦察机后被打捞上来，但已经不能使用。从这张照片看，它和高志航击毁的一架96式中型攻击机（大村机）一起被送到东京成了展品。

"打火鸡"之战，不但打出了一个空中赵子龙乐以琴，而且连只有对地攻击能力、机炮固定向下的雪莱克攻击机都开了荤。这可是比95式偷袭还不可思议的空战了。

好了，那应该是以后讲给大家的另一个故事了。

雷震出云

——记抗战中中国海军的一次英勇出击

之所以写这篇文章，是因为看到一张陈旧的资料照片。

这张照片是旧日本海军的资料中所存，粗粗看来，只不过是一艘普通的二战时期的英制 MTB 鱼雷快艇而已。

可不要小瞧这张照片，这艘小艇，便是 1937 年 8 月 16 日从黄浦江奇袭日军驻华旗舰出云号装甲巡洋舰的中国海军电雷学校史可法中队史 102 号鱼

史 102 号鱼雷快艇

日本海军侵华舰队的旗舰出云号装甲巡洋舰，停泊在黄浦江上，标准排水量 9750 吨，长 121.92 米，宽 20.93 米，吃水 7.37 米，主机功率 14500 马力，航速 20.75 节，编制 672 人。装备 203 毫米炮 4 门，150 毫米炮 14 门，12 磅速射炮 12 门，2.5 磅速射炮 8 门，450 毫米鱼雷发射管 4 具。

雷快艇，在袭击完成后撤离时为日舰炮火击伤，沉没于上海外滩九龙江码头。可以看到它尾部的两条鱼雷都已射出，这是日军将其打捞时拍摄的图片。

抗战期间，由于中日海军实力差距太大，中国海军依据《民国二十六年国防纲要》退入长江布防，几乎没有主动出击的能力。因此，史 102 艇对出云舰的英勇袭击，在当时引起了极大的反响，英国记者以《扬子江上的战斗》为题，描述了这场战斗。

这次战斗的过程，也的确带有相当传奇的色彩。

八一三淞沪战役打响时，中国海军主力已经调往江阴封锁线，"拱卫京畿"。在上海只留有一艘永健号炮舰，用于拿捕日本方面的内河船只，并以陈旧的运输舰普安舰和捕到的 5 艘日本日清公司所属商船沉塞于董家渡水道，阻止日军上驶进攻。而永健号 8 月 15 日即于江南造船厂前被敌击沉。至此，中国海军力量在上海战区已成空白。而日军以出云号装甲巡洋舰为首的"遣支舰队"则有大小舰艇百余艘，不但轻易控制了黄浦江上下的水域，而且不断以其装备的重炮轰击中国守军，支援日军的进攻行动，造成了极大的威胁。

为了解除这个威胁，中国方面以空军奋勇出击，连日轰炸出云舰。无奈出云舰虽为日俄战争时代的老舰，但加装了大量防空火炮，而且装甲坚固，是排水量近万吨的巨舰。所以，尽管空军作战十分英勇，包括蒋介石后来的专机驾驶员衣复恩都亲自上阵，但是多次命中依然不能将其击沉。

中国海军电雷学校校长欧阳格少将，遂决定以鱼雷艇发动对出云舰的奇袭。

说起来，电雷学校在海军中是一个另类。由于它是蒋介石假手欧阳格建立的一支"海上黄埔军校"，所以当时海军上层的闽系将领对其十分警惕，双方的关系剑拔弩张。这个学校的毕业生黎玉玺等后来成了国民党撤台后海军的主要将领，人称"电雷系"。

该校下属三个鱼雷快艇中队，即由英制 MTB 艇组成的文天祥中队、史可法中队和德制 S 艇组成的岳飞中队，共有鱼雷艇十余艘，乘员多为该校学生。说到电雷系就不得不说一下它的灵魂欧阳格。欧阳格其人，气度狭小，睚眦必报，是一个典型的反共分子，而且性格贪婪。1940 年，这个蒋介石的把兄弟，老国民党员，被以贪污罪枪毙，真实死因至今是个谜。然而，这个标准的"反动分子"也有一个不可多得的优点——打起仗来勇往直前，毫不退缩。当年孙中山在广州蒙难，率护法舰队突围时，欧阳格就一马当先，率豫章号驱逐舰当先开道，与车歪炮台陈炯明部守军猛烈炮战，为突围胜利立下汗马功劳。所以，面对出云号的肆虐，欧阳格对击沉它也十分积极，

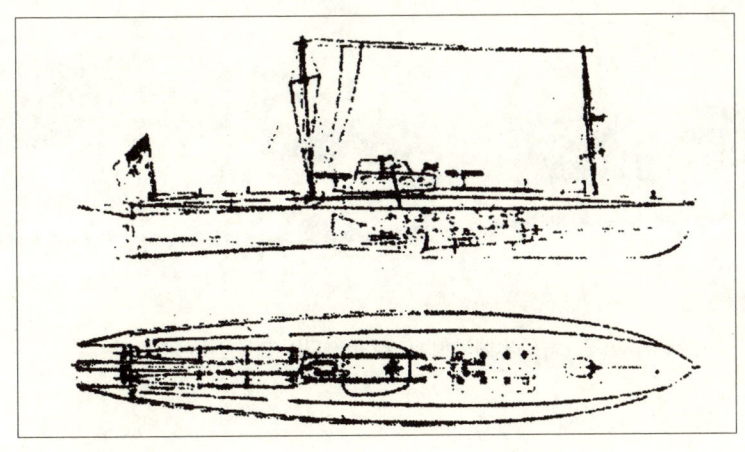

中国鱼雷艇线图

中国海军布置的董家渡封锁线

原中国海军留守上海的永健号炮舰，这是被日军击沉打捞后的照片。

因为遭到空袭，出云舰在炮塔上增加了高射炮，以阻击中国空军的轰炸。

选定由技术较好、胆大心细的两名艇长胡敬瑞（史 102 艇）、刘功棣（文 171 艇）实施攻击，其中史 102 艇发动攻击，文 171 艇担任预备。

然而，他们很快就发现有两个问题需要解决。

两个问题是：

第一，由于中国海军在江阴建立阻塞封锁线，鱼雷艇已经无法下驶前往上海，如何能把鱼雷艇送到黄浦江去呢？由此也可看出当政的海军将领陈绍宽与电雷学校的不睦。同为抗日军队，却彼此拆台或者说内斗，不知让人如何评价才好。

第二，预定用于袭击出云舰的英制鱼雷快艇是木壳，不到二十吨的小艇，除了鱼雷外仅仅装备两挺自卫机枪。出云舰的吨位是它的五百倍，周围还有大量其他舰只警戒，如何能够靠近它而不被发现呢？我们在电影中看到的鱼雷艇都是乘风破浪，实战中的鱼雷艇远没有那样风光，隐蔽偷袭才是它们的本色。

好在中国人的智慧是无穷的。第一个问题嘛，好办，江南号称水乡，有无数沟渠内河沟通着南京与上海，轻便的英制鱼雷艇正可以经过内河溜过去。8 月 14 日夜，即从江阴顺内河前往上海，两艇分别于 14、15 日晚到达上海龙华锚地。

伪装后等待出击的史 102 艇

　　第二个问题就复杂了，也是欧阳格不得不只以单艇实施攻击的主要原因。15 日，他亲自带出击的总指挥大队长安其邦和两个艇长实地勘察地形，认识到欲图攻击出云，只有一个办法，就是伪装成渔船，从中立国的舰船缝隙里钻过去。如果这种偷偷摸摸的举动，两艘艇一起出击的成功率就会大大降低。最终，欧阳格决定以史 102 艇单独出击，安其邦随艇指挥。

　　18 日晚，史 102 艇上面覆盖了伪装，悄悄驶出董家渡封锁线，从中立国的舰艇中穿过，直扑停泊于黄浦江外滩日本邮船码头的出云号。但由于能见度不好，直到被敌哨兵发现，仍然未能准确发现目标。因敌已发觉开火，只好在预计距敌舰 300 米，顶角 50 度时，连续发射两枚鱼雷。史 102 艇急速原路返航，空遭出云号炮击，油柜艇体都被击穿，搁浅于英租界九江路外滩码头。安其邦、胡敬瑞等官兵立刻将艇上的机枪丢弃江中，然后泅渡隐蔽，历时月余才返回中国军队的阵地。

　　那么，此战是否击中了出云舰呢？严格地说，没有。

　　史 102 艇发射的鱼雷，一枚射偏，击中邮船码头一侧英美烟草公司前的码头岸边，当即将码头炸毁一截，附近房屋纷纷被震倒塌。

　　拍摄下页码头相片的为瑞士人 Karl kengelbacher。此照片的场景曾被翻译为日军误射鱼雷击中该码头，因为无人相信中国海军当时还有这样的反

美烟草公司大楼前码头，史102艇鱼雷爆炸现场。

击能力。

另一枚则直奔出云而去。遗憾的是日军设防十分严密，出云舰外侧还有一艘趸船拉拦阻网防止夜袭，此雷正中趸船，将其击沉，未能直中出云。但因距离过近，出云也被波及。按照日军记载，此后出云舰曾修理轴隧和螺旋桨车叶，因此中方判断该舰在这次袭击中，尾部受损。

袭击没有完全成功的原因，一个是能见度不好，发射不够准确。此外，这种英国鱼雷艇的发射方式也可能带来消极的影响。它采用抛射方式发射，从尾部把鱼雷抛下，快艇则迅速转弯离开，艇的尾流肯定对鱼雷的航路有影响。

这次袭击，虽然未竟全功，但引起的反响不小，大大鼓舞了前线官兵的士气。当时任军政部长的何应钦致电庆祝："虽未获成功，但已减敌舰骄横之气焰。尚望再接再厉，整饬部署，以竟全功。"

值得一提的是，国民党方面曾经将一艘退役的咸阳号（原美国海军路德曼号）驱逐舰交给导演张彻，请狄龙主演拍摄了一部反映奇袭出云舰的电影《海军突击队》。

无奈张彻本来就是一个武打导演，对军事一窍不通，因此让他导演这部片子实在勉为其难，被他弄成了一部荒诞的武打电影，出钱的国民党军方因此拒绝接收。这可算是奇袭出云舰引出的一个小花絮吧。

血染飞狐口

一

日军的卡车开得很慢，先头车似乎在谨慎地做搜索前进。随风传来日军士兵的歌声：

朝霞之下任遥望，起伏无比几山河。
吾人精锐军威壮，盟邦众庶皆康宁。
满载光荣啊，关东军。

懂些日语的赵刚脸色倏变，轻声道："这是关东军军歌，老李，情况有变，这不是日本驻山西的部队，是刚调进关的关东军。兵力有两个中队，和咱们的兵力对比差不多是一比一，干不干？"

李云龙注视着开近的车队，牙一咬发狠道："狭路相逢勇者胜，干！敌人把胸脯送到咱们的刺刀尖前，咋能把刺刀缩回来？"

李云龙一挥手，和尚拉响了预先埋好的地雷。"轰"的一声，第一辆车被炸得粉碎，汽车的碎片、日军士兵破碎的肢体纷纷扬扬从天上落下，几乎全落在潜伏战士身上。路边的枯草在一瞬间被掀开，一排排雪亮的刺刀出现了。部队潮水般冲上公路，顷刻间，身穿黄色军装的人群和身穿灰色军装的人群便绞做一团。

——《亮剑》第三章　野狼峪伏击战

野狼峪伏击战，是《亮剑》一书精华中的精华，都梁先生的笔下，中日两军最骁勇的战士在晋北的峡谷中狭路相逢，演绎出一场东方战争史中最传统的殊死搏杀。

我知道，在晋北的大地上，的确有过这样一次你死我活的血战。只是，这个地方不叫野狼峪，它的名字叫做——飞狐口。参战的部队，却比李云龙的独立团硬气得多——一二〇师三五九旅七一七团，一半以上的人员是参加过长征的老底子。

"去年有个节目讲过这一仗，记得最后说这一仗打完，王震旅长哈哈大笑，说终于把敌人消灭了。"左凌大姐说，"其实不是这样的，这一仗打赢了，可王旅长根本就没有笑。"

哈里森·福尔曼在1944年拍摄的"三个八路军机枪手"

红军一共就改编了十二个团，这一仗，整整一个团的老骨头几乎全打残了，旅长怎么会笑？

"尸山血海，我父亲身边的一个连，打得只剩下八个人。"左大姐说，"没办法，抗战，就是这么打过来的。"

说这句话的时候，是在北京空军指挥学院的走廊里，周围鸟语花香，但我听的时候却感到恶风扑面，七十多年前带着血腥味的空气，瞬间充斥了天地之间。

那一天，我给左凌大姐带去一张照片。

图中八路军机枪手的手势在当时的中国极为流行，叫做——"顶好"。

这张照片来自美国威斯康星大学密瓦契图书馆，在几十年的时间里，中国人并不知道它的存在。拍摄者，美国《纽约时报》记者哈里森·福尔曼对这张照片仅有一句极潦草的说明——"Yanan China, Eighth Route Army Soldiers With Machine Gun（中国延安，八路军的机枪手们）"。事实上他拍摄的是那三个穿着草鞋的"士兵"，开国的时候肩上却有四颗星——正中间的是刘转连中将，旁边高举右手的是陈外欧少将，照片中最边上的那一个，唯一没有举手示意的，便是左凌大姐的父亲——左齐少将。

八路军七一七团参谋长左齐，便是在飞狐口血战中失去了他的右臂，所以，他无法和战友打出一样的手势来。

左凌大姐给我看另一张照片。和很多走上仕途的红二代不同，这位和她父亲颇有些神似的老大姐选择了医生的职业。从她那里我才知道，开国少将左齐有个特别的习惯——喜欢

左齐和战友的合影

照相，所以在红军时期他这个级别的将领中，他留下的照片明显比别人要多一些。

左凌大姐说："这就是我父亲，没受伤的时候，你看，他那时候还挺帅的，是吧？"

二

指挥在飞狐口伏击阵地布雷的，正是七一七团参谋长左齐，他在公路上布设的，是针对汽车的压发雷。所以他会对布雷这件事十分重视，写在了自己的日记中。

七一七团埋设的地雷是八路军自制的，但他们很多工兵的技术是国民党军人教出来的。

1938年的时候，敌后战场还没有地雷战这一说，摆弄地雷是工兵的传统科目。而很少有人知道八路军的工兵建设中，有国民党军人的贡献。长征中，红军工兵不但要逢山开路、遇水搭桥，而且不断被编入大量减员的战斗部队，损失很大。1937年东渡黄河的部队中，只有一一五师有一个工兵营，工兵在器材、人员上都有很大缺口。为了弥补这一缺陷，国共双方曾在工兵领域进行过相当深的合作。

说实话，我是没想到红军时代还有这么"奢华"的照相——背后似乎是一座欧式的厅堂，两个小伙子中间，还站着一只憨态可掬的小狗。

"那都是人家照相馆的道具。"左凌大姐笑着介绍，"那背后是个布景，衬衫、皮带都是借人家的，狗，也是借人家的。"

1937年春天，随二方面军长征到达陕北，担任干部大队指导员的左齐在陈炉镇发现一家照相馆，算算积蓄，便拉上一名战友照了这张照片。因为照相馆的衣服只有上身，所以裤子和鞋便没法换了，保持了部队的原始风貌。

我还注意到，左齐特意向照相馆借了块手表，只是可能没戴过这样的洋玩意儿，所以戴在了衬衫袖子的外头。左齐上过三年私塾和三年国民小学，在红军中算是知识分子，遇到手表这种高档的东西，依然难免露怯。

父亲20世纪70年代去德国，穿着笔挺的西服在盛夏的法兰克福街头和洋鬼子一起瞠目结舌——德国人不明白中国人怎么不怕热，中国人想外国人难道不是一年到头穿西装吗？

一瞬间，露出了会心的微笑——我们中国人，不都是这样的吗？

想写这一仗，其实是有些原因的。几天前，有事找老史帮忙，却发现他让人家给告了，正在忙着应诉。问问原因为何，竟是因为质疑一次被称作"抗战第一大捷"的墙缝战斗战果，被认为侵犯了当年指挥战斗抗战将领家的名誉权，要求赔偿二十万元。

看到这儿，我就猜到这事儿不能善了——老史是个路子广能说动企业家为东北抗联的弟兄们立碑立像的人，他家乡鹤北林业局赵尚志将军的铜像、碑林和一些战绩地的碑就是他主持立的，山河屯林区十军战绩地凤凰山抗联碑林也是他求爷爷告奶奶求书法家和离退休老干部、老将军写字建起来的。去年他在黑龙江兴隆林业局大山里一呆就是三个月，就为了寻找赵尚志的密营，就冲这份抗联情结，就冲着一个学者的尊严，对于这个官司他也只能死扛到底了。

要不，劝劝？

老史和他求爷爷告奶奶修起来的纪念碑

老史是个典型的东北山东人的后裔，他生活在鹤岗，这地方抗战时候是东北抗日联军三路军最后的根据地，也是全黑龙江抗联牺牲最多的地方之一，出了名的地僻人蛮。这家伙在战史研究方面和赵尚志打鬼子一样倔强异常，有时候的确认真得过头，得罪人的事儿三天两头发生一次，能不能劝他服个软，息事宁人呢？

结果发现老史这次依然不能通情达理："老萨，你看看，你觉得我能服这个软儿吗？在历史研究上我连你这个好朋友一样得罪，不也写了之一、之二……之多少吗？对于镜泊湖连环战不顾历史事实的人，我是绝不能服软的……"

拿过诉状看看，到底为啥争呢——双方主要争执的问题是东北抗战中的一个战例，老史说在此战中我救国军新编一个团约七百人，1932年在某次战斗中迎战七千日军，以伤亡七人的代价，十个小时毙伤日本关东军至少三千五百。

"老史，你没有发烧吧？要这样抗战需要打十四年吗？"出现这样的常识问题，我想老史一定是病了。

"那不是我说的啊，是我引用对方的观点。"老史脑袋上青筋都快蹦起来了，"就因为我质疑这个，人家把我告了……"

这只能是推案而起了。

还真以为抗战是打电子游戏吗？我们想让子孙后代怎么来看这场战争？横店战役还是神剧大捷？

当时的仗是什么样儿的？

我的一位朋友在他的书中真实地再现了一二九师骑兵团的一次战斗——"副连长又开骂了'胆小鬼，停在这里算什么，没时间了，快跟我冲。'还没来得及解释，后面的卫生员李丹阳却已经径自冲了上去。结果，他刚跑到路口就牺牲了。中第一枪的时候，小李身体一晃，借惯性又冲了几步；第二枪大概打在了膝盖上，他跪下了，步枪撑着地，人却好长时间没有倒。敌人为了炫耀枪法，就一枪接一枪地打，一直把他身体打断、把插在地上的步枪打倒……李丹阳是名医的后代，性格上有些傲气。他本来是准备看守药品的，结果被副连长骂了几句，自尊心受不了，于是冲动之下就不管不顾了。战斗结束后，战友们发现小李身上中了三十五弹，躯体都打烂了。"

一二九师骑兵团烈士名录里只有这样一行——"李丹阳 军马医生 山东德州 1942.8.16 河北大名南李庄"

十四年，我们牺牲了多少李丹阳？

我们面对的，是亚洲历史上最凶残、最强大的近代化军队。

这就是我决心将飞狐口这一仗重现出来的原因，他们让我们告诉未来——那一战，中国军人究竟怎样打赢的！

左凌大姐说，他父亲的日记中记载，这一仗，本来是不会打了，预先埋好的地雷，前一天被老乡的毛驴给趟炸了，看到暴露了目标，刘转连团长决定撤。

我说，这颗地雷，日军战史里面也记了。

左大姐眉毛一扬，问："这样小的事情，日本的战史里面也有记载？"

"是的，"我说，"不但有，而且颇为详细，那根本就不是一头毛驴，它的主人，也不是一个普通的老乡。"

三

1937 年，见证了日本投降仪式的王之少将，便曾带着一个工兵连和一批工兵器材到延安，这些人员和物资对八路军工兵部队的发展起到了很好的推动作用。在晋绥战场上，第二战区也曾应邀派遣两批二十余名军校工兵科毕业生进入八路军工作。八路军方面将这些学员作为各连教官和营部参谋使用。第一批毕业生到达八路军时，便被贺老总和关向应抢去了五个，算是给一二〇师的工兵找了几个好老师。

值得一提的是，这批国民党军人大多作战勇敢，不畏牺牲。1938 年 2 月 21 日，八路军三四三旅在双池镇川口与日军遭遇，旅参谋长陈士榘负重伤，部队损失很大。激战中随三四三旅行动的三四四旅工兵连奉命补入前线，连长要求把教员张忠国（太原军官学校工兵科第一期毕业生）留下，意思是保留住这个优秀的工兵教员。代参谋长王耀南同意了，但这个出身国民党军的工兵教员却不同意，说："上校，一个男人发过的誓能收回去吗？是不是我从那边来的，不信任我？"

王耀南对他说："看你说的什么话，就算你是国民党的军官，现在我们共同打日本鬼子，我也没有不相信你的理由。我们想保留一个好的工兵教员。"

张忠国瞪着眼睛说："最好的工兵不是用来打日本鬼子的吗？"

第二天天亮的时候，张忠国战死在阵地上。没有棺材，王耀南命令剥下两匹死马的马皮，埋葬了这个来自国民党的工兵军官。

张忠国的父母是小学教师，原名辅国，因为敬仰岳飞精忠报国改了名字。在王耀南到太原军校挑人的时候，告诉他八路军没有什么薪饷，他说："我报考军校就是为了上阵杀贼。长官，命都不要了还要什么钱？"

所以，当王耀南要留下他的时候，他会问："上校，一个男人发过的誓能收回去吗？"

这一段，明显是跑题了，却不能驻笔——算作是给那个时代那些纯粹的人们一个纪念吧。

只有工兵本来还是造不出地雷来，但忻口战役的时候担任三五九旅作战科长的左齐带人收集了一批黄色炸药。1937 年 12 月，三五九旅进入雁门关地区准备打破袭战，要伏击敌军的汽车队。左齐便建议王震旅长利用这批黄色炸药制造地雷，实战效果不错。1938 年，左齐被任命为七一七团参谋长，便也把地雷带过来了。八路军的计划是预先占据战场周围的制高点，用地雷炸毁最前面的日军汽车，使敌无法前进，再切断其后路，而后聚而歼之。

刘转连团长是在 15 日带七一七团进入飞狐口防御阵地的，选择这里打这场伏击战，有着和李云龙选择野狼峪同样的道理。

飞狐口，确切地说即飞狐峪南口，位于晋冀交界的河北省蔚县境内。《亮剑》里面"野狼峪"的名字估计是都梁先生信手拈来的，但飞狐口可不是。历史上的飞狐口是太行山北部的重要隘口，兵家必争之地，赵武灵王曾出此北征，建立代郡；瓦剌也先亦曾破此关威胁大明京师。最有名的一战是北宋雍熙四年，太宗赵光义三路出兵，试图收复燕云十六州，中路军大将田重进突破飞狐口，大破辽军夺取蔚州。只是由于东路军曹彬战败，宋军才不得不再次退回太行以南。这里有着连绵四十里的崇山峻岭，道路崎岖险象环生，至今尤称雄关。

八路军是不是埋伏错了地方？我是在看到八路军伏击地点的时候产生

奇险飞狐峪，刘转连团长为何不在峪内设伏却要跑到外面去呢？

这一疑问的。

最初，我对飞狐口伏击战的看法是它极似一个稍小的平型关，飞狐峪内道路十分崎岖，两侧山崖有的高达百米，是设伏的好地方。然而，实地了解后却发现，刘转连团长这次设伏的地点，根本就不在飞狐峪之内，而是在日军刚刚走出飞狐峪南口的明铺村，所以这一战又被称作"明铺战斗"。

明铺，当年是个只有几户人家的小村子，如今早已经荒废了，空无人烟。然而，这个名字，却又让人心中一动。最初，我认为它可能起自一家为边贸服务的旅店，但仔细查询之后发现，这个明铺，在古代是叫做"明舖"的。这代表着它在古代应该是一个军事哨所，而不是因某个商店而得名。

在当年的宋辽边境，有很多叫做"火舖"的哨所，担任着边防线上第一线的警戒工作。飞狐峪这里也不例外，田重进北进失败后，辽军乘势重夺整个飞狐峪。于是，明铺所在的地方便成为宋军防御的第一线。这里是出谷口的一片小平原，旁边的山上还有一个烽火台的残迹。很可疑，明铺这个地方，便是宋代或者明代曾经的一个火舖所在地。

这种火舖通常只有几名军人，他们吃住生活在固定的警戒点上，不能随便转移，也很难得到及时的后援，唯一的任务便是发现敌军入侵时发出第一道警报，然后便只能听天由命。实际上，根据《宋史》和《辽史》记载，即便是宋辽之间和平的岁月里，双方互相烧掉对方几个火舖的事情也层出不穷。

不知道明铺这个小小的村庄下面，又埋着怎样或悲壮或惨烈的故事。

然而，明铺这里毕竟已经出了谷口，七一七团的团长刘转连，当年是红六军团模范师的师长，身经百战，他不可能不知道伏击战应该选择怎样的地形，他不会选错地方吧。

事后我才明白，这与八路军上层与下层对这一战的目标理解不同有一定的关系。

四

"王震旅长打完这一仗以后阴着脸，估计也是对杨成武司令员有意见。这一仗本来是晋察冀的两个团加三五九旅的一个团一起打，结果打起来战场上只有七一七团，当然损失大了。三五九旅本来是来帮忙的，结果变成了扛大梁的……"一位参战指挥官的后人如是对我说。

这次伏击战，从战略角度而言，的确是三五九旅在帮晋察冀的忙。当时，杨成武率领的晋察冀一分区主力正在涞源周围进行着艰难的反扫荡作战。

涞源东临紫荆关，南连倒马关，西趋大同城，北通张家口，地势十分险要，是北方进入中原腹地的主要通道之一。抗战开始后中日两军围绕该县反复拉锯。1937 年 9 月，日军第 41 联队击败国民党军二十一师补充团一部攻占涞源，但仅依靠伪军驻防，10 月 10 日被杨成武率八路军独立团夺回；1938 年 3 月 21 日，日军第 14 联队再夺涞源，并着矢崎守备队留守，杨成武率部切断涞易公路，孤立涞源日军。双方打到 4 月 11 日，矢崎中佐被迫率部撤离。

土八路打得这么拼命是有道理的——1938 年 2 月，肖克的挺进军就是由涞源出发东进作战的，晋察冀根据地在涞源以东打开的局面如同一把打开的折扇，扇柄就在涞源，这个地方被日军占了，八路军的整个华北战线有前后脱节之忧。

1938 年在涞源、蔚县一带发生的战斗，我国战史上几乎没有记载，或者只有寥寥数笔。其实，这一阶段的当地的战斗此起彼伏，尤其是围绕着涞源的战斗双方打得堪称惨烈。1938 年打了整整一年，1939 年接着打，连日本驻蒙军的"名将之花"阿部规秀都死在了这个地方。

日军在涞源长期无法站稳脚跟，关键是补给问题。

1938 年 10 月 1 日，日军 110 联队（联队长永幡寮一大佐）再次攻占涞源县城，但杨成武的晋察冀一分区部依然控制城外各要点。10 月下旬，日军以第 2 大队大队长伍信纯一中佐为指挥官，发动了被称作"涞源作战"的扫荡，目标直指杨成武部。八路军采用游击战术与日军苦苦周旋。战斗中日军消耗甚大，原有补给线涞易公路又屡遭袭击（日军战史记载"第二大隊は共匪殲滅のため涞源作戰を発動、糧秣補給路を度々共匪に襲撃され"），故强行从蔚县到涞源，经过飞狐峪的涞蔚公路开通新的补给线，敌军大部分物资都是通过这条线路运往涞源前线的。

有鉴于此，杨成武和王震决心抽调精锐部队，在涞蔚公路上袭击日军的运输队，切断其补给，迫使日军中止扫荡。

11 月 16 日拂晓，根据情报得知日军一个大规模的运输队将从蔚县出发前往涞源，晋察冀分区邱会魁（开国少将）支队的两个主力团和三五九旅七一七团进入了明铺附近的伏击圈，埋伏了下来。

11 月初，左齐和副团长周俭廉（开国大校）等到飞狐峪看过地形，听了他们的汇报，刘转连团长定下将明铺作为伏击阵地。这样做其理由首先在于飞狐峪之险尽人皆知，敌军运输队在峪内行军必然拉成极长的队形而且警惕性很高，要伏击它顶多打一两辆车，很难一下将其全部吃住。而敌军一旦开出峪口，肯定要重新集结编队，警惕性也低一些，我们可以打他一个出其不意。但这不是最主要的理由，最主要的理由是打这一仗，刘转连团长的目的和李云龙打野狼峪一样——不打，部队就要饿肚子了。

飞狐口一战刘转连最主要的战术目标，第一是消灭鬼子，第二就是抢东西。

考察长城的老手大鹰在去过飞狐口后写了这样一段话，应该说比较清晰地刻画了刘转连团长当时的作战意图："从乍看似不合理的设伏地点可以看出，该位置的选择是经过了是打击溃战还是歼灭战的深思熟虑，最后定下打歼灭战决心。如果在山涧里，90度的山崖有利于部队分散袭击日军，而不会有较大伤亡，撤退也不会有任何问题。但是无法全歼日军，也不能得到部队需要的宝贵辎重物资。这种保险做法最终被摒弃：在物资极度匮乏的年代，八路军不得不选择这个危险的地点，以多流血为代价抢夺必需品。这也就意味着，此战免不了与日军近战和白刃格斗，说明八路军敢于和骄横一时的日军拼近战和白刃格斗，也体现出八路一贯的拼命劲。"

1938年，华北有日军的第一军、第十二军、驻蒙军三个军级番号，十一个师团一个骑兵集团，这些部队不是放在那里摆样子的，八路军到敌后就是贴到这些日本兵的身边去。这种行为日本人不可能表示鼓励，双方没法不打起来的。以为八路军到敌后可以横着走那肯定是一种误会，至少对于三五九旅而言，在1938年的一年里，部队一直在不停地作战。打仗就有消耗，而八路军的敌后部队并没有稳定的后勤补给线。新区刚刚开辟，陕甘宁此时还不能自给，帮不上前线的忙，再加上国共关系开始出现裂痕，指望第二战区像平型关那样支持十几万发子弹的事情未免太天方夜谭。子弹、粮食、医药，最好的获得方式莫过于从鬼子那里去夺，这大概是八路军当时特别喜欢打日军运输队的原因。

日本那时已经是工业国，生产出来的东西质量绝对比国产的好，有些如西药一类的物资有钱都没地方买去。三五九旅的确打过几次这样漂亮的伏击，极大地改善了部队的状况，但这种想法对连冲锋枪都不舍得装备的日军来说，是完全不可接受的，所以这样的战斗也往往遭到意外顽强的抵抗。

飞狐口一战前20天，三五九旅刚在雁北邵家庄伏击了日军的汽车队，战果辉煌，但损失也很大，七一九团一营教导员（开国少将）彭清云失去了一条臂膀。

彭清云，传说邵家庄一战他在断臂前击毙了日军旅团长常冈宽治少将。从此后常冈还曾有活跃多年的记录来看，这可能是一次误认。主要原因是常冈的行李的确在这支汽车队里，他的望远镜因此被缴获，贺龙用它一直用到新中国成立前。

然而，击毙日军少将的消息并非虚妄，这次战斗发生在25天前，日军独混第五旅团清水支队突袭五台晋察冀军区总部，军区参谋长唐延杰（开国中将）亲率学兵营夜袭日军宿营地耿家庄，当场将清水支队总指挥清水喜代美大佐击毙。

但这一仗绝不轻松，日军遭到打击后没有混乱，拼死顽抗，发现指挥官毙命后更是发狂般发动反扑，的确是当时东亚强军的战斗力。激战中唐延杰参谋长负伤，学兵营冲在最前面的干部损失了几十个，都是红军长征下来的老底子，聂荣臻闻讯后心疼到不得了。

而根据情报，日军这次出动的运输队规模空前，考虑到其护送部队必然颇有战斗力，八路军出动了三个团，七一七团埋伏在明铺西边的山上，友邻的两个团则埋伏在明铺东边的山上，准备以十比一以上的兵力吃掉对手。

兵力对比在十比一以上，地势在我，加上预设伏击，这几乎是手拿把攥的一个胜仗。

但意外却在 16 日中午发生了——左齐参谋长在日记中写道："部队埋伏半天以后，老乡的一头毛驴误入雷区，踏响了地雷。不久，日军一架侦察机飞来，在沟口外上空久久徘徊不去。"

不久，伏击部队接到上级命令，称敌人可能发现了我军的意图，伏击圈已经暴露，推测敌人或会取消运输行动，或会抽调主力伺机歼灭我伏击部队。这个仗不能打了。军区命令所有部队撤出伏击。傍晚的时候，部队开始依次撤出，返回驻地休整等待下次机会。

晋察冀的两个团因此失望离去。从这个角度说，晋察冀的部队没有参战，责任不应该算在杨成武司令员身上，纯粹是那头毛驴捣的乱。实际上，连七一七团此时也撤离了伏击阵位。

走了三个多小时，刘转连忽然派通讯员来找另外两名团级指挥员——左齐和政委晏福生（开国中将）。左齐接到命令的时候，刚刚把自己的一件毛衣脱下来，给一个小战士穿上。11 月的华北北部气温达到零下 20 度，因为白白埋伏了一天，加上粮食十分紧张，深夜行军中的战士们都在瑟瑟发抖。

刘转连让部队停下，和几个高级指挥员在一旁的山坡上开了个会。

我想，在开这个会的时候，刘转连团长一定颇有感慨。因为，从抗战开始，他身边的几个搭档，有的已经换了一次，有的已经换了两次，没有一个是七一七团成立时候的老战友了。

五

抗战开始仅仅短短一年时间，最初和刘转连在七一七团搭伙的老伙计们，已经都不在了。

七一七团第一任政委刘礼年，江西莲花人，原来是红十六师政治部主任。有人说《亮剑》里面李云龙爱喝酒不真实，刘礼年就是这么一位好酒的八路军团级干部，有时候喝多了给战士做动员能罗圈话一说两小时，战士一样跟他好，因为打起仗来刘政委从来没有后退过一步。

1938年3月31日，攻击从宁武县撤出的日军时，敌军发现了七一七团的指挥所，集中炮火对其轰击，一发炮弹正打在他身边，刘礼年当场阵亡。

团教育股长熊晃（后任新疆军区副政委）等几个军官当时也在指挥所，刘礼年似乎有些预感，要他们离开，说："我要指挥打仗，你们没有指挥任务，赶快离开这里！"

一分钟以后，指挥所中弹。

七一七团第一任参谋长陈松岳（开国大校），湖南茶陵人，原红七十一团团长，新中国成立时担任长沙军分区副司令员，对从湖南长征离去的他来说可谓扬眉吐气。

1938年3月11日，王震旅长率七一七团与七一八团一个营，在岢岚三井镇围攻日军千田大队，贺龙师长也亲临前线，此战击伤敌千田大队长。陈松岳在指挥战斗时负重伤（二级乙等伤残）。

七一七团第一任政治部主任刘理明，湖南省浏阳县人，同在三井镇战斗中负重伤，因伤势过重牺牲。

三井镇战斗缴获日军四一式山炮一门，这是一二〇师抗战开始后缴获的第一门平射炮。日军发现后拼命回夺，为保卫大炮不被敌人夺回，刘理明主任率几十名战士就地阻击，不幸中弹。

七一七团的第一任副团长陈宗尧（1945年阵亡），1938年1月调任新组建的七一八团团长——原来的七一八团留在了陕甘宁根据地作留守兵团，新的七一八团是由平山独立团改编的。他是七一七团第一批团职干部中惟一一个全须全尾离开的。他的走刘转连很舍不得，叫苦连天地硬逼着王胡子

这门大炮最终还是被八路军抢到了，现在陈列在军博的东广场上。

给他换来一个能打仗的参谋长——原七一八团参谋长左齐平调七一七团。

红军改编成八路军的十二个主力团之一，一年时间团级干部伤亡比例就是这么大，抗日战争的惨烈可见一斑。

值得注意的是，与此同时山西的国民党部队中，高级将领同样损失惨重。郝梦龄、刘家麒、梁鉴堂、郑廷珍、姜玉贞……旅以上阵亡将领已经可以列出一个长长的名单。

有的仗，明知必败，有的仗，纵然赢了也要用命来换，国破家亡之际，一百五十万中国军人就是这样走向生命的归宿。

所以，作为一个中国人，对于说共产党游而不击或者国民党不抗日的都不大有好感，那是把党派凌驾在国家之上，是对一代中国军人的侮辱，他们或许根本不理解牺牲两个字的含义。

飞狐口旁边的山坡上有一块透亮的巨石，人称箭孔石，传说是杨六郎镇守边关时留下的遗迹。这不过是传说而已，但不知道刘转连将军下令停军的时候，心中对此是否有感慨。

刘转连召开这个会议的原因，是他认为这一仗还应该打。

在八路军中，刘转连是个特别会动脑子的将军，所以有人给他起了个外号叫"刘转子"。有意思的是，刘转连对这个外号一点儿都不反感。一年以后日军为报飞狐口之仇处心积虑把七一七团包围在五台山上的台怀镇，几次突围不成，危急关头当地老乡给部队找出了一条地图上没有的小路，刘

意外的一张八路军照片，刘转连和三名战友打扑克。

转连当时振臂高呼："天不亡我刘转子！"

这一次，刘转连的意见是——如果敌人能够发现我们的埋伏，也应该能发现我们撤出伏击圈，那他们的运输队不就可以放心大胆地开过来了吗？既然如此，我们如果杀一个回马枪，半夜再跑回去设伏，定然杀他个措手不及。

这个计划看似十分冒险，但细细想来又颇合逻辑。

几个搭档都同意这么打，上报军区批准后全团转向，再回去埋伏。

说来似乎七一七团上下都好战成性，其实这个意见的背后蕴含着极大的无奈——近代军队是需要后勤的。且不论是否去争取完成任务，几个月转战没有后方补充，现在七一七团已经到了弹尽粮绝的地步。每人现在只剩十几发子弹，战士无冬衣，伤员没有药。明知这一仗不好打，但宁可战死也不能冻死饿死，全团上下对打日军的运输队都十分期待。

刘转连的回马枪计划，可谓深得众心。

唯一的问题是，兵力不够。晋察冀部队是新组建的团，没有电台，此时已经无法联系他们回到阵地，真要打，这一仗只能靠七一七团自己了。

而此时的七一七团，也是不满员的。

三五九旅从渡黄河的时候，就不是满员的。按照国民党方面给的编制，八路军的编成是三师六旅十二个团——杨成武的独立团是红军自己编的，弄得渡黄河的时候国民党的联络官直发愣。三五九旅下辖七一七团和七一八团，因为七一八团奉命留守陕甘宁，渡河作战的只有旅部直属部队和七一七团，合计两千一百多人。

但一年以后这个旅的番号变得很有意思，不但重新编成一个七一八团，还编了一个军政部都莫名其妙的七一九团（各地的地方武装觉得很顺理成章，这肯定是正牌子国军）——当然干部和战斗骨干都要从已经在一系列战斗中大量失血的七一七团中调出。这样一来，七一七团自己的编制始终没有怎么扩大。这次打敌军运输队，七一七团出动的是两个主力营，满打满算六个步兵连，不到七百名官兵。后来战报公布的是此战歼灭了日军田原大队，但假如日军真的有一个大队，估计刘转连不会疯狂到用这七百人去伏击它——一个日军大队兵员一千挂零，八路军计算战斗力的时候一般认为对日军一个中队——一百多人，我们用一个团去打一打比较公平。

这已经很不错了，战争后期国军打日军一个大队都是按照一个师来计算的。

一个农业国和一个工业国的战争就是这样。日本明治维新以后建立完善国家动员体制，军事教育体系、训练体系和后勤体系、近代化工业带来的高火力密度，不是单纯靠不怕死就可以抵消的。

八路军和日军交战时完全不能和后来解放军与国军交战相比，后者有一个思想觉悟问题，杜长官说过，打着打着我那一百万人都跑过去了。打鬼子不一样，特别是抗战前期，你很难把鬼子争取过来。

我们看了太多"日本八路"的故事，那得到日本鬼子打得有些没信心之后，而且八路掌握了收拾他们的套路之后。刚开打的时候完全不是这么回事儿，一方面在异国作战部队天生就有凝聚力，同仇敌忾敢拼命，另一方面鬼子也有自己的信仰。

史沫特莱在 China Fights Back 里面有这样一段描述："这一夜，前方又送来一名日军俘虏，他是个连长。他姓佐木，原是大阪商人，9 月 13 日离开大阪，经过朝鲜进入满洲，10 月 10 日到达北京附近的丰台。然后前往保定、石家庄,再沿正太路达到平定。我问他为什么要打中国? 他说,多年以来,中国人一直在杀日本人,他读的报纸就是这样告诉他的。而且,他说,中国局势混乱,日本人的生命没有保障,他却从没听说过日本人杀过中国人。他说,日本是为伸张正义而战,南京很快就会议和。他确信不疑,日本军队一定会胜,而在南京按照东京的条件议和后,中国就会有和平。我对他说,只要日本军队还在中国的土地上,就不会有和平。八路军,就是使他成为俘虏的八路军,其他军队和全中国将会战斗到将最后一个日本侵略者被赶出中国才会罢休。这时,他撇嘴一笑,仿佛我们都是一群无知的孩子。"

邪恶的信仰也是信仰。这样的战争,双方都有殊死奋战的决心,你可以恼火日本鬼子顽固而愚蠢,但你无法剥夺他的战斗力。

刘转连认为,日军的兵力有限,最多,也就一个小队的押车日军,两个营对它,也有十比一了,没问题。

等打起来才明白,这个数儿不大对。

六

这次日军运输队的行踪,的确有点儿怪异。

从涞源方面战场上日军的表现来看,他们在扫荡中已经在节约使用子弹,这说明伍信中佐的部队亟待后方物资支援,而蔚县地下工作者得到的情报表明,日军原计划 16 日出动一支汽车运输队前往涞源,但 16 日整整一天,也没等到这支车队。

前方亟待支援,后勤部队却按兵不动,反常即妖,八路军判断日军已经觉察到伏击的理由是颇为充分的。

然而,事情往往要双方来讲。如果看日军方面关于此战的记录,就会发现"刘转子"团长这回脑子转得有点儿太快,以至于鬼子没跟上。

和刘转连他们推测的相反,日军运输队完全没有觉察到八路军的伏击。此战之后,日军对七一七团隐秘突然的袭击既恼火又颇为佩服,这一仗甚至上了日军的军事教材。

在这部题名为《凶猛的急袭奇袭》的教材中,第一句话(划线处)便是"此前,蔚县地区八路军正规部队极为出色的计划和隐匿的行动将攻防之术发

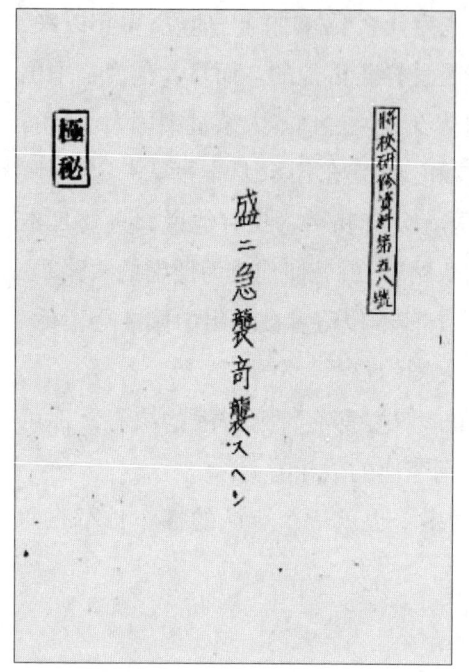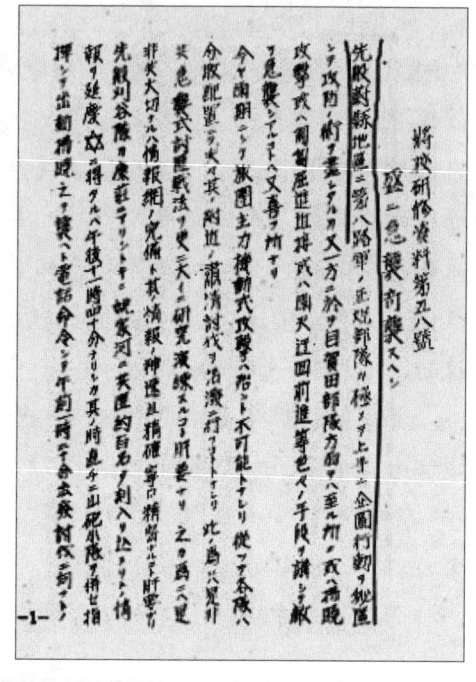

战后解密档案中，日军针对 1938 年 7 月至 11 月作战编制的《将校研修资料第 58 号》。

挥到了极致"。这指的便是飞狐口之战，日军将其与另一次对有贺田部队的袭击并列为八路军的作战经典。

那么，日军运输队为何会拖延了一日出发呢？

这个谜，是南京的抗战学者胡卓然先生帮助解开的。胡先生为我提供了日军 110 联队联队史中对于这一战的详细描述，其内容之详尽超出预期。

根据日军 110 联队联队史记载，这一次运输队之所以在蔚县多停留一天，是在等待一支警护部队和他们一同前往涞源。

这不是一种非常正常的做法，至于日军为什么这样做，需要先说明从蔚县到涞源这段公路上，此前双方发生过怎样的角逐。

对日本人来说，从蔚县到涞源长达 66 公里的公路地势艰险，绝非坦途。日军是在 1938 年 10 月占领涞源后出动工兵修筑这条公路的，至 14 日修通了南段 32 公里的道路。山中筑路，这个速度本来已经很快了，但日军师团总部仍严令加速。在 110 联队联队史中记载，这是因为涞源驻扎着一个联队本部和两个大队，不断发生的作战造成物资不足。同时，本地 12 月后的大雪将造成运输线的中断，所以，11 月这条公路必须开通而且开始正式运行。

飞狐峪过于险峻，日本工兵的技术水平在当时的亚洲可算第一流的，但为了开通这条道路，在冬季施工中也是苦不堪言。不过，到 11 月初，这条线路还是得以开通，开始正常运行了。

这条日军的战备公路南段基本与现在的十号省道重合，从涞源经留各庄乡到岔道镇处分出一条向东的支线，经过陈家庄和欢喜岭通往日军在涞源北部的重要支撑点东团堡（这个支撑点让八路军十分恼火但屡攻不克，要到百团大战的时候才被拔掉，消灭了日军驻守此处的一个教导队一百七十多个士官，日军大佐小柴俊男专门为此写了一首《长恨歌》，末尾一句是："恨一死不能歼灭八路军"）。它的主线从这里离开十号省道偏向东北，其北段以原有的飞狐谷道为基础，经过明铺进入飞狐峪峡谷，经北口村到达蔚县。大多数日军的补给，是从蔚县使用汽车运往涞源的。

日军对这条道路的警戒应该说也是颇有想法的，110 联队以第 8 中队（中队长石井一雄）负责该路的安全。该部一共四个小队，其中三宅积男中尉（战死后特晋一级）的第 2 小队在 9 月已经调出，和辎重 110 联队一部合组运输警乘护卫队，石井将其他三个小队分别驻防在陈家庄和欢喜岭，控制着公路以东日军认为八路军经常活动的山区地带。至于飞狐峪方向的警戒，则交给即将转用到蔚县方面的第 5 中队负责。

日军第一支运输队在 11 月 4 日从蔚县出发，顺利到达涞源。只是这次行动并不十分轻松。试运行期间，日军运输队发现岔道镇附近的道路过于陡峻，车辆难行。于是，11 月 6 日，日军工兵征发当地劳工开始对道路进行修整，并于作业中遭到八路军的进攻。由三宅积男中尉指挥的日军护卫队立即进行反击。战斗开始十几分钟后，日军驻扎在陈家庄的吉冈益夫小队（110 联队第 8 中队第 3 小队）即赶来增援，八路军见敌援军出现，且战且走，退出战斗。日军修路工作得以完成。在日军看来，这是一场成功击退了八路军袭击的战例，故此 110 联队联队长永幡寮一大佐特意向三宅中尉（当时还是少尉）颁发了表示表扬的"感状"。

不过，表扬的掌声未落，11 月 11 日，派来增强蔚涞公路警戒的日军第 5 中队还在路上，便在紧邻涞源城的留各庄乡烧车村遭到伏击，日军车队的头车率先被地雷炸毁，其他车辆也纷纷中弹起火——瞧这地名儿起的，快赶上落凤坡了。

为了抢救第 5 中队，日军驻扎在涞源的第 7 中队和吉冈小队同时赶来增援。

打烧车的是刘转连的七一七团 3 营，八路也知道一个营干日军一个中队（或许再加一个）不那么容易，所以狠狠打了一闷棍之后就撤了，转身一口咬住轻装来援的吉冈小队痛击。等其他日军赶到的时候，轻敌冒进的吉冈小队已经剩下不到一半了。

此后日军又曾多次组织运输，但几乎每一次都会遭到八路军的骚扰。"運送が本格化すると敵もほってはおかない。トラックが通れない様に道路を壊したり、またトラックに向けて発砲して来る様になった。（随着运输正式开启，敌人并没有坐视。破坏道路使卡车无法通行，或者对卡车开火攻击的事情屡屡发生。）"

这一次被蔚县地下党侦察到的输送行动，其规模是空前的，它的起点并不是蔚县，而是更远的宣化——日军屯驻在蔚县的物资也不够 110 联队扫荡之用了。日军 110 师团总部为涞源前线准备了包括弹药、替换冬装、药品和罐头的重要物资，装满了 42 辆日野九四式六轮大卡车（正常日军到涞源的一个运输队也就十几辆车）。

这次日军的运输任务，由 110 师团辎重队的田原传造少佐（石川县鸟越郡人，战死后特晋一级，功四位，勋四等）指挥。除了每车的正副司机以外，这支田原运输队的直接警护兵力是田原少佐手下的半个辎重中队的警乘兵。

在中国战场日军的伤亡比例是一比六。正常情况下，这已经足够应付中国军队中小规模的进攻了。但通过日军这段时间对八路军作战特点的分析，110 师团的参谋中原大尉认为八路军对日军运输队的袭击规模在呈上升势头，故此警乘兵力还要加强。

根据日本亚洲历史文化中心保存的"永八作战命令"（即 110 联队作战命令）档案，应师团部的要求，110 联队针对这次运输作出了如下兵力安排——第一，驻守蔚县的第 5 中队以青木少尉率领的一个小队日军护送田原运输队通过宣化－蔚县路段；第二，以三宅积男少尉指挥的三宅护卫队护送田原运输队通过蔚县－涞源路段；第三，沿途日军第 7、第 8 中队，第

2 机关枪中队各据点加强戒备，在运输队遭到袭击时随时出动支援。

导致田原运输队滞留蔚县的原因，便与这个安排有关——青木和三宅的两支护送队也有自己的任务，与田原运输队的时间表有冲突。他们本来便在宣化 - 蔚县、蔚县 - 涞源路段执行着和田原部下那半个中队警乘兵同样的任务，负责护送日军常规运输队的往返。15 日，三宅少尉的部队护送一支载有伤员的车队从涞源前线撤下来，因为路上遭到骚扰，半夜才到蔚县，第二天让这支疲惫的部队马上出发再返回涞源是不太现实的。但增强运输队的警备显然也很重要，经过田原少佐和三宅少尉的商议，日军运输队决定晚一天出发。

11 月 17 日（日军战史称为"运命的十七日"）清晨 6 点，冬天的太阳刚刚升起，蔚县日军运输队的官兵们已经开始集合。这个时候，他们根本没料到大部分人已经没有机会看到下一次日出了。

7 点钟，日军车队准时出发。

七

开往涞源的日军总兵力大约是这样的——

田原少佐率领的师团辎重队护卫人员半个中队合计官兵 72 名，中途加入的三宅护卫队（包括 110 联队第 8 中队第 2 小队官兵 47 名，110 辎重联队两个分队官兵 24 名）71 名，从蔚县返回涞源的伤愈搭车官兵 7 名，修理班两名，这是日军的基本战斗兵力。

此外有翻译、伪自警团人员若干。

此外还有几乎没有战斗力的司机 84 名。山地长途运输汽车每车需正副司机各一名，当时司机属于技术人员，从遇袭日军没有包括陆军汽车队即自动车队的番号来看，推测其为从日本各会社征用的人员。对这些司机，日军用"丸腰"形容，即赤手空拳，似无武器。从事后日方的报道来看，队伍中尚有新闻记者 5 名。

这样算起来，日军有战斗力的人员不过 150 名，而且其中半数以上是辎重兵，七一七团伏击的部队足有 700 名。如果按照前面提到那次大捷来看，700 人 10 个小时歼灭关东军 3500，这点儿敌军也就够刘转连二十分钟打的，我方伤亡还得忽略不计。

真实的抗战没法这样算。

很多人会想当然地认为，二战中日军的后勤部队、辎重兵或者工兵是软柿子。和日军的主力步骑兵部队相比，这一点并没有说错，但得要看和谁比。

日军的辎重兵也要经受正规而严格的步兵训练，他们在训练中打的子弹要远远超过中国军队正规军精锐部队的新兵，而平均身高低于中国兵10公分、体重却超过中国兵10公斤的身体素质情况，更准确地反映了两个国家的国力差距。

大阪第四师团在二战中被认为是日军中的鱼腩部队，但正是他们在黑龙江南岸完成了对抗联主力的最后一击。精良的装备、长期灌输的法西斯信仰和完整的军事体系，再加上横扫华北华东的傲气，使"日军无弱旅"这一点成为二战中国战场前期的金科玉律。即便是辎重部队，数量相差不多之时，1940年前的日军其战斗力仍可以傲视那个时代大多数中国军队。

用这样多的兵力护送四十几辆汽车，表现了日军对这次运输任务的重视。

对于近现代战争而言，战争一旦展开，打的就是后勤。这一点，明治维新之后的日本军队十分清楚，所以他们才会派出大量兵员护送运输车队——当然，这也是因为遇到了专门爱打闷棍的八路军，跟这个对手打，一不留神就会当运输大队长的角色。

仔细想一想会发现日军和八路军某种程度上颇有相似的地方。

首先是双方都非常重视思想政治工作。八路军讲的是抗日救国，人民子弟兵；日本兵讲的是帝国生存在此一战，拿不下中国明治维新之后的列强之路便会终止，失去大陆日本人都会饿死。所以双方在战场上都不乏战斗的意志。

其次，二者对于后勤有着同样的态度。日军的后勤在当时的中国军队看来丰富得几乎难以想象，但对比于太平洋战场上的欧美军队又寒酸得不得了。直到今天谈起太平洋战争，日军"不重视后勤"导致失利的例子依然比比皆是。

关键问题不在于重视与否，现代战争越来越多在打响之前便已经定出胜负。和八路军打鬼子时候的情况一样，日军和美军的后勤缺口反映的是双方的国力对比，这种差距绝不是某个领导人说句重视或者来个诸葛亮就能弥补的。

然而，至少在战术上，还是经常可以看到翻盘的场面。太平洋战场上日军仍打出了不少可圈可点的战斗，宋宜昌先生在写新几内亚作战时感叹："日本兵仿佛凭着树叶、空气和水就能生存，还能打出反冲锋。"

我的祖母讲起老家的八路军来，曾经提起一个笑话——"八路穷，小兵每人发两身军装，当官的只发一套，那个当连长的下河洗澡，衣服晾在芦苇上一阵风刮跑了，天不黑他都不敢上来。"

这一点上，八路军和日军解决问题的方法是一致的——简化自己的需求，来尽可能减少后勤瓶颈的影响。《战争与回忆》中，赫尔曼·沃克借中途岛海战的英雄华伦·亨利之口说，"战争，其实就是一个效率问题"。看似逆向思维，其实是符合军事科学的做法。

如果说两者最大的差别，那就是日军在作战的时候更依托军事科技的进步，如详尽的地图、周密的兵要地志来解决在异国作战的支持问题，而八路军依靠的则是同仇敌忾的百姓。这方面各有优势。

从单纯军事角度，即便是八路军，对日军也并无优势。在热兵器时代，人多并不代表着战场上的优势，同等精神风貌之下，日军的装备优势和军事素质优势使其一个士兵的有效火力密度可以抵得上几个中国兵。然而，如果在中日两军的头顶天空中装一个摄像头，可以很清楚地看到中国有赢的机会。

辽阔的中国大地，便是对我们有利的战场。日军的兵力不足，无法控制这么大的占领区，是它战略上的伤口。如果我们用几条生命为代价去消灭一个敌人，便可以将这处伤口越撕越大，迫使日军的战车停顿下来，最终在国际援助下实现反攻，获得战争的胜利。

不是每场战争都可以按照理论家的路线前进，明末那一战，哪怕用十个明军换一个清军都有本钱的，硬生生被灭了国。

幸好，三百年后的这场战争中，我们有了这样一批中国军人，悲壮地用生命去弥补国家的失误。

天亮了，七一七团在飞狐口的伏击阵地上，敌军还没有到。而气氛已经有了一分悲壮——因为营养不足又缺少棉衣，在前一天的夜间，一名身

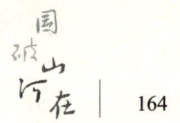

体弱的战士冻死在阵地上。

那是一个走过长征的红军战士，南方人，比较怕冷。但他肯定太想打这一仗了，又要给新战士做出榜样，所以一直咬牙坚持着，等发现他的情况不对，已经无法抢救了。

天已经亮了，一夜，敌人都没有出现。

敌人注定会来，刘转连相信这只是日军的指挥官十分小心谨慎，避免了在更有利于中国军队的夜间进入飞狐峪谷地——但涞源日军的后勤之紧张，注定他不敢贻误军机。

刘转连推测得十分准确。此时田原少佐的确有一个避开这次袭击的机会，但他还是选择了直入七一七团的包围圈。

这一天天气晴朗，日军车队快速行驶，凌晨7点，到达了飞狐峪谷口的北端——北口村。在这里，田原少佐遇到了一个"部落民"——根据当地人讲，这个人并不是普通村民，他是当地伪组织自警团的成员，有为日军提供情报、进行侦缉的任务，他后来跟着鬼子进了飞狐峪，和日军被打死在同一辆车上。

110联队联队史中记载，这个"部落民"的确和日军一起进了飞狐峪。他在北口村向日军报告，说前一天他的马在飞狐峪的出口处——明铺村的北端踏上了地雷被炸死，他因为跟在马的后面比较远幸免于死。

得知这个消息，在这一带和八路军打过多次交道的三宅中尉比较紧张，但田原少佐经过仔细考虑，决定继续前进。

已经在蔚县耽误了一天，前线等不起了。更重要的是，日军上下都认为，飞狐峪里面不具备大部队埋伏的条件，如果出了飞狐峪呢？

出了飞狐峪，即便有上千中国军队在那里等着，田原少佐也不觉得自己打不赢。

所以，飞狐口之战，其实并不是一次奇袭，而是一次双方都有备而来的约期之战。

八

首先要做一个更正。在日军110联队联队史中，记载有此战中其联队炮兵人员损失情况，而且战斗双方的记录中都有日军炮兵的作战情况。田原的师团辎重第 3 中队和三宅的部队本身都没有炮兵编制，这说明 110 联队的联队炮中队至少有一个分队（班）也在飞狐口落入了八路军的包围圈。

幸好日军战史中提了这么一笔，否则飞狐口之战日军哪儿来的大炮还真会成为无头公案。

我认识的一位军史学者曾在研究抗战的会议上放言："日本鬼子太了不起了！"研究抗战的座谈会上怎么会冒出这么一位"汉奸"来？这位当然不是汉奸，他说的是日军的战史做得出色。

其实，日军的军史中有很多地方偷工减料，瞒天过海，这一点打过仗的日本兵都有体会。

尽管如此，日军战史在描述作战细节时十分详细，甚至可以从他们的描述中看出不同部队的作战风格。

在日军村上大队大队史中，有这样一段对于战场的描述。当时，八路军刚刚在一个叫做国练的小村围歼了上田大队第 2 中队（森中队），日军大部队便赶来增援。形势紧迫，八路军连烈士的遗体都未及收容便不得不边打边撤，退出战场。写作这段战史的日军中尉大宇安智一下汽车便看到了这样的场景："远远看到的是右侧的河滩地，上面有点点的黑点。细看，

曾在战争中担任机枪手的漫画家斋藤邦雄作品。他所见到的日军如何在战报中虚夸战果，隐瞒败仗以粉饰所谓武功。

才发现是战死的八路军骑兵和战马。他们的遗体数量很多，人马倒下的方向都指向左侧的国练村。向左前进，看到的是一条公路，地面上是相互枕藉的双方阵亡者。顺着倒伏的遗体前进，便是冒着黑烟的村庄。越靠近村庄，日本兵尸体的数量越多。前进的终点是一座已经烧掉半边的二层楼，森中队最后的战斗之地。八路军用火攻烧掉了这座建筑，当我们登上残存的二楼平台时，看到地面上镶嵌着烧熔的军刀刀鞘残骸，那是在此切腹自杀的日军将校留下的……"

尽管讲述简单平实，一场惨烈战斗的经过已经呼之欲出。这一点与我军军史中动辄"子弹打光了用手榴弹，手榴弹用完了拼刺刀，刺刀拼断了就搬起石头打击敌人，最后……"的描述形成了对比。这样的描绘，你用在打鬼子上可以，打老蒋也可以，八路军身上可以，用在新四军身上也行，国军……也没问题，但你说它是宣传材料没问题，说它是战史，未免有些过分。

国练村一仗也是一二〇师打的，三五八旅旅长张宗逊（开国大将）指挥的经典之战。

一二〇师，脱胎于红二方面军，有着独特的战斗作风。一二〇师师长贺龙被日军称为"花和尚鲁智深贺龙"，有人说什么样的指挥官带什么样的部队，这一条在一二〇师的战斗中有着充分体验，这支部队作战的特点是很少打咬一口就走的便宜仗，专打硬仗，一上手便是死磕，打起来斩关夺隘，你死我活。国练村这一仗，这种以命换命的战斗作风清晰可见。

在飞狐口的战斗中，日军的记录也不乏这种"夸大匪势"之处，硬说遭到了两千八路军的伏击。

要真有两千人，我刘转子打他一个运输队还用这么费劲吗？

三五九旅的风格也是典型的一二〇师风格，因此，在飞狐口伏击战中，刘转连团长也是以全歼日军为目的进行部署的。

说飞狐口之战是一个袖珍的平型关之战，是有道理的。两战的指挥员都因为兵力不足而选择了单面的埋伏。刘转连把七一七团的主力五个步兵连放在了左侧倾斜角45度的山坡顶部，另外在明铺村里放了一个连，右侧则未放一兵一卒。这和林彪在平型关的战术几乎一模一样，一一五师当时也把所有的兵力部署在了关沟的北侧山上。

图中从左至右为七一七团参谋长左齐，团长刘转连，七一九团团长贺庆积，拍摄于 1938 年中。

刘转林做这样的选择，有着清晰的思路和作战计划。

当地的地形是这样的：日军修筑的战备公路从飞狐峪南口穿出，到明铺村有四五百米的距离，这里形成了一个小小的盆地，从明铺村的方向面向北看过去，公路右侧（东）的盆地部分面积较小，正对着东侧一字形的山麓，而公路左侧（西）的盆地部分面积较大——日军公路是依穿越飞狐峪的旧飞狐水河道而建，这里是一片多年冲积的河滩地，既无险可守，满是鹅卵石的河滩又没法挖工事，这里是所谓的兵家死地。它的东侧边缘则是一片将近 90 度的峭壁。八路军在盆地中央的公路上埋设了地雷，这块盆地便是给田原部队准备的葬身之地。

七一七团的兵力部署中，主要的作战部队包括一面坚盾、一口快刀和一张大网。出了飞狐峪，到涞源一线地势相对平坦，预料日军中伏之后，其主力必然拼死向涞源方向突围。因此，刘转连在明铺村摆了全团最精锐的一连，这面盾牌要死死顶住敌军的猛攻，硬将其关在盆地之中。与此同时，作为快刀的二连，则会从左侧山顶直接切向日军退回蔚县的飞狐峪谷口，斩断日军回撤的道路。这一刀一盾将日军关在盆地中后，整个第二营三个连将如天网一般从山顶直扑下来发动总攻，一边利用居高临下的地形用火力杀伤敌军，一边和敌军进入白刃战，用刺刀最后解决战斗。我军在火力上不占优势，最能发挥人数优势的便是白刃战。

一营的最后一个连放在左侧山脊上继续执行火力掩护任务，并充当整个战斗的预备队。

刘转连和左齐经过讨论，预料日军最终会被赶到公路东侧，如果他们试图往山上爬，会变成活靶子，如果他们就地顽抗，依旧是活靶子。

关键要看明铺能不能顶得住，二营能不能杀穿敌军的阵型。

经过商量，在场三个团级干部中，团长刘转连亲自指挥一连在明铺村阻敌，参谋长左齐坐镇战场西侧峰顶，指挥对敌军的攻击，团政委晏福生因为在红军时期失去一臂，不适合直接参加战斗，负责指挥预备队。

至于七一七团没有到达战场的三营和团部直属连，则奉命阻敌增援。南线涞源故军可能来援，明铺以南地势不利于阻击，由三营一个主力营承担（据说由副团长周俭廉指挥）。北线蔚县、广灵敌军虽多，但飞狐峪地形崎岖，谅其不敢深入，故只留团部直属连警戒。

9点钟，日军的汽车队姗姗来迟，终于从飞狐峪的谷口探出头来。然而，眼看就要进入伏击圈的日军，却在谷口停了下来。一辆辆满载的大卡车拉近距离停在了路面上，日军纷纷下车，动作十分警惕，似乎，是闻到了什么危险的味道。

九

在关于此战的一篇文章中，这样描述双方战斗开始时的情况："11月17日拂晓，远处传来汽车马达的声音，有35辆满载日本兵和军火物资的汽车，顺沟底公路行驶过来。汽车进入我军伏击圈后，地雷爆炸、汽车起火，敌人死伤一片，大乱了！寂静的山谷顿时变成沸腾的战场！"

除了时间以外，其他的内容对我们还原此战并没有太多的帮助（时间也有问题，上午9点怎么也不能被称作拂晓吧）。在我方的各篇回忆文章中，描述消灭日军的汽车数字也不相同，有24、35、38等几个不同记录，和日军记录也不相同。这给我们了解战斗的真实经过造成了相当大的困扰——不过，后来发现有些数字背后颇有玄机，隐藏着我们看不到的历史真相。

团参谋长左齐在他的日记中，对此的描述要详尽得多。左凌大姐转述当时的情景是这样的："鬼子出谷口就不动窝了，估计是也怕咱们埋伏他。这时候山上山下的八路军都没有动。预先安排好了，等山下鬼子的汽车压上地雷，刘转连团长他们在明铺村先打响，所有部队以他的行动为准跟着打。现在鬼子离着地雷还有几十米不动了，刘团长也没动，他可能是想着敌人还没都进伏击圈，等鬼子麻痹大意了，继续往前走，都进了伏击圈，我们再收拾他。他不动，我父亲他们当然也不动了。哎，等着等着，看鬼子派出了一个班的步兵，挑着一面膏药旗，一边搜索一边往明铺村前进，过来了。他们本来也没发现什么。到了村口有道矮墙，在那个墙根底下，有个鬼子官儿忽然看到不知道哪个战士丢在那儿的一顶帽子，马上哇哇怪叫起来，而且掉头往回跑，正好踩中了地雷。这时候，刘转连团长指挥的一连开火了……"

这个描述是经得起考验的，日军的110联队联队史中，有着类似的记载，还记着这个"哇哇怪叫"的鬼子名叫武田正一，是个伍长。

由于战败的原因，不是每个日军部队都留下了战史，比如田原所在的110师团辎重队便没有找到什么可靠的作战记录，只能从其他部队的记录，包括给田原传造少佐叙勋抚恤的文档中找到一些蛛丝马迹。但110步兵联队的联队史十分详尽，特别是其中有一篇出自原第8中队长江小队的日军士官丸山登美治的回忆文章，比较详细地回顾了三宅护送队一行覆灭的经过。

这篇名为《啊，三宅队的最后——第8中队在明铺村的战斗》的战史，收集了此战幸存日军的各种证言，可以算是日军方面对此战的一手材料。

在丸山的战史文章中，是这样描述双方战斗开始情景的：

从这里（北口村）开始，是铺满砾石的山路，蜿蜒于谷底之中。

道路忽而呈"く"字形，忽而又呈"へ"字形，曲曲弯弯。两侧则是高达百米、如屏风般屹立的山峰。在绝壁间前进了十公里，便到达了明铺村前，这里左侧一方略为宽敞。正在车辆渐渐开出谷口、进入开阔地带时，那个向导（北口村自警团那个牲口被炸的伪工作员）忽然指着前面大喊起来——"就是那里，就是那里。"三宅少尉下令车队停下，然后（用望远镜）朝前方路面上眺望。只见路面上残留着一个大坑，周围还散落着牲畜的尸体碎块。由此来看，可能有敌军隐蔽在附近。思索片刻后，三宅少尉将武田正一伍长唤来，令他率领一个分队对前方的明铺村进行侦察，同时提醒他这一带可能敷设有地雷，必须充分加以小心。

显然，三宅等日军指挥官也摸不准八路军这一次是来骚扰还是来打埋伏的，当然还有一种可能是布设了地雷，人员早已撤离。日军大约认为骚扰的可能性更大一些，否则无疑会和附近的驻军联系一下，求得增援。

武田伍长指挥的这个分队，包括一等兵石黑二，上等兵西原久雄、安田良雄、大枝静雄，他们一边观察一边逼近村口，小心翼翼地窥伺村子（明铺）里的动静。周围一片寂静，村子里看不到有居民生活的迹象，他们又开始行动，似乎朝前走了五六步。这时，（后方的日军）忽然听到了轰然一声巨响，武田伍长等人的身体顿时被炸得飞上了半空。他们踩中了（八路军）预先埋好的地雷，壮烈战死。唯一受伤未死的是安田上等兵，他的右腿被炸断，负了重伤。这一声爆炸仿佛是信号，村子里埋伏的敌军立即同时猛烈射击起来。不仅是村子，周围山顶棱线上的敌军也一起现身，发起攻击。此时，正是9点刚过。

埋伏在明铺村的一个连率先杀出，迎着日军猛扑过来——刘转连团长注意到日军主力距离明铺村还有几百米距离，他下令贴上去，彻底封死敌军的机动空间。

几乎是与此同时，日军竟然也迎着刘转连的一连迎头杀来。其首车上架着一挺机枪，一面疯狂地扫射着，一面朝八路军的战线冲了过来，已经下车的日军跟在车后也边射击边跟随车辆发起了冲锋。

在日军的抚恤档案中，我们发现，这一路日军中军衔最高的田原少佐，并不是辎重兵出身，而是一名骑兵出身的军官，也许这种出身使他在遭到袭击的瞬间没有选择防守，而是发起了进攻！

他选择进攻的方向便是明铺，试图从这里撕开八路军的重围，带领车队突向目的地涞源。

田原对日军"无坚不摧"的攻击力十分自信，但现实狠狠给了他一个教训——左齐参谋长布置的地雷并不是仅仅一颗，日军的首车尽管开下公路仍然压上了一颗，剧烈的爆炸将整个驾驶楼变成了一个大火炬。跟随冲锋的日军车辆也有的随之中雷。意识到前方是雷区，日军被迫就地卧倒，开始和刘转连的一连对射。

左齐在日记中这样描述这一幕："这时候，一个戴眼镜的日本军官，挥着战刀把鬼子赶上卡车，车辆开足马力，向前猛冲，企图冲出我军的封锁线。但前导车刚进村口就压上了地雷，只听轰轰几声巨响，领头的几辆被炸翻在公路上，后面冲上来的三十多辆车子，被炸翻的车辆堵塞起来，进不得也退不得，鬼子纷纷跳下车来。"

这个戴眼镜的日本军官，便是田原传造少佐。

一连也没能取得完全的优势。一连是七一七团的基准连，为了阻止日军强攻明铺，刘转连团长在一连集中了6挺轻机枪，堪称火力强劲。但老八路会告诉你，1942年前的老鬼子个个都是神枪手，而我军使用的捷克式轻机枪射击时姿态稍高。双方隔着地雷阵的对射结果是八路军的机枪手上去一个被打掉一个，这面盾牌打得牺牲很大。

但在一连的顽强抵抗之下，田原少佐很快就攻不动了，他的后队遭到八路军猛烈的攻击。七一七团遇伏的那口刀动了——一营营长何家产亲自带第二连从山坡上猛扑下来，和盐见少尉指挥的日军后卫部队撞在了一起。何家产是出身红六军团的一员猛将，他知道自己的任务不仅是打下山口，而且要守住这里，所以他指挥部队不顾日军车队方向射来的子弹，从山坡上飞奔而下，一直冲到距敌三十多米的时候，才投出了第一排手榴弹，而后双方的前锋便撞击在了一起。这里是此战中最早发生白刃战的地方。

战斗刚一打响，一刀一盾便打得血火飞迸，但指挥主力的左齐参谋长并没有立即指挥二营冲下去。

他觉察到日军的兵力似乎与最初的推测有些不符——从山坡上看下去，日军的兵力，怕不有二三百名？这就意味着八路军并没有预期的十倍兵力优势，原有的作战计划必须做出调整。

撤吗？怎么可能？既然已经狭路相逢，那就唯有亮剑！

不过，亮剑并不意味着死打硬拼。左齐敏锐地注意到，由于道路狭窄，日军在前后能够投入的兵力有限，大量日军还没有完全清醒过来，还在公路上茫然地等待命令，而八路军所在的山坡上看下去，日军正在射击范围之内，全无遮拦，八路军的手榴弹可以直丢进日军中去，但日军的手榴弹却根本扔不上来。

于是，左齐下令山坡上的二营和一营的一个连立即展开全部火力，不惜把子弹打光，最大限度地杀伤日军的有生力量，然后再向日军发起冲锋。

《啊，三宅队的最后》一文中如是描述："捷克式机枪、迫击炮、手榴弹，在友军的前后左右炸裂……"

但日军的反击也同样迅速而犀利。

长城小站的大鹰在《八路军飞狐峪——明铺战斗历史随笔》中根据战斗简报写道："日军指挥官临危不慌，在受到袭击之后很快回过神来，并准确判断了八路军团指挥所的位置，组织的反冲击见效，竟然在200-300米距离使用步枪、机枪利用仰射打掉重要团指挥员，使八路军团指挥所陷入一定程度混乱。"

大鹰说得非常准确，这个"重要团指挥员"，便是在飞狐峪口200高地指挥作战的左齐参谋长。

十

左齐从昏迷中醒来的时候，第一个感觉是口中颇为润泽，他感觉到那是蛋花汤的味道。睁开眼睛的时候，看到的是一个老乡正用勺舀着罐子里的汤，一点一点给他润着嘴唇。

"老百姓不知道怎么能让我活下来，动委会的张敬先让他们拿水给我润着喉咙，老乡就把鸡蛋打在汤里，那是他们当时最好的东西了……"左齐对女儿讲。

这时候，已经是第二天的早晨，蔚县抗日政府出动的民工用担架抬着左齐等伤员先向北走，没走多远遭遇了前来增援的日军，他们再掉头向南，依靠对地形的熟悉，把所有的伤员都抬了出来。左齐昏迷了整整一天一夜。

左齐是在战斗开始后不久负伤的。

应该说，这之前他的指挥十分有效，整个战场可以说是个新月形河滩地，长 800 至 1000 米，最宽处 200 至 300 米，四周都不是直线，南北端有拐弯，可以顶着打。山西灵丘、广陵的邵家庄、张家湾伏击战战场地形也大同小异，多数是两边山坡，中间干河滩，两端带拐弯，附近有小村，既能封起来打，又便于藏兵和撤退。这样一个战场，几乎所有日军都在中国军队的射击范围内。日军在遭到八路军猛烈火力打击的过程中死伤惨重，尤其是那些缺乏武装的日本司机开始四处乱跑，使日军的战线出现动摇。有八路军看到，那个戴眼镜的日本军官从明铺村方向往回跑，接连砍倒了两个乱跑的人员，日军才开始有组织的反击。

这可能有一点点误解，我们经常看到电影里面日本军官动辄把士兵砍翻来稳定军心，这主要是出于对军国主义之野蛮的刻画。实战中，在中国战场日军人员本来便不足，通常不会采取如此极端的手法，日军军官常用一个类似的动作来解决问题——用战刀的刀背砍缺乏勇气的部下，以疼痛刺激其斗志。推测八路军看到的便是这种情景。

日军一开始有组织的反击，中国军队的损失便直线上升。在三宅少尉的指挥下，日军的炮兵

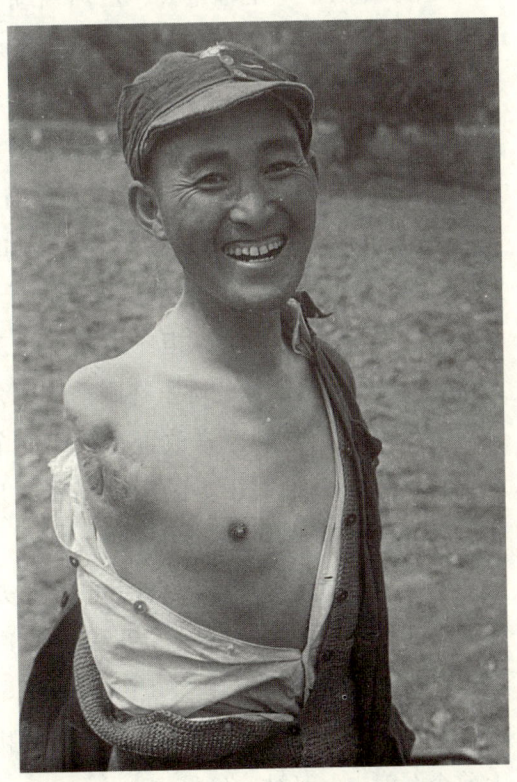

独臂将军左齐，萨此前从未见过笑得如此灿烂的伤残军人。

也开始对山坡上发炮射击。

如果说这一战日军中有所谓"战斗英雄"的话，那可能就得算这个三宅积男了。

三宅是日本陆军士官学校毕业生，曾在西庄、八里庄、平地等地多次率所部与中国军队交手，被认为是110联队最有前途的青年军官之一。在我们掌握的日军史料中，有一份"永八作战第109号命令"，发布于1938年9月18日，便是关于这个三宅的。内容是"三宅少尉即日起作为指挥官，率所属小队及辎重110联队第三中队的半个小队，20日自保定乘火车前往宣化，接受常冈部队长的指挥，负责蔚县 – 涞源间运输工作的警护任务。"这也是他出现在飞狐口战场的原因。三宅作战凶狠，只是对部下管束松懈，暴行不断，因此在他出发前往宣化的时候，110师团的参谋中原大尉专门在车站上找他谈话，特意要求他"至少在其他部队面前"要充分注意军纪。

田原部队毕竟是辎重兵，虽然训练有素，但战斗经验不足，因此打响的时候有短时间的慌乱。但三宅的部下都是已经参加战斗一年多的正规步兵，而且多次在这条公路上和中国军队交手，战斗力强，经验丰富，所以给八路军造成的威胁也最大。

《啊，三宅队的最后》一文中如是描述开战后三宅所部的反应："勇悍的三宅队也被迫到了谷底，处于最不利的作战位置。（三宅小队）还活着的42名日本兵立即开始迎战。面对两千名冲上来的敌军，他们并未胆怯，仍以必胜之念发动反击，担任指挥官的三宅少尉也从腰间拔出手枪投入了战斗。""看到最信任的部下在眼前战死，三宅队长怒火中烧，立即下令'迫击炮下车'。迫击炮原来放置在第四辆车上，这时被迅速抬下来，炮手平松武夫一等兵开始对山上的中国军阵地开炮。可惜的是，只打了三发，炮击便停止了。"

日军停止炮击，是因为炮手平松武夫被一枪击毙——左齐参谋长发现了日军的这个重要火力点，立即命令身边几名早已做好准备的神枪手，专门追着日军的炮手打！

这个神枪手战术一举打掉了日军威胁最大的火力点，平松的预备炮手上前企图射击，又被一枪打倒。

然而，仅仅这三发炮弹，已经给八路军造成了相当大的损失。三宅战斗经验丰富，一眼便看出八路军在明铺方向的阻击阵地坚不可摧，唯一的逃生之路便是退回飞狐峪向蔚县靠拢，所以，日军的炮弹全部砸在了正扑向盐见小队的第二连。令人惊奇的是，日军的迫击炮居然打出了直瞄火炮的水准，第三发炮弹正中一营的指挥所，营长何家产双腿都被炸断！

此时，第二连与日军后卫部队的恶战正在最关键的时刻，日军死死扼住谷口，依托手榴弹和严格的近战战术硬是把二连顶住了。这个关键时刻，八路军的后方的火力支援却没有跟上，一直为二连提供火力掩护的重机枪忽然停止了射击。

眼看功亏一篑，曾六次负伤的何家产"凶性大发"，指着附近老百姓扔的一个箩筐，让部下把他装进去抬着继续指挥战斗。看到营长如此死战，已经伤亡过半的二连士气大振，又硬生生一步步将日军压向谷口。

这时，如果从更高的地方俯瞰战场，会得出一个清晰的结论——必须尽快给何家产派出一支援军。此时，南线的明铺双方打成了顶牛，一时谁也推不动谁，中段八路军和日军的对射在以命换命，双方的人数以肉眼可辨的速度缩减下去，但战斗最激烈的是北端谷口。由于日军数量比预期的多，这里中日两军的对比只有大约二比一，从进攻战来说这可不是一个乐观的数字，何况二连在冲下山的过程中已经伤亡惨重。不派援军，就算二连能够攻下谷口，又怎么受得住？

没有及时派出援军的原因并不是指挥部的失误，而是这时候八路军的指挥正经历大鹰所说的"陷入一定程度混乱"——参谋长左齐中弹负伤。

左齐负伤的原因，正是那挺停止射击的重机枪。

由于是山地作战，而且没有现代运输工具，七一七团设伏时不得不尽量减少重武器的携带——作为火力支

何家产，甲等残废军人，却在双腿接骨成功后担任骑兵第七师师长，中印自卫反击战我军西部前指的司令员兼政委，1977年不幸在福州军区参谋长任上以身殉职。

从日军遇伏位置看左齐所在的200高地团指挥所，从实地看比手绘地图上所标靠北一些，更接近二连攻击的四十里峪出口。

撑点的重机枪，便只带了这么一挺，却偏偏在战斗中出了问题，机枪手满头大汗却无法排除故障。

重机枪出故障时，左齐正在指挥全军准备发起冲锋，这个时候没了重机枪的掩护，显然会造成官兵的更大伤亡。发现重机枪忽然不响，性急的左齐连忙跳进机枪掩体，亲自操作，很快排除了故障——左齐在红军时代便是使用机枪的高手，曾在长征途中组织步机枪联合射击，击落了国民党空军的一架637号侦察轰炸机（飞行员沈瀛、韦淳杰）。

可就在他排除机枪故障后刚刚一直腰的瞬间，日军连续两发子弹几乎同时击中了他的右臂，左齐当即摔倒在阵地上。

原来，我军在用神枪手射击日军的炮手和指挥官，日军也在寻找我军的指挥人员。同为东方军队，双方的战术几乎是一致的——就在一分钟前，日军护卫队长三宅刚刚用望远镜锁定了左齐的目标，指挥他的部下一等兵大森和另一名日军同时对左齐开了枪。

几乎就在左齐中弹的一瞬间，大森也被八路军的神枪手一枪命中。

十一

两发两中，左齐中弹的位置，离三宅所在的地点二百到三百米。在这个距离上仰射山顶目标，日本兵精确的射术体现得淋漓尽致。

但与此同时，日军的狙击兵大森也被我方命中，展示了中国军队神枪手的风采——七一七团是红六军团的骨血，1938年时一半以上的长征老兵，堪称劲旅。

中日双方神枪手的较量，在历次战斗中屡屡发生。最著名的大约便是铁道游击队第一任大队长洪振海（小说《铁道游击队》中老洪的原型）的死。当时铁道游击队在从黄埠转移途中，由于目睹日军扫荡中残酷的烧杀抢掠，使洪振海义愤填膺，违反转移计划，率部在微山县东老运河南堤与日军讨伐队硬拼起来。电影《铁道游击队》曾经描述过这个情节，是政委李正在最后时刻强行将部队拖离战场才避免了全军覆没的危险。实战中铁道游击队的撤退却不是因为政委的工作做得好，而是因为深孚众望大队长洪振海战死沙场。激战中日军的机枪火力十分凶猛，压得大多数使用短枪的铁道游击队队员难以招架，情况十分被动。见此情况，洪振海提了一杆步枪，试图打掉日军的机枪。他是鲁西闻名的神枪手，果然一枪将敌机枪手击毙，但几乎同时他也被日军打来的子弹命中，当即阵亡。

和欧洲战场不同，中日之间十四年的战争中，并没有发展出明确的狙击兵兵种。但由于亚洲陆战战场的火力水平有限，尚不及一战欧洲西线的水准，中日双方都非常重视以精准打击代替面火力覆盖的狙击战术。日军实行精兵政策，新兵平均要打三千发以上，关东军对新兵的射击考试是两百米以外打"铜泡"，即军装纽扣。这种对中国军队来说近似变态的训练水平，再加上八百米距离上保持极高精度的三八式步枪，使日军士兵几乎个个都具备狙击手的素质。老乡形容："小鬼子只要蹲下瞄准，那人就没跑。"和日军的神枪手用子弹喂出来不同，训练水平无法和日军相比，中国军队的神枪手几乎都是通过自然淘汰锻打出来的——连续不断的战争使一些具有射击天赋的中国军人在血战中脱颖而出，而庞大的兵员基数则使每个部队在优胜劣汰之后都能有一些这样的精兵悍卒。于是，围绕着他们组织的神枪手战术便应运而生。被日军称为"神行太保"的罗炳辉将军当年便是军阀部队中的一个神枪手，每逢作战，长官便安排一个班的士兵为他装子弹递枪，他这个射击点的威力便不亚于一挺重机枪了。

飞狐口之战八路军的神枪手先击毙日军炮手，后击伤对方的狙击兵，唯一的遗憾是几次打那个戴眼镜的日军指挥官，这个家伙却如有神助，每次都间不容发地避开了致命的打击。而八路军神枪手的战绩此后还在扩展，不仅止步于此。

两颗子弹打断了左齐的右臂，也打断了肱动脉，鲜血喷射而出。卫生队长李华清试图用急救包为其止血却全无用处。他的负伤的确给部队指挥带来了短暂的混乱，而这时反应极快的日军已经迅速从最初的慌乱中清醒过来，凶悍的"吉备武士（日军对冈山籍士兵的美称）"在田原少佐的指挥下，不顾兵力上的差距，端着上了刺刀的步枪向山上发起了反冲锋！有八路军战士看到，那些日本司机纷纷拾起战死日军士兵尸体上的武器，朝我军阵地射击——他们本来便是日军中的"在乡军人"，预备役人员，拿起枪就是合格的士兵。

危急关头已经变成了血人的左齐仍然下达了攻击的命令，并喝令机枪手不要管自己，朝鬼子狠狠地打，然后便昏迷过去。只有一条臂膀的老政委晏福生接替了指挥，二营呐喊着从山上猛冲而下，和从山下迎头而上的日军面对面地互相射击，然后像两波巨浪般撞在了一起。

与电影电视中我军在肉搏中势如破竹，大砍大杀不同，灰色和黄色两道海浪撞击的一瞬间，穿灰军装的八路军顿时倒下一片。

林彪说过，不敢刺刀见红的部队不是好部队。不知道抗战开始以来，有多少次战斗便是在这样惨烈的肉搏拼杀中输掉的，明明人数比日军多，但眼看着一个个战友被当场刺杀，面对像疯魔一样嗥叫的日本士兵，很多缺乏训练的中国兵会被因此而崩溃。如果被反攻的日军占领山顶棱线，后果不堪设想。

但这一次田原和三宅面对的是中国当时战斗意志最为坚强的一支军队，所以，迸飞的鲜血和双方垂死战士的惨叫激发了日军士兵的凶性，也让八路军打出了真火。

二营教导员何宣太（江西吉安人，开国大校）冲上去了，而且是第一批倒下去的，他在和敌军的对射中腿部中弹，子弹穿腿骨而过，倒地仍大呼"冲上去"，重伤！

二营长冯祖武（湖南茶陵人，开国上校）冲上去了，带头杀入日军阵中，左冲右突，肉搏中被刺中，为警卫员拼死救回，重伤！

团政治部副主任王克勤冲上去了，二营两位主官重伤之际，他率一营三连加入战团，狠狠将日军压下坡去。混战中和一名拉响手榴弹的日军伤兵同归于尽，牺牲！

团政委晏福生独臂挥刀，冲上去了……

在中国军人钢铁一般的意志面前，日军的反击终于被遏制，他们要么被杀死在山坡上，要么立足不住逃向公路上的汽车。二营和一营三连的战士像雪崩一样追在他们身后砍杀。

然而，这还不是战场上打得最激烈的地方。

飞狐口之战打得最激烈的地方，便是谷口二连的方向。外貌温厚的何家产打起仗来却完全像换了一个人，死伤过半的二连硬生生把日军的后卫部队从谷口赶了出去。但未等八路军战士喘一口气，日军的反扑便来了。或许知道这是逃生的唯一出路，护送队长三宅带着战斗力最强的两个班日军赶来增援，和盐见少尉的残兵合为一处，发起了一次疯狂的反冲锋，二连整整一个排的老兵，全部战死在刚刚夺占的阵地上。

此时，何营长身边只剩了8名战士，但并没有后退，仍在努力试图夺回谷口。

千钧一发之际，二连的背后忽然传来震耳的枪声，正从谷口冲过来企图彻底消灭二连的日军被打倒一片——一支全部使用手枪和机枪的部队灵活地增援上来，随即和二连合兵一处，再次朝谷口猛扑过去。

这是一支虽然不足一百人，却有着营级番号的特殊部队——七一七团侦察队。这个全部由战斗骨干组成的短枪部队是刘转连的宝贝疙瘩，平时

王震和七一七团连以上干部1938年6月合影。短短半年时间，这张照片上的人员伤亡了一半以上。

金贵得不得了，这一次为了彻底把日军封死在谷底，也豁出去了。

双方都知道这是胜负的关键，他们爆发的战斗激烈而短暂。

仅仅五六分钟，侦察队队（科）长盛科、教导员刘芳芝双双负重伤，侦察队伤亡过半。但是，八路军终于死死地扼住了飞狐峪的谷口，日军后卫指挥官盐见少尉见势不妙，匆忙指挥日军车队末尾的4辆汽车向飞狐峪内逃去，往蔚县求援报丧去了。

盐见跑了，但这里的另一名日军指挥官，已经负伤的护送队长三宅积男中尉，却选择了留下来。

十二

这一战中有5名要到涞源采访的日本记者搭乘了日军运输队的车辆，他们全部死在混战之中，但他们在最后时刻拍摄到的照片，却成为这次血战的绝响——农家子弟出身的中国士兵缺乏对摄影器材的概念，在打扫战场时忽略了一台被丢弃的照相机，而此后赶到的日军洗出了里面的胶卷。

中国华北的冰天雪地中，被包围的日军运输车队如一条黑色的长蛇瘫痪在公路上，但残存的日军依然趴在路基下拼死顽抗，编成的战斗小组错落有致，战术动作丝毫不乱。

这就是我们的对手，一支狂热而顽固的职业军队。

不得不佩服这些日本记者的敬业精神，在他们生命最后一刻拍摄的照片，取景和构图依然充满动感，战场气氛呼之欲出。

在日军110联队的战史中，描述了这名三宅队长最后的战斗。

先是试图用迫击炮阻止八路军的斩尾一刀，失败后指挥部下远程狙击中方指挥员，在三宅努力组织顽抗之时，他所在的位置也引来了八路军的注意。

在三宅少尉一侧的大森上等兵被击中，一头栽倒在地。激战中根本没有施以包扎的时间，三宅少尉大喊着"大森，挺住！"将大森上等兵连肩带背抄起来，扛在了肩上，带着他一起向后翼冲击。此时，车队已经呈现混乱，卡车在田原队长的命令下向后掉头，从最后一辆车开始试图脱离。然而，在有限的空间里 42 辆车挤在一起，这样的行动之难度可想而知。敌军的攻击不断命中目标，中弹后失去控制的车辆越来越多，撤退的命令根本无法有效实行。

在日军运输车辆拼命掉头的时候，即便得到支援，盐见少尉的断后部队也已经招架不住了，谷口的阵地马上就要失守。

三宅少尉把大森上等兵拖到队伍最后部的一辆车，把他丢在车厢里，大声喝道："把这个兵给我带回蔚县去，让他负责向本队汇报三宅队的战斗情况！"（盐见少尉）看到三宅少尉的上衣也已经血迹斑斑，忙道："小队长（三宅负责护卫队前任第 8 中队第 2 小队队长）阁下也负伤了？跟着我们的车一起撤退吧。"三宅回答道："老子还有指挥的任务呢，不要说废话，带这个大森走，快点回去向蔚县本部报告我们的情况。"说完，三宅少尉转身朝战火中走去了。跟着运输队的盐见少尉撤下来的卡车一共只有 4 辆，他们匆忙赶回蔚县求援去了。

这是盐见少尉最后一次看到三宅，他们的突围实际上没有这样简单。因为在谷中遭遇到八路军的阻击，盐见不得不把残余日军和这 4 辆卡车隐蔽在一处射击死角，同时派出几名通信兵拼死翻山赶去向蔚县日军求救。最后，

从日军的战史中，我们意外发现了飞狐口血战中日军的照片（胡卓然先生提供）。

随同盐见撤离并安然和蔚县守军会合的人员共计11名。110联队战史中称三宅队"全灭"，其实，还是活下来了这么一个大森。

盐见的4辆卡车刚刚逃走，谷口便被二连和侦察队拿了下来。

大森的确对三宅队的最后战斗作了汇报，而且战斗刚刚打响田原便发出了求援的电报（电台随后便被八路军打掉），但日军期待的援军却迟迟不到。选择明铺进行伏击的另一个优点出现了——日军从蔚县出发，遇袭地点在蔚县境内，第一个反应当然是向该地驻军求援。但险恶的飞狐峪如同张开的巨口，迫使蔚县的增援骑兵只能步步为营，谨慎推进，否则会把自己也赔进去。这个方向的援军缓不济急，明白自己赶不上了，蔚县日军的指挥官连忙把援救的任务转给涞源日军，而涞源日军离得最近的吉冈小队刚在烧车被打掉一半，也不会傻到用剩下这半个小队去送死。他们又必须等待涞源日军增援部队集中之后才能出援。

也来不及了，涞源日军的确调动了最大限度的部队前去支援，包括第7、第8、第2机关枪中队等部队都奉命出击，但已经太晚了。唯一及时赶到战场的是日军陆航部队。

当中日两军的战士在山坡上进行拼死格杀的时候，空中传来隆隆的发动机声。日军侦察机突然出现，在明铺村上空盘旋，最终却一弹未发，无奈地掉头而去——中日两军已经绞杀成一团，战斗进行到这个程度，只有扫射能力的侦察机无法提供任何有效的空中支援。

然而，日军侦察机从空中，一定可以判断出谁会是这一仗最终的胜利者。

明铺村方面日军的突围已经完全失败，刘转连团长指挥的一连跃出阵地，和边打边退的日军绞杀在一起，谷口方面日军的断后部队非死即伤，负伤的何家产指挥所部如钉子一般钉死了日军的北逃之路。山坡上的八路军冲下公路，已经将日军的车队斩成了几段，有的日军车辆起火燃烧，有的在混乱中冲进崎岖的河滩地抛锚瘫痪。

飞狐口血战中的日本汽车

如果是一支西方军队间的战争，这时候也许战斗已经应该结束了，但这是在东方，东方军队的战争血腥而残酷，往往会一直持续到一方全部倒下。

110 联队联队史中记述了三宅少尉返回后直到其战死的情况：

回到前线的三宅少尉，继续拼死战斗，但战局却毫无转机地恶化下去，山上埋伏的敌军从四面八方猛烈开火，弹如雨下。尽管前方的明铺村是唯一可以作为支撑点的地方，但据守其中的约百名敌军十分顽强，硬是拿不下来。武运不济的三宅少尉在向那里冲锋的时候头部中弹。"队长阁下，坚持一下。"根木喜八郎伍长连忙上前救援。此时三宅少尉已经无法自己行走了，根木伍长拖着他向后方撤退，仅仅拖了两三步，也被一枪命中，当即倒地。两人叠伏在一起，再也没有爬起来——根木伍长是被一枪爆头，子弹穿过他的头部又击中了三宅少尉的胸部。在三宅少尉阵亡的前后，跟随他前进的板野俊雄伍长、前岛一雄上等兵等全部战死，接着，仁科旁吉、安仓要范、中岛三郎、早濑四郎、森本一夫、川上贞吉石井新一等官兵也先后被击毙。周围山峰上的中国兵猛冲下来，已经伤亡过半而且丧失了指挥官的三宅队残余官兵除了后退别无他法。但即便是后退也不容易，有人伤亡，去救护伤亡者的士兵也被打倒……

看来，八路军的神枪手还在不断收获着战绩。

然而，残存的日军依然在指挥官田原少佐周围聚集起来，像杀不死的怪兽一样进行着最后的疯狂顽抗。不止一个想要击毙和俘虏田原少佐的八路军战士和顽抗的日军同归于尽——事实上，最终我们也未能完成这一目标。

十三

没能击毙或俘获田原少佐，对参战的八路军官兵们来说是个遗憾，但并不是太大的遗憾——田原并没能逃出中国军队的天罗地网。

田原少佐死在大约上午 11 点钟，在绝对不利的地形上，仅凭一百多名战兵和七百名八路军精锐打了足足两个小时，这位骑兵出身的田原少佐也可说算是个人物。

三宅少尉毙命之后，残余日军只剩两个小集团还在抵抗——一部分包括5名日军士兵和约十几名司机等搭车人员，他们跑得较快，已经逃到公路东侧的山坡上，并向那个方向的山麓攀登逃遁，另一部分日军也放弃了公路上的车辆，且战且走退到一个小丘的下方顽抗待援。判断第一个小组的日军已经很难追上，刘转连团长下令围歼小丘下的日军。

八路军有限的子弹早在向山下冲锋的时候便已经基本用尽，而日军仓促后撤时来不及带走更多储备，而且很多是抄枪就打的非战斗人员，仅仅两个攻防就打光了弹药。战场的枪声稀疏下来，冷兵器的格斗成为战场的主旋律。一方是力求全胜，一方是困兽犹斗，战斗的激烈程度只有更高。

过了七十多年，计点日军最后的抵抗情况，仍让人有惊悚之感——打到最后阶段，田原身边其实已经没有多少兵力了，很多在和八路军拼杀的都是刚刚拿起武器的日军司机和搭乘的记者等人员。然而，就是这样的日军，

2015年8月26日，一块纪念这次战斗的石碑在飞狐峪谷口落成，左齐、何宣泰、盛科等的后人们为他们的父亲完成了一个深深的心愿。从这块雪花石碑向前望去，前面的河滩便是田原部队最后的葬身之地。

还硬是和八路军厮杀了整整半个小时。

最后的肉搏战双方都付出了重大的代价。

中华武术似乎无坚不摧，我们装备不如他，真拼大刀还拼不过吗？八里桥之战时僧格林沁亲王也曾抱同样的看法，不幸的是他最精锐的蒙古骑兵依然在英国近卫龙骑兵团和锡克"普罗比"骑兵团密集队形面前完败——近代军队对传统军队无论从骑兵战术还是从拼刺技术角度，都能够依靠军事科技和科学的总结获得完胜。每个能够生存到现在的民族都有自己的辉煌和骄傲，包括战斗中格斗的本领。

抗日战争前期，真正的肉搏震撼而艰苦。

三五九旅老战士刘德元这样回忆自己参加的一场肉搏战。那一次，他们伏击了日军一个中队，打到最后，只剩一个日军军官还能够站在战场上。但拿下这最后一个日本军官，仍要付出沉重的代价：

> 只见他脱下军帽扔了出去，把指挥刀插在地上，我方战士以为他要投降，便用日语喊话，告诉对方——缴枪不杀，八路军优待俘虏。因为要活捉俘虏，战士们冲上去把日军军官围了起来。日军军官是个五十多岁的老鬼子，突然他把指挥刀拔起来，向四周的战士恶狠狠地砍了过去。一个原来东北军的战士格斗技术好，先拿枪拨开老鬼子的指挥刀，然后伸手去夺指挥刀，可惜手搭在了刀刃上，老鬼子一抽，那个战士的四根手指头当时就被割了下来。紧接着，老鬼子又砍伤一名战士的耳朵、一名战士的肩膀。场面有点儿混乱，老鬼子周围挤满了战士，只有最里面的几个人在和他格斗，其他人在外面干着急。我掏出了手枪，但不便射击，好不容易看见一个空隙，就朝老鬼子开了两枪，其中一枪打在老鬼子的右肩膀，指挥刀掉在了地上。可这个老鬼子顽固到底，又拿出手枪开了五六枪，打中三名战士，其中一名当场牺牲。最后，还是营长一枪从老鬼子的左肋射进去，结束了他的疯狂……

日军拼刺技术是从无数次战斗中总结出来，在二战中是有名的。国力带来的身体素质差别和军事教育的差距，不是仅仅靠武术或士气便可以弥补的。但二战后期八路军终于达到可以和日军拼刺时一对一，这里面除了战斗经验的丰富，一个关键原因便是因为训练中采用了日式刺杀技术。付出的尽管是鲜血的代价，但我们正是这样在战斗中学习、进步。

这一仗只抓到了一个俘虏，一个名叫柳下一郎的日语翻译，实际上还是个台湾人，真名叫田效左。

是什么原因，使得不仅仅是那些日本兵，连并没有正规军籍的日本司机、记者都拼到全军覆没？是什么理由，使他们对生命如此轻视？

仅仅是军国主义的蛊惑吗？

还有一种特殊的傲慢和骄横——那个时候没有几个日本人认为自己会败，尤其是败给中国。

就是这口气，可以让一小股日军也敢硬扛中国军队的主力部队，可以让关东军的讨伐队敢于对兵力更多的中国抵抗者发动进攻。

不只是一个老兵对我讲过，仗，有的时候打的是装备和人数，但无时无刻不是打的一口气。因为这一口气，甘宁可以百骑劫曹营；丢了这口气，百万波斯军团却会败给只有五万人的亚历山大大帝。

这是一种微妙而作用极大的心理优势，所以才会出现几个日本兵追着上千中国老百姓跑反的场景。曾经担任过卫生兵的日本作家桑岛节郎这样写道那场战争中日军的心态："在当时日本人的心里，认为中国人不是平等的人，而是低一档次的存在，一个'没法子'的民族。"

日本影星山口淑子——呃，我们更熟悉她的另一个名字"李香兰"——第一次回日本的时候，只因为穿了一身中式服装，险些遭到日本警察的殴打。最终了解她的身份后仍然受到狠狠的训斥，责问她作为一个日本人，怎么能穿下等民族中国人的衣服。

那是真的骄横啊，他怎么肯投降呢？

这口气要一个个胜仗才能养出来，而要夺回这口气，也只有通过一次次硬仗、苦仗，才能锻打出平等和尊重，这里面没有花巧可取。

无数个飞狐口，让中国人从日本军队面前找回了这口气，到战争结束的时候，在中国战场被俘虏的日军，足可以编成一个旅团。

日军不败的神话，就是这么被打破的。

田原是切腹自杀的，一名担任"介错"的日本兵朝他脑后开了一枪，随后在向八路军的反冲锋中被打成了蜂窝状。至此，飞狐口之战正式落下帷幕。

就算是田原再多撑上几个小时，也不会有什么变化。日军的援军在八路军阻击部队的顽强抵抗之下，直到将近下午5点钟才赶到明铺。此时，不但田原运输队早已被歼灭，连车上的物资，也早已被八路军官兵转移一空。

沮丧的第8中队中队长石井一雄后来写了一首名为《啊，三宅部队》的"长恨歌"，来悼念他被歼灭的部下。

这一战，日军能够逃出战场的，只有盐见准尉残军11人，逃上山的日军士兵5人，非战斗人员十余名而已，总人数不过三十来人，其余二百多名日寇全部葬身在飞狐峪口。

那么，八路军的损失有多大呢？

十四

"当我从休克中苏醒，天朦胧中见到我睡在这矮小的屋子里，有几个小孩子，一个老百姓，于是我逐渐明白了还未死，而伤口异常疼痛。"左齐在日记中这样写道。

我们胜了，却是一场悲壮的胜利，为了这场胜利，多少中国好男儿血染飞狐口。

在飞狐口明铺的一战中，到底歼灭了多少日军，有着不同说法。而即便是根据日方史料记载，其被击毙人数至少不低于两百名（考虑到战斗中的毁损，这和八路军缴获步枪181支的记录是比较吻合的），作为一场典型的中型伏击战，在当时已经是一个相当不错的胜利。此战对于涞源的战斗有着重大影响，由于缺乏补给，日军武信部队的扫荡不得不中止，110联队史记载，12月3日中国军队已经反守为攻，对涞源城发起了攻城战。虽因装备原因未能破城，但杨成武的部队成功粉碎了日军扫荡，在涞源－阜平山地站住了脚。

战术上，此战成功夺取了日军大量物资，帮助七一七团度过了这个艰难的冬季。

关于日军的损失，有一项是颇有争议的，那就是打掉了多少辆敌军汽车。我方比较可靠的记录是击毁日军汽车38辆。而日军则自称损毁22辆。谁说的比较靠错呢？八路军的数字应该说是经得起考验的——日军来车42辆，除盐见少尉带着逃走的4辆以外，均被包围缴获，计算下来正好38辆。那么，日军这个和自己的记录比较矛盾的"22辆"又是怎么来的呢？根据参战老兵的看法，也不一定是瞎编的。这是因为当时夺取了日军的车辆后我军没有司机，无法将其开走（根据地也没有公路，无从隐藏），故搬空物资后刘转连团长下令将所有车辆就地销毁。

怎么销毁呢？有的战士朝车上扔手榴弹，但也有人认为那样太奢侈了，要节约弹药，于是改用巧招对付鬼子汽车——考虑到和人打架戳瞎他双眼就算是废了，于是不懂汽车的战士开始砸车灯，砸完觉得还不放心，又抡刀把它四条腿砍了——把轮胎砍个稀巴烂。

因此，有若干日军汽车没有被彻底破坏，可以修复也是正常的。

仗打赢了，战略和战术的目的都达到了，王震旅长却依然痛心，关键是伤亡太大了，他的七一七团这一仗真正伤了元气。

关于飞狐口一战八路军的损失，在很长一段时间里是含糊不清的，我们从若干总结材料中得到的信息是轻描淡写的——"我们也有一些战士伤亡。"直到2015年，我们才真正能够得到此战较可靠的伤亡数字——八路军牺牲的便有两百多人。

这意味着战斗中双方阵亡人数很可能十分接近。

在一场周密策划的伏击战中，我方占尽天时地利人和，部队是长征下来的老底子，作风过硬，指挥得当，而日军番号庞杂且夹杂有大量战斗力稍弱的辎重兵，双方的战损比依然几乎是一比一，或许这才是抗日战争的真实面貌，才是中日两国国力在战场上的真实反映。

这个战损比中，还没有包括左齐等负伤人员——一般战斗中负伤人员是阵亡人员的两至三倍。所以，说这一仗把七一七团打残了，是毫不夸张的。打残了一个主力团，我们才取得了此战的胜利，而抗战中这样的血战，不知道我们中国人打了多少。

面对如日中天的日本帝国，我们的父兄便是这样义无反顾地走向战场，血染这片大好山河。

20世纪90年代，左齐到广州和老战友刘转连见面，回忆起几十年前的这场战斗，感慨说道："幸亏遇到了白求恩大夫，丢了条胳膊，捡了条命。"

不知道您可还记得《在太行山上》这首歌？再唱它会不会充满自豪？

左凌大姐也说："在独臂将军里面，我父亲的手术是做得最好的，因为他遇上了白求恩大夫。"

我问她："为什么是做得最好呢？"

当了几十年医生的左凌大姐道："你看，彭绍辉、贺炳炎这些独臂将军，他们的手臂都是在胳膊半截切断的，神经是截断的，一辈子都疼啊，老了遇到阴雨天气不吃止疼药也很难挺得过去。我父亲呢？是整个右臂都摘掉了，白求恩大夫把他的肩胛骨都一块儿摘掉了，养好了，就不疼了，跟别人比他幸运多了，所以他很感激白求恩大夫。"

"我父亲的胳膊和肩胛骨摘下来，整整装满一个口袋，装在一个木匣子里头，埋在院子里的树底下了。肩膀的伤口，和海碗一样大……"说到这儿，左凌大姐的声音突然止住。

心中一丝颤抖，我没有继续问。

我无法想象一个人身上连骨带肉摘掉整整一口袋是什么感受，而这，在那个时代居然还可以和"幸运"二字联系起来。

真的是幸运。

1943 年 3 月，八路军悍将、新编第七旅旅长易良品在枣南县易庄与日军作战中腹部中弹，身负重伤。没有白求恩大夫，也没有药，硬汉子易良品苦苦支撑了七天，终于没有能够撑下去。

易良品死后有一个令人心碎的场面,在很多老战友的记忆中是无法磨灭的。他们回忆——易良品负伤后,他的妻子,已经怀孕的王月庭拼死穿越火线赶去。但日军一道道封锁线,五里一碉,十里一堡,她赶到的时候,易旅长已经下葬整整一天了。悲痛欲绝的王月庭恳求战士们重开棺木,让夫妻能见最后一面。然而,当棺木打开的时候,王月庭却震惊地听到棺材中发出了清晰的"喳喳"声——原来,那是易良品的手表还在走。易良品战死后,战友清理他的遗物,发现这位旅长身无分文,身边惟一像样的东西只有一块从日军那里缴获的手表。下葬时,战友将这块表上满弦,戴在了易良品的手腕上。王月庭赶来的时候,易良品手腕上的表还在滴答走动。

我不知道这是怎样一个令人悲怆的场面。

当时的医疗所所长熊登钦说,如果能够有一瓶磺胺,易旅长便可以不死。

看过《夜幕下的哈尔滨》,也许有朋友还会记得那位威震哈尔滨的东北抗日联军大英雄夏云天。他的原型——抗联第五军军长夏云杰,也是死于和易良品相同的情况。因为无药医治,最后时刻痛苦难耐的夏军长把头撞在墙上,咚咚直响。

那个年代,我们没有药。

左齐是幸运的。

左齐说,白求恩大夫把最后一瓶磺胺给我用上了,我才能活下来。

只有接触过他的人,才能说出什么是"白求恩",左齐说他就是救命恩人。

然而,白求恩的性格十分暴躁,当在上石樊村野战医院他第一眼见到抬下来的左齐时,他的反应是:"你们做的是罪过啊!你们不负责任!"

左齐的右臂被用止血带勒了一天一夜,胳膊和手都黑了。白求恩愤怒的是八路军的军医和护士,竟然不懂得止血带每40分钟需要松一下,本来可以保留下来的这只胳膊,如今只有截肢,还不知道能不能挽救回左齐的生命。

所以白求恩怒吼了。

左齐说:"廖大夫(廖德操医生,江西兴国人,红六军团出身)不松止血带,是为了救我的命啊。我一点儿都不怪廖医生。"

廖大夫怎么会不知道40分钟需要松一次止血带?

大量失血,在日军追击部队的威胁下连夜跋涉,不知道有多少八路军伤员是死于"流血过多",为了救左齐的命,廖医生一定是咬着牙不去松那根可能致命的止血带。那怎么可能是不负责任,他们一起走过长征的艰难征程,左齐不是他的伤员,左齐是他的兄弟。

这种兄弟之情,在几十年后仍然不经意间令人动容。

左齐还记得王震旅长怎样劝自己接受手术。

"我父亲不干啊。"左齐曾向女儿说过当时的情状。刚刚 27 岁,就要截去一支手臂,左齐坚决不干,死也不干!

这种从战场下来的军人,要是

左齐戎装照,可以依稀辨认出上校军衔,因为工作原因,他是红色军队中最早被授予军衔的军官之一。

不讲理起来,可能有各种各样的表现。一般人很难说服。白求恩大夫也没办法了,左齐后来回忆自己失控的时刻,白求恩耐心劝说他的时候,就像面对一个固执的孩子,这个顽固的加拿大人眼睛里充满了慈爱。

这时候,一个能够说服左齐的人,走到了病房的门口,这就是三五九旅旅长王震。

王震的劝告苦口婆心,又有技巧,他说:"你看晏福生不是也只有一条胳膊吗?照样领兵打仗。"

左齐被说服了,最终答应手术。

而这时候的王震,做出了一个令人意外的动作——他在左齐同意手术后,含泪俯下身子,拥抱了一下左齐。

王震,人称王胡子,常被人认为是个"大老粗",一生征战,谁会想到他一生中竟会有如此细腻的一面。

我不知道王震劝说左齐的时候,心中会是怎样的疼痛,以致如此粗犷的汉子,竟会如此动情。

仅仅几个月之后,王震自己也在上下细腰涧战斗中负伤。这一场战争中,

左齐养伤的地方——村民陈万寿家，为了避免影响他的伤势，是拆掉了窗框，直接将左齐的担架从窗户抬了进去的。

没有哪个中国军人知道自己明天的命运。

也许这就是军人追求的死得其所。忽然想到，采访的抗战老兵如此之多，回忆起那场战争中的殉难战友，他们往往在几十年后魂牵梦萦，当时却很少有因为这种悲痛而失控的。

大体因为，他们也不确信自己能够在这场战争中幸存下来，与牺牲的战友相比，自己很可能只是晚一点归队而已。

手术是成功的，但痛苦依然是巨大的。左齐形容神经断离后的身体反应："痛倒不在乎，只是浑身冷得发抖，像被扔进了冰窖……"

不过，痛苦终有尽时，一个多月后，左齐终于重新站了起来，盛科也站起来了，何宣泰也站起来了……不再适合担任军事主官的他，很快担任了三五九旅七一八团政委。

此后的左齐，继续自己的征战生涯，他参加过南泥湾的开荒，参加过保卫延安，也驻守过南疆军区——在那里，他保护过入狱的王洛宾，为中国保留了一代歌王。

那，应该已经是和飞狐口没关系的事情了吧。这样想着，夕阳已经开

左齐断臂痊愈后的第一张照片，人瘦了，却犀利得如同刀锋一般。

始西下，我向左凌大姐告辞，立起身的时候，却看到了一张合影，正对镜头微笑的，是左齐将军和他的妻子陆桂杰女士。

"您的父母很幸福的样子，他们是在红军时代结婚的吗？"本来想问左大姐的母亲嫁给她父亲的时候会不会对他的独臂有看法，话出口的时候换了一个问法。

"她呀，嫁得糊里糊涂。"

糊里糊涂？糊里糊涂地嫁了，还能有这样轻松自如的笑容？我疑惑地看向左凌大姐。

原来，这里头还有一段不为外人所知的故事。之所以不为外人所知，估计是老太太觉得太丢人了——大概没有哪个女孩子会这么稀里糊涂地定下自己的婚姻大事。

左齐伤愈之后，王震一直在热心地做着一件事——为左齐做媒。他的想法很简单，左齐打断了一条臂膀，这辈子得有个人照顾他啊。

开始左齐不太上心，他心地善良，可能也有些担心，担心真有哪个女孩子会看上他一个残疾人。为了鼓励左齐，王震只好把保票打得越来越大，

左齐和他的妻子

终于让左齐有些动心了。

那一次，王震来找左齐，说咱们七一九团来了一批河北女兵，你看看，看中哪个我去替你说，肯定成。

肯定成？

肯定成！

看到旅长对做媒这么有把握，左齐半信半疑地答应了。

在操场上看了半天女兵们的训练，左齐最终鼓足勇气说，那个中等个的，行吗？

王震看了看，说哎呀，这是咱们这一批女兵里面最好的一个啊，老左你真有眼力。你回去等消息吧。

左齐没敢抱太大希望。但是第二天王震就来了，嘴乐得跟瓢似的，比自己娶媳妇都高兴的样子——"老左啊，成了，人家姑娘答应啦，真是个好姑娘啊，有觉悟！"其实王震对做媒也没把握，他只是为了鼓励左齐所以大包大揽，真让他去做姑娘的思想工作，他也是擀面杖吹火一窍不通。不过当兵的怎么能临阵怯场呢？何况他还是一个旅长，还是自己兄弟的终身大事……一咬牙王震马上让人去叫那个女兵来……这时候他才知道这个女兵叫陆桂杰。

和打鬼子一样，王震对付女兵的战术也清晰简单——先是连珠炮一般把左齐的好处和贡献像通报表扬一般抛出来，然后鼓励小女兵嫁给这样一个大英雄。这是第一步，纯属火力侦察，调动出对方的态度来，然后见招拆招，看哪儿有破绽便加力强攻，今天非得为左齐拿下这个敌军阵地来不可……

结果……结果刚一火力侦察，小女兵竟大点其头，既不羞涩，也无挑剔，竟然是——"是！"

表扬了小女兵的思想觉悟和独具慧眼，摸不着头脑的王旅长像踩着棉花一样就来找左齐了，估计还有一点儿一拳打在棉花上的古怪感觉。

这……就把终身大事做成了？旅长用了什么非常战术？旅部的工作人员都是人证，纷纷表示这中间绝无虚妄。大家亲眼看见，旅长征求意见的时候，那小女兵点头都快点成小鸡啄米啦。

左齐不信，亲自去谈。

谈了很多次，每次他都说："你别勉强啊，我这个身体你也看到啦，不能耽误你，你也可以重新考虑考虑。"

陆桂杰一点儿犹豫都没有，只是点头，没有任何重新考虑的意思，只是用清澈如水的目光看着左齐。

估计，那清澈的目光足以把这员虎将融化掉。

那……那还犹豫什么，打报告，准备结婚呗。

好像这时候陆桂杰才花容失色地发觉自己就这样把自己给嫁了……

原来，王震做媒的真实情况是这样的——

突然得知旅长大人召见，新兵陆桂杰当时就懵了，抓着每一个战友问面对旅长应该怎么办。正好七一九团政委曾涤在旁边，心想这有什么难的，马上给出主意——"旅长是首长，首长说话要立正说'是'就可以啦。"他大概想反正旅长和新兵谈话，不是布置任务就是询问思想动态，立正说是总没有错误，回来有困难咱们一起解决呗。

左齐和孩子合影

等见到旅长，陆桂杰感到曾政委太英明啦！

王震是湖南人，一口浓重的南方话，河北姑娘陆桂杰是一句也听不懂啊。于是，只剩下点头和"没问题"了。

那么，左齐……唉，左齐也是一口浓重江西口音的南方话啊。

于是……在全旅都知道了喜讯的情况下……陆桂杰也只好嫁了吧……

好吧，我承认这个故事的后半段有些夸张。真实的情况是左齐为了避免误会，一次次地去找陆桂杰谈。人呢，其实需要的就是沟通，谈着谈着，两个人就这样走到了同一个屋檐下。

人好就行，自始至终，陆桂杰好像也没觉得左齐缺少一只胳膊是多么大的事儿。

已经很晚了，我走出左凌大姐家的时候，孩子们已经放学了，满院地乱跑，满院的欢笑。

抬眼向天，在那遥远的云霞中，仿佛传来依稀的歌声，我能够听到那歌声是——"红日照遍了东方，自由之神在放声歌唱……"

以前曾听人说过，在乡间的打谷场上，总是有无头的军人在夜间操练，那是保家卫国的英魂，为了自己的责任不肯卸甲。

敬礼，中国军人！敬礼，我的父兄！

阿部规秀死亡日记

一

　　近来，我在日本公开的档案中，曾找到一份与日本侵华将领阿部规秀之死有关的重要文件——《关于陆军中将阿部规秀战死的报告》。

　　这份标有"极密"的报告，作于 1939 年 11 月 18 日，即阿部规秀毙命于黄土岭 11 天之后，发件人为驻蒙军司令冈部直三郎中将（1945 年作为陆军大将，日军第六方面军司令在武汉向中国投降，1946 年死于上海关押战犯的监狱），收件人为当时的日本陆军大臣畑俊六。

　　这份文件详细介绍了阿部规秀的生平和被八路军击毙的经过，并提到对阿部身后的表彰和晋升问题。似乎我国史料中并未收存，其中不乏颇有价值的内容。

　　比如，我们知道日军把阿部规秀称为"名将之花"，但不知其出处。这份文件中注明，阿部规秀是陆军士官学校 17 期生，成名于察南晋北方面与"共产军"郭其峰部的交手。在此战斗中，阿部规秀战功不凡，深受瞩目。

　　据查，八路军中并无郭其峰其名的将领。经考证推测，认为阿部规秀击败的，可能是当时在晋察边区活动的东北军骑四师王奇峰部。这支部队是受到共产党影响的国民党非嫡系部队，王的前任师长恰好姓郭。该部队

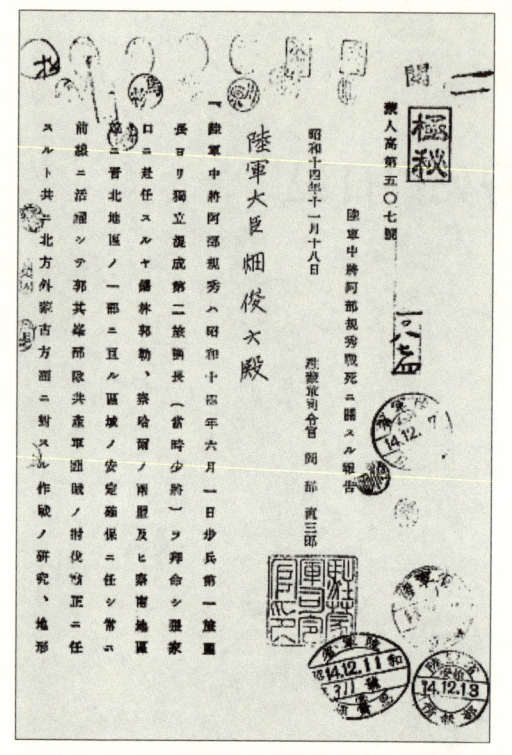

报告首页，注意上面大量的戳记，说明日军高级将领中曾有多人调看过该材料，也可以间接感受到日军对阿部规秀战死所感到的震惊。

报告最后一页

确曾与阿部规秀所部日军作战，并受到较大损失。

此外，文中还提到阿部规秀是日军中对苏蒙军研究的专家，与八路军交战前正在部署日本驻蒙军对外蒙方向的防御。

颇为巧合的是，文中也记录到，阿部规秀指挥独混第二旅团进攻八路军前一天，即10月25日，接到了日本天皇的"圣旨"，将其调任侍从武官。由于部队已经集结完毕，而且自己也希望能够打个胜仗后回国，26日阿部规秀仍然坚持自己带队出发，希望取胜后离开前线。结果，出师不利，几天后他部下的一个大队就在雁宿崖被八路军歼灭。这种情况下，阿部规秀始终没有等到一个像样的胜仗，直到被击毙在黄土岭。

在该文件的最后一页，有对阿部规秀进行表彰的申请，并请求上级同意给阿部规秀晋升为陆军大将。

结果如何呢?

就在这一页上,就有答案。

二

阿部规秀的阵亡报告中,冈部直三郎大将有这样一段请求:"阿部中将在战场上被敌弹所毙,其生前即以此为武人之本怀也。考虑到其生前拔群的武功,希望追认该中将为陆军大将。"

日军素有战死后晋升一级或两级的做法,例如,1942 年被我大别山守军(第二十一集团军)击毙的侵华日军华中派遣军司令官塚田攻大将,被击毙时军衔就是中将,其大将军衔是死后追晋的。

然而,阿部规秀死后,却并未获得追晋,其原因何在呢?

在这份资料上可以看到端倪。就在冈部申请为阿部追晋的报告上方,可以看到侵华日军总司令畑俊六的批示:"铨议认为困难。"

铨议,即对晋升进行的评估会议。这段批示说明对阿部的追晋曾有过讨论,但最后没有被批准。

经过对资料的研读,原来阿部规秀没有被追晋的原因,是他获得中将军衔的时间太短了。阿部规秀被晋升中将军衔是在 1939 年 10 月 2 日,仅仅

一个月后就被击毙,如果猝然晋升大将,军内无法接受。

不过,铨议的结果决定给阿部规秀"勋一等"的荣誉,并厚加抚恤作为补偿。

这……可真有点儿不公平。

嗯,老萨,您这是站在谁的立场上说话呢?

老萨是站在八路的立场上说话啊。您看,人家第二十一集团军击毙一个中将,一转眼就变大将了,俺们第十八集团

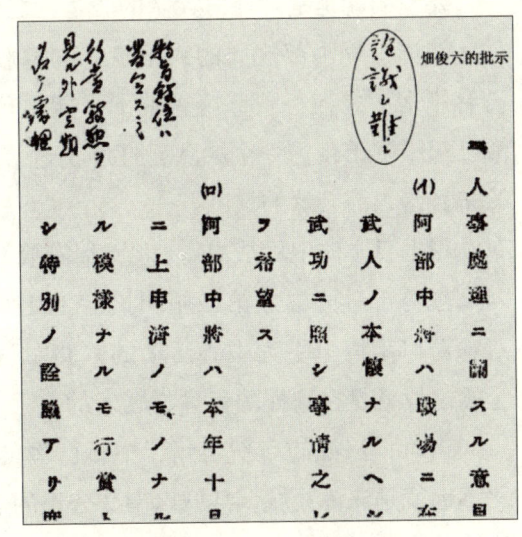

畑俊六的批示

军击毙一个中将呢，结果还是中将……

您说这公平吗？

有位朋友对击毙阿部规秀向老萨提供很珍贵的线索。这位朋友，就是《1944：松山战役笔记》一书的作者余戈。他就击毙阿部规秀的过程向老萨提供了很珍贵的线索。

和这位老哥初次见面就把兄弟给震了——大伙儿说余戈你干吗这么朴素啊，用个皮包边儿都快磨飞了，别是"文革"时候留下的吧？

余戈一乐，哦，这是当年的战利品，日本鬼子的作战图囊，我拿到买下来以后用了两只老母鸡熬油擦出来的……

大伙儿顿时刮目相看，不是冲余戈，是冲那皮包。

余戈写东西有个特点，要去真实的地点，去了解真实的情况。

于是，有一天，余戈要写阿部规秀，他就去了黄土岭，那是这个日军中将被击毙毙命的地方。结果，就碰上了一个与阿部规秀有过"亲密接触"的中国农民。

慢，先别说余戈，咱先把阿部规秀阵亡报告里面另外一个事儿多写一笔。总是说日军报战损有水分，这回我们看看这"水分"到底是怎么加进去的。要说，日本人还真是东方民族，这四书五经未必学到真谛，这"春秋笔法"，老萨算是服了，实在令人佩服。

要说的就是围歼辻村大队的雁宿崖之战。

知道击毙阿部规秀的人不少，知道雁宿崖之战的却不多。但是，如果没有雁宿崖之战，阿部规秀就不可能出现在黄土岭上。正是因为雁宿崖之战歼灭了阿部规秀一个大队，打疼了这个"山地战专家"，才将其引到黄土岭来，落入聂荣臻的重围。

根据日本防卫厅战史室《北支治安战》和《驻蒙军战史》的记载，1939年，阿部规秀部独立混成第二旅团接替110师团部队防守河北涞源，随即计划对涞源以南以阜平为中心活动的八路军聂荣臻部北岳军分区进行打击。黄土岭之战就是在这样的背景下爆发的。

当时，涞源与阜平之间，中日两军的控制线基本以长城为界，长城以北不远就是涞源县城，县城以南3公里的李花村有一个日军据点。日军记载涞源县在李花村以南的面积大约三分之一，其中多山地绝壁，八路军据此多次袭击日军运输部队，被称为"敌性地区"。紧靠长城南侧的银坊、倒马关、司各庄等地均为八路军根据地。越过长城线，就是八路军北岳军区的中心阜平、唐县（白求恩大夫殉职的地方）、行唐等地，也就是阿部规秀的主要攻击目标。这里的长城属于内长城，继续向西不远，就是晋冀省界，再向西，就是著名的平型关了。

10月底，由阿部规秀指挥独混第二旅团，被称为"涞源南方地区讨伐战"的大扫荡开始了。本来，这次作战要求110师团同时从东侧进攻唐县、完县等地作为策应。但是因为需要清理进攻路线上的当地八路军与国民党军，该师团进展缓慢，比计划晚了一个星期，直到11月6日，也就是阿部规秀阵亡的前一天，才开始进入唐县境内。然而，狂妄的阿部规秀认为根本无须友邻部队的配合，独混第二旅团也可以完成任务，于10月31日按照计划发动了对长城线以南的进攻。

因为从涞源向南的道路在李花村南分为东西两股，阿部规秀对八路军北岳军区的进攻也兵分两路，东路，由辻村宪吉大佐指挥独立步兵第1大队主力，约500名日军组成辻村讨伐队，经过长城白石口向银坊攻击；西路，由堤纠中佐指挥的独立步兵第4大队主力经过长城插箭岭南下，攻击倒马关。同时，阿部规秀自己率领绿川纯治大佐的独立步兵第3大队在涞源接应，并部署中熊直正中佐指挥的独立步兵第2大队和森田春次中佐指挥的独立步兵第5大队向涞源靠拢，作为预备队。

结果，辻村大队11月3日在白石口与银坊之间的雁宿崖，突然遭到八路军优势兵力的伏击。

关于雁宿崖之战，也可以查到资料，但是我认为是不够全面的。我在机场工作时候的一个老上级，原是八路军团长出身，亲身参加过这次战斗。他自述此战下来自己的一个团只够编成一个营了，极言日军抵抗之疯狂与八路军坚决歼灭被围日军的决心。这一仗，堪称八路军的经典伏击作战。

其实，雁宿崖之战刚刚开始，已经有两个问题值得思索了。第一，两路日军，八路军为何专打雁宿崖之敌？第二，日军一个大队通常编制有一千余人，为何辻村大佐的讨伐队只有五百多人？

之所以提出这两个问题，是因为这里面都有玄机。

八路军专打东路雁宿崖之敌，一个重要原因是这个独立步兵第1大队，原来驻扎在灵丘，是临时调来参战的，而西路堤纠中佐的独立步兵第3大队，则一直驻扎在涞源。打辻村所部，因为他对当地地形不熟悉！

当然还有一个原因就是这个大队不满员。

因为就在一个星期前，这个大队的日军在灵丘发动一次对八路军的攻势，刚刚与一二〇师七一五团和雁北支队干了一仗。

平心而论，辻村大佐去剿七一五团纯属找不自在——你倒看看对方是何许人也。

七一五团团长王尚荣何许人也？中印自卫反击战时的总参作战部部长，那是好惹的吗？

一仗下来，独立步兵第1大队伤亡数百人，28日才狼狈归还建制，还没来得及进行补充，属于一支疲惫之师。

具体指挥雁宿崖之战的独立第一师师长杨成武，接到日军来袭的情报时，正好和一二〇师师长贺龙、政委关向应在唐县参加晋察冀边区成立两周年纪念大会。辻村大队吃了王尚荣的苦头，这个情报贺关当然是要通报杨成武的。

辻村和阿部一样，都是日军中的少壮派。日军中的少壮派，一个比一个狂妄，出发前还把两个中队留给了阿部，伴随旅团司令部行动，结果到达雁宿崖的日军自然只有约五百名了。

这个举动，你没法说辻村是脑子进水呢，还是聪明过头。你要说他脑子进水，轻敌冒进，战前分兵，的确是脑子进水。可要没有留下的那两个中队，雁宿崖之战后估计光杆司令辻村宪吉有被勒令剖腹自杀的危险。

什么叫知己知彼？什么叫专捏软柿子？雁宿崖伏击战，战前已经体现出了八路军情报战的出

抗战中的杨成武将军

色之处。

按照我的老领导说法，雁宿崖之战日军的战斗力并没有充分发挥。按理说，辻村手下的五百名日军都是战斗兵，是按照对苏作战装备的，武器精良，训练充分，其战斗力恐怕还要远胜平型关被围的 21 旅团辎重部队和汽车部队——辎重和车辆部队毕竟不是为正面作战训练和装备的。

然而，杨成武的指挥十分出色，他是利用日军在清早进入"雁宿崖以南狭窄漫长的隘路"（《华北治安战》语）时突然发动攻击的。八路军在漫长的山谷两侧埋伏，分成许多突击箭头，瞬间就把日军斩成了数十段。这可能是对付一字长蛇阵最有效的战法了。

结果日军根本无法形成有效的相互掩护，只能以小集群各自为战。

八路军的伤亡大，主要是要求尽快解决战斗，不能拖时间，不得不在一些情况下采用了强攻的手段。而"日本兵的机枪打得太准了，我一个亲手带出来的警卫排，打它一个机枪阵地就全赔进去了"，我那位老领导如是说。

聂荣臻、杨成武等检阅晋察冀一分区部队，也是雁宿崖之战的主力。无论检阅的还是被检阅的，感觉就四个字——杀气腾腾。

雁宿崖之战，日本《华北治安战》一书中如是记载其结果："讨伐队突然遭到中共军的伏击。被猛烈进攻的讨伐队奋力抵抗，但是，中共军的战意旺盛，整天战斗都在持续。

"3日下午，知道了雁宿崖情况的旅团长，迅速部署对辻村讨伐队的支援。但是，中共军在我军增援部队到达之前，已经在4日晨离开了战场。"

咦，要是看这段话，我想大家第一印象是土八路被皇军的增援部队吓跑了，"狐狸在猎人到达之前匆匆而去"。

但是，八路军又是怎样描述此战结果呢？

"这次战斗，除少数伪军混在民伕队逃走外，我军共歼敌五百多人，生俘日军13人、缴获大炮6门、机枪13挺、步枪210支、骡马300匹、无线电收发报机两部和一些粮食等军用物资。"

照八路的说法，这是一场痛快淋漓的歼灭战。

谁说得对呢？是日军隐瞒战损？还是土八路在虚报战果？

说土八路虚报战果，因为八路军最初的报告是击毙了辻村宪吉大佐，实际上，辻村并没有死在此役中。

不过，这多半是无意之失。因为后来聂荣臻回忆此战，表示当时遍地日军尸体，无法分清辻村是否已经被击毙，但发现一件他的军衣，因此最初认为他已经死在乱军之中。后来发现此人还活着，八路也就把这个战果收回不提了。

八路是不了解这个辻村宪吉，这个日军大佐虽然打仗不太灵光，但逃跑绝对是一流的。这次从共军手里逃跑之前，他已经从国军手里跑过一回了。1937年7月28日，冀东伪军张庆余、张砚田发动通州起义，击毙日方细木繁中佐以下数百名。实际上，辻村宪吉是当时通州日军的最高指挥官，只是因为他当时有事不在现场，所以幸免一死。辻村宪吉在日军中堪称逃跑长跑专家。

然而，我们还得确认，雁宿崖之战的结果，到底谁说的是真话。

要没有这份阿部规秀的阵亡报告，这个事儿，恐怕还真要陷入各说各话的怪圈呢。

三

在阿部规秀的阵亡报告中，无可回避地需要汇报此前第二混成旅团的作战情况。这份报告中谈及日军的损失，提到被八路缴获去"山炮两门、步兵炮两门、重机枪三挺、轻机枪六挺"等，并提到这些装备大部分损失在雁宿崖的战斗中。承认雁宿崖之战日军被击毙83人，负伤49人。不过，这只是经过确认的部分数字，实际全部损失"目下正在调查之中"。

这个数字够给土八路面子的了。1944年，日军9.7万人攻击洛阳，洛阳守军拼死抵抗，日军苦战21天才拿下这座坚城。这样一场战役日军损失多少人呢？

按照防卫厅战史，共计阵亡55人……

缴获的山炮，考虑到独混第二旅团为了对苏蒙作战已经完成换装，当为1936年定型的94式75毫米山炮（后根据老拙提供的照片确认为41式山炮，见后文）。

这种火炮为日军的改进型，是山地部队最重型的装备，日军称作"联队炮"。独立步兵第1大队本来没有这种武器，根据日军记载，这次出击雁宿崖，该部队配属了一个旅团直属的炮兵小队，估计就是他们的装备。

步兵炮，当为92式70毫米步兵炮。这种炮是日军在华北使用较多的偕行火炮，即可以平射，也可以曲射，在日军中是"大队炮"，即大队一级装备的重型武器。不过，土八路也特别喜欢这种炮，因为它重量轻，只要一匹马就可以拉走。而日军欺负土八路没有重武器而修建的炮楼，在这种炮面前一打一个塌。所以这种皇军制造、八路却喜欢的大炮一旦丢失，日军每次都非常重视，常常穷追不舍，否则周围几个县的据点都没有安全感。

这些大炮好是好，雁宿崖之战一开打双方就进了扔手榴弹的距离，你大炮可不能上刺刀，干乱转找不到目标，反而成了日军的累赘。

重机枪呢？应该是太平洋战争中被称作"法国女郎之吻"的92式重机枪。这种重机枪在塔拉瓦打得美国大兵叫苦不迭，然而对八路却是个鸡肋似的东西——那一分钟450发子弹的射速，土八路可是养不起啊！

别管怎么说，雁宿崖之战，杨成武发"洋"财了！

要知道，抗战中八路能缴到日军的大炮十分不容易，1942年太行三分区司令员刘昌毅缴了鬼子一门山炮，险些没乐趴下。而日军旅团长也会正儿八经地写信来，要求八路归还——大概鬼子也琢磨，你八路造不了我们的炮弹，拿着也没用不是？

八路又不是缺心眼，这个交涉，自然是没有下文的。

雁宿崖日军损失的数字，除了人员（皇军不是说了吗？"目下正在调查中"）以外，和杨成武的描述，基本算对上号了。所多出的两门炮，估计是伪军使用的迫击炮（老上级提到雁宿崖之战缴获过迫击炮），"土八路"的战绩看来水分并不大。

不过，根据八路军的报告，被伏击的敌军中有一部分伪军，到底有多少伪军呢？我那位老上级说得比较客观，认为也就一二百，当时伪军还不像后来那么多。他讲战斗结束后军区再三让确认战果，加上为了在日军遗体中寻找辻村大佐，战士们当时反复数过，认为击毙日军在六百人以上。但是，天亮的时候，埋葬日军尸体实数却是约四百人。大约，在夜间还是有重复计算的情况。

其中会不会有伪军呢？

不会的。他说，日本兵都穿兜裆布，伪军有的穿裤衩，有的什么也不穿，看这个就能分出来。

这个区别，萨倒是没有想到。

日军参战的有多少人呢？

阿部规秀的阵亡报告中提到，这路敌军的基干是两个步兵中队（满员共约500人），以及一个炮兵小队（50人——个人认为还应该包括一个大队部和大队直属炮兵队。日军一个大队包括四个步兵中队，留了两个中队随同旅团行动，所余正好这些兵力。考

阿部规秀阵亡报告中损失情况描述。

虑到辻村所部在王尚荣手里受过损失，其到达雁宿崖的总兵力应不及 600 人。如果被击毙的日军达 400 余名，加上 13 名俘虏，49 名伤员，和辻村大佐分散突围出去的超不过 150 人，毙伤俘敌 75% 以上，称之为一场歼灭战是当之无愧的。

大量重装备的损失，也说明了辻村所部是被歼灭的。如果辻村大佐坚持到了增援部队到来，他不可能把这样多的大炮机枪都丢给八路的。

有个此战中幸存下来的日本兵小岛清，回国后写了一本书叫《雁宿崖》，基本也证实了这一点。其中记载辻村大佐是在战场以外的路边被发现的，负了伤，一度被认为是此战唯一的幸存者。

小岛也提到日军援军到达雁宿崖之后，把被八路埋葬的日本兵重新火化的过程。如果没有歼灭这股日军，八路军怎么可能跑到日军阵地上替他们埋尸体呢？

可是，这样一场歼灭战，到了日军战史，就成了援军吓跑八路的印象。

然而……你还没法说他，因为人家战史里面也没说援军到达的时候包围圈里的日本兵是死是活对不对？

服了。

我服了，阿部中将可不干了——要知道任何一支部队里面，1 连、1 营，这一类的番号都是不能随便给的，那叫基干部队。混成第二旅团的基干部队就是独立步兵第 1 大队，现在稀里糊涂就给打残废了，人阿部中将以后还怎么混啊。

我觉得，不能忽视阿部阵亡报告中提到，将调他接任天皇侍从武官的调令，阿部带着给八路军送了好几门大炮的战绩是没法去上任的。

从日军随后的行动来看，其作战部署已经转为报复为主。

说到这里，不能不说一个我对此战一直不明白的地方：从阿部规秀死后日军的动向来看，此战日军主要的攻击目标是晋察冀根据地的核心地区阜平一带。说起来，这里是晋察冀三分区的地盘，三分区司令是后来的四野骁将黄永胜，也是个一听打仗嗷嗷叫的主儿。但是，雁宿崖和黄土岭两仗的指挥官，却是一分区的司令员杨成武（我那个老上级的团，是个地方团，当时也在跟着一分区"学打仗"）。按说，东边的唐县、完县才是他的地盘。

这鬼子要打三分区，怎么一分区的司令来越俎代庖呢？不明白。

我推测原因是阿部的扫荡基地涞源，是属于杨成武一分区的，所以，他先挡一下责无旁贷。

不过，挡得好像狠了点儿，以至于后来没黄永胜什么事儿了。

特别是雁宿崖之战结束后，阿部规秀率领独混第二旅团主力，包括中熊直正中佐第 2 大队、堤赳中佐率领的第 4 大队、森田春次中佐率领的第 5 大队，没有继续向阜平前进，而是紧紧跟随杨成武部，沿着雁宿崖、司各庄、上庄子一路向东追来。

黄土岭，阿部规秀的葬身之地，就在上庄子以西的山地之中。

阿部规秀到黄土岭钻进杨成武的包围圈，还有一个说法，是因为他碰上个奇怪的对手。

这个奇怪的对手，就是晋察冀第一军分区 3 支队司令员曾雍雅。

大家可能都看过《岳飞传》，在青龙山迎战金兀尤的时候，宋军第一路先锋官岳飞、第二路先锋官刘豫、第三路先锋官曹荣……评书写得热闹，让人听得神往。黄土岭之战，杨成武的第一路先锋官，就是曾雍雅。

说到曾先锋官雍雅，我们就不得不回到雁宿崖之战。这里面有个谜团必须解开——辻村宪吉大佐好歹是日本陆军士官学校 24 期的高材生，怎么会那么听话地钻进雁宿崖的包围圈呢？他没长脑子吗？

辻村大佐大摇大摆钻进包围圈，不是因为他没长脑子，是因为他倒霉地碰上了曾雍雅。

在该部日军前进的路上，跟曾雍雅先后打了几次不大不小的战斗，双方是拖拖拉拉打到了雁宿崖。

您说了，这跟敌人拖拖拉拉地打，不是给他报信提高警惕吗？那还能打伏击吗？

您得这么想，要是辻村大佐一路行来，一个八路没碰上，这也很不正常，他反而要警惕了。而曾雍雅呢，恰好是杨成武手下，第一个善于诱敌深入的专家。开国少将曾雍雅，是江西人，参加革命时相当于初中文化，是红军中少有的"知识分子"，脑筋十分灵活。20 世纪 70 年代《解放军文艺》写黄土岭战役，曾经不点名地评价过这位将军打仗的作风，说他去诱敌，敌人是又被折腾得昼夜不宁，烦躁难安，又会被他的节节败退弄得骄横无比，进包围圈的心情跟华北农民赶集似的。

让他去引辻村上钩，再合适不过了，这位日军士官学校的高材生果然跟鱼似的稀里糊涂就进了雁宿崖。

反正，曾雍雅将军算是证明了土八路里面什么人才都有的特点。

派他第一个来迎战阿部规秀，那叫"司马昭之心，路人皆知"。

因为善于诱敌，曾雍雅的部队，有一个外号，就叫"狼诱子"。

唉，这名儿怎么这样熟悉呢？萨在前文写过 1944 年冀东马家峪之战，里头怀疑有个"狼诱子"游击队长溜达到伪"满洲国"，钓来整整一个联队的关东军……

忘了说，那一年，曾雍雅正好调任冀东军区当参谋长，这两者之间有什么关系可不好说。

1949 年，在湖南，也有个叫黄土岭的地方，解放军一三六师和小诸葛白崇禧干上了。有人报告说右翼敌军火力减弱，似要撤退，追不追？一三六师师长曾雍雅说，别信他，那是要引诱我进包围圈呢。

结果，白长官布置的口袋阵，干等了半天也没等来一三六师。

白长官太不了解对手了，曾雍雅的老本行是什么？

现在，杨成武发现阿部规秀在找自己，又把这狼诱子放出去了。

不过这就不是本文的话题所在了，咱们把话题回到余戈所采访的阿部规秀阵亡经过上——这位中将到底是怎么给打死的呢？

四

说阿部规秀之前，还要先回到雁宿崖。

怎么回事儿，都回雁宿崖三趟了，老萨，你这不是狼诱子啊，是转蘑菇嘛！

没办法，有位热心的朋友告诉兄弟一句话："没图片没真相。"说完，给撂下我们需要看一下的此战留下的三张照片来，咱得看看都是什么吧？

图片一，雁宿崖之战缴获的日军大炮。这应该就是冈部直三郎在报告里提到的那两门山炮了。从这张照片上，可判断八路军缴获的日军山炮，是 41 式山炮，而不是更新的 94 式。

相对于 1936 年定型的 94 式山炮，1905 年定型的 41 式山炮式样较老，

图片一

瞄准方式比较落后，但是好在皮实耐用。因此，山西日军投降的时候，装备的大多还是41式山炮。由此可见阿部规秀所部的换装并不彻底。

图片二，也是此战缴获的日军火炮，从画面上来看，似乎是在祝捷大会的会场。可以看到这些火炮比山炮稍小，应当是92式步兵炮，但其中至少有一门的炮车轮子被打坏了。从画面上看，日军所谓只丢掉了两门92式步兵炮，显然是缩小了损失。

值得注意的是，缴获的日军火炮，都没有防盾。推测，这是因为山地作战偕行不便预先拆除的缘故。

图片三，是缴获日军的机枪。正中的就是92式重机枪，旁边的日军轻机枪，应该是著名的歪把子了。如果仔细看，还可以在画面中找到日军独特的89式重掷弹筒的影子。

从这些照片推测，雁宿崖八路军公布的战果，是比较符合事实的。

我们继续说阿部。当年我们老家有一种特殊的"职业"，叫拍花子的。所谓拍花子的，据说专门拐骗妇女儿童，做法是用一种拍花子药，在目标的脑袋上一拍，别管是谁，就会迷失自我，跟着他扬长而去。

案子做得多了，终于被县令孙恩忠大老爷所破。

怎么破的？

其实也不是孙大老爷有本事，是案犯自己做事不谨慎造成的。那拍花

图片二

图片三

子的走在大街上，正看到有个眉清目秀的小孩儿在那儿玩，当即动了邪念。他走上前去，掏出药来，冲着小孩儿脑袋上一甩，自己掉头就走，直奔城门而去。

这对于拍花子的来说，属于熟练工种了，百无一失。不料，就在此时，忽然起了一阵怪风，那把药粉一下子就给吹到街对面去了。

街对面，正好一个胖师傅在卖切糕。有人要买糕，师傅的刀刚举起来，还没切呢，忽然迎面吹来一蓬药粉……

胖师傅当时就晕了，举着菜刀跟着那拍花子的，直眉瞪眼地就奔了城门。

这一个走，一个跟，后面那位还举着把大刀，没法不让人觉得怪异。行人纷纷驻足，指指点点。就在这时候，孙大老爷的轿子正好过来。

慢着，人说了，老萨，你说这卖糕的和阿部规秀有关系吗？

关系倒是没有，但是，1939年11月6日，阿部规秀中将在曾雍雅百般挑逗之下，带着一千多日军，举着大刀到达黄土岭的时候，状态就跟那卖糕的师傅接近。围观的也不少——八路军晋察冀第一军分区一团、二团、三团、二十五团、一支队、三支队，一二〇师特务团，还有大批地方部队，都在周围的山头上看着呢。

不过，在黄土岭上等待阿部规秀中将的，并没有大清七品县令孙大老爷，而是他命里的克星——杨成武的第二路先锋官，第1团团长陈正湘！

陈正湘在正面把阿部规秀整整顶了一天，让其他各部得以对日军形成包围之势。然后，调动炮兵打了阿部规秀的指挥所。这一天，是11月7日。

电影《太行山上》演绎了阿部规秀被击毙的一幕：八路军炮兵雨点般的迫击炮弹在阿部规秀周围爆炸，最终将这名逞英雄的日本陆军中将炸成血葫芦。

实际上，土八路的炮兵炮少，而且一向炮弹奇缺，是不可能拿上百发炮弹一块儿打一个日军的——别说中将，大将也不成，俺们花不起啊。作为电影，《太行山上》更多艺术表现的一面，杨成武要有那么阔绰，就没必要跟阿部规秀在黄土岭转圈子了，估计有直接去端涞源城的可能！

真正陈正湘打阿部规秀用了几发炮弹呢？

四发。

据说，陈正湘是在和日军交手中，在望远镜里发现，在南山根东西向的山梁上，一个山包上有一群身穿黄呢大衣、腰挎战刀的日军指挥官和随员，正举着望远镜观察战况；在距山包100米左右，距离陈正湘800米左右的一个独立小院内，也有挎着战刀的日军指挥官进进出出。陈正湘当机立断，命令通讯主任跑步下山急调炮兵连。炮兵连火速上山后，陈正湘指给他们两个目标，要求他们务必要用迫击炮将这两个目标摧毁。

炮兵（军分区炮兵连）携带一门黄崖洞兵工厂自制的迫击炮上来后，

立即对敌射击，第一发测距，第二发打远，第三发打近，第四发正中目标!

仅仅四发炮弹就击毙日军一个中将，八路军炮兵的技术水平可见一斑。

八路军这种没炮弹逼出来的高技术水准，一直到抗美援朝，依然熠熠生辉。

横城反击战期间，在另一翼拖住美军的三十八军与敌死战于丁盖山，双方都已经精疲力尽。凌晨，三三四团团部突然遭敌猛烈反扑，团长紧急请求师属炮兵支援。因为已经激战一夜，师长杨大易担心炮弹已尽，向炮兵主任询问。炮兵主任回答说还有四发重炮炮弹。

杨师长当即下令："全部打出去，你要保证百发百中!"

炮兵主任摇头："师长，不可能百发百中，我只能保证四发四中。"

师长一愣之下，笑了，说我知道了。

四发炮弹，不够美军打一个试射的。一一二师的炮兵愣是一发没浪费，四发炮弹全砍进了美军的进攻队列中。美国兵慌忙后退，请求炮火支援，三三四团的团部，就这样保住了。

这是一一二师火线报编辑董仁棠亲眼所见，对炮兵主任这种情况下的诙谐印象十分深刻。

这就是八路炮兵的种子。

根据陈正湘的描述，很多人想当然地把阿部规秀算进了山梁上那伙穿军大衣、挂战刀的日本兵之中，而日军描述阿部规秀的死更为传奇——他们说前三发炮弹爆炸的时候，日军已经意识到八路的炮兵很厉害，指挥所附近可能遭到炮击。但是，阿部规秀为了维护军人的尊严挺立不动，拒绝躲开防炮，结果运气不好，被土八路的炮弹击中，当天毙命。

实际上，从当事人回忆看，这两点，都是错误的。

五

阿部规秀被击毙的地点，正是陈正湘所推测的两处重要目标之一。不过，他并不在山梁上那伙穿黄呢子军大衣的日军军官里面，而在山腰上的那座独立院落之中。

用《开国少将曾雍雅》中的描述，这一战曾雍雅指挥的游击支队首先接敌，他们动作飘忽，行踪不定，忽而堵击，忽而后撤，既巧妙地缠住敌人，又不硬抗，使1000多日军无法摆脱，但又无法求战，恼怒异常。7日晨，跟着曾雍雅走到黄土岭，被拍了花子的阿部规秀到底是日军中的"山地战专家"，半夜里忽然明白过味儿来了。根据《华北治安战》的记载，眼看接战的八路既不死战，又死擦着不放，阿部规秀召集部属，讲了自己的判断："敌军这一小部分部队是在不断引诱我军，他们的主力埋伏在黄土岭附近，意图从背后攻击我旅团。"

面对隐隐有合围之势的八路，雁宿崖辻村的惨剧让阿部不敢像跟孟良崮的张灵甫一样来什么中心开花，三十六计走为上，7日晨，阿部规秀部署各路日军开始后撤。

应该说，陆士19期的阿部规秀比陆士24期的辻村要狡猾得多。但是似乎中国的老天也在给八路军帮忙，日军开始撤退的时候，恰好乌云四合，浓雾弥漫。在小雨中的山地行军，穿着皮靴带着大炮的日本兵步履蹒跚，行动迟缓。

发现日军要跑，杨成武果断下令各路部队发起总攻。《华北治安战》记载，由于八路军控制了周围山体的各条棱线，日军完全陷入被围攻之中。

战到下午4点，因为全线战况不利，阿部规秀下令旅团指挥部向第4大队堤纠中佐靠拢。走到半途，和前来迎接的堤纠中佐谈话听取战况后他又改变了主意。阿部决定把指挥所设在第4大队后方一个独立院落里面，并要各部队派通信人员前来听取部署命令。

陈正湘看到山包上那伙穿黄呢子军大衣的日军，应该就是和阿部会面后返回，指挥所部与八路军交战的堤纠中佐一行。不过由于八路军炮兵先打了阿部规秀，结果放跑了堤纠中佐（据说也够狼狈的，遭到炮击时堤纠中佐蹦到一口枯井里才幸免于难，不然，这也是一个大目标）。

那么，阿部规秀是否在从独立院落进出的那些带军刀的日军之中呢？

也不是。当时阿部规秀旅团的部队分散在黄土岭到上庄子之间的几个战场，难以集中。那些带军刀的日军，应该是各部派来听取命令的联络军官。

不过，这些军官的行动，确实暴露了阿部规秀的行踪。

这种情况其实战史中多有教训。安史之乱中，唐将张巡与叛将尹子奇交战。尹的兵多，唐军战局不利。张巡试图狙杀尹子奇使其群龙无首，不战自乱，但找不到目标。于是，他下令部属用芦苇做箭，射向叛军。叛军中箭无伤，发现射来的是芦苇，以为唐军箭尽，飞报尹子奇，结果暴露了叛军的主将。张巡指挥神箭手射之，尹子奇中箭眇一目，叛军因而大败。

这一次日军联络军官们暴露目标，大体与此相同。

阿部规秀作指挥所的这所房子，至今还在。

有趣的是，可能因为到当地采访的记者看过这所视野开阔的房子，所以他们很自然地得出了一个结论，认为阿部规秀是站在房子前面或者堂屋中观察八路军情况时被击中的。

余戈采访的，就是照片上这位老人——当年阿部规秀指挥所所在房子的主人陈汉文。余戈问了老爷子很多细节化的东西，倒是给我们刻划出了一个比较真实的阿部规秀。

陈汉文老汉，在1939年只有六岁。但是因为鬼子来了这一幕太过令人惊悚，他依然清晰地记得阿部规秀的整个战死过程。他记得，阿部规秀是在屋里被击毙的。

陈老汉接下来的一句话，让前面那个结论无法成立：这个房子，原来不是这个样子，当时在堂屋的前面，原来是有一个影壁的，解放后才拆掉。

陈老汉家的影壁，在堂屋外面，距离门口两三米远。

阿部规秀的指挥所，就是这座房子。

如果有个影壁，就意味着阿部规秀在屋里根本看不到外面。不过，外面的子弹炮弹弹片，也会被影壁挡住。

陈老汉回忆，鬼子怕死得很，来了以后，拿他家的羊毛毡浸了水，厚厚地挂在窗户上，据说可以挡子弹。

陈正湘的位置距离这里大约800米，中国自制的步枪子弹在这个距离上已经是强弩之末，碰上这样浸了水的厚毡子，打不穿是正常的。

实际上，日军撤退之后，陈老汉的家人发现，在浸水的羊毛毡上，还嵌着好几块八路军的迫击炮弹弹片，亮晶晶的。

又是防炮弹的毡子，又是厚厚的影壁，在屋里的阿部规秀怎么就给打死了呢？他被炮弹炸死，这房子怎么好像没炸坏什么呢？

看似是谜，其实说穿了，倒也没什么古怪的，只能说阿部规秀的运气好到可以中大彩。

六

阿部规秀，是在陈老汉家的堂屋里被打倒的。

别看是庄户人家，陈老汉家这个房子挺讲究，里面其实是分成三间的。左边一间是一盘大炕，右边一间有灶，是厨房，中间一间是堂屋，本来是空的。

阿部规秀进来，就站在堂屋里，陈老汉回忆这个日本官挺严肃，瘦瘦的。日本兵给他找了条长凳，阿部规秀就坐在长凳上休息。两个日本兵跑到厨房——可不是做饭去了，而是在那里围着个什么东西鼓捣来鼓捣去。门口还站了两个日本哨兵，拿着上了刺刀的步枪。陈老汉不知道，那是日军的备用电台。

杨成武回忆，打阿部规秀，一交手就打掉了他的电台。

和紧跟在后面西侧的绿川、森本两个大队，东侧的110师团都失去了联系，独混第二旅团成了孤军，情况很不妙。

阿部规秀的通信兵努力地试图把备用电台架起来。但是，备用电台功率小，和后方的联络时断时续，让阿部规秀颇为烦恼。

阿部规秀进了门，陈老汉一家子就算倒了霉，全家十几口人，都被赶到左边里间的大炕上坐着，不许说话，也不许动。

这个场景让我想起了小时候玩的"木头人"游戏，其中的核心内容就是不许说话不许动，看谁立场最坚定。

显然，鬼子是没心思和陈老汉一家玩游戏的，但陈老汉一家都很老实，无论老少，连一句话也不敢说——没法不老实啊，旁边儿日本兵端着刺刀看着呐！

当年只有六岁的陈老汉，被祖母抱着，坐在最边儿上。所以，对阿部规秀他看得最清楚。

被围的阿部规秀在做什么？

我们可以有各种推测，比如这位中将可能会声嘶力竭地呼叫部下顶住，再坚持最后五分钟；也可能对着电台狂叫，要求东边不远的 110 师团桑木师团长"看在党国的份儿上拉兄弟一把"；当然，也有可能一脸从容地盯着部下冷然道："慌什么？"

在这个六岁的孩子眼里，阿部规秀和上述动作都不沾边，这个鬼子官儿在长凳上坐了一会儿就不老实了，不断地在堂屋里踱来踱去，踱来踱去，活像他们家拉磨的驴……

难怪陈老汉会产生这样的印象，这个时候的阿部规秀，其实已经没多少事儿可干了——第二混成旅团已经从突围转入阵地防御，下达怎样组织防御命令并不需要他这个旅团长亲自来干，应该是旅团参谋们做好方案，他签字就是了。各部都在和八路军的激战之中，整个战场唯一的变数就是东西两路日军与八路军杨成武谁先和阿部规秀碰面的问题了。

这八路真不是好对付的，闹不好，就先来问候阿部中将了。

2001 年，萨曾与日本历史学者、京都中国归国者联谊会会长伊藤秀夫谈起过阿部规秀。伊藤在战争时代仅仅是个普通步兵，但战后曾对侵华日军做过较多的研究。按照他的说法，阿部规秀在日军中属于一个比较另类的将领。他属于少壮派军人。但是与打仗相比，其更大的特长在于接触政界，力主军人干政，是个唯恐天下不乱的家伙。

伊藤曾举了几个例子来说明这个问题，遗憾的是我当时日语不佳，不是很明白，大致听懂的是这家伙曾参与过组织二二六兵变的小集团活动，但是政变发生的时候却袖手旁观。这一点即说明了他思想上的狂热，又说明了他在政治上还比较成熟。阿部在政界人脉深厚，所以二二六兵变后也没有追究他，反而升官甚快（阿部只是陆士毕业，没有上过陆大，能在1939年混上中将军衔，朝里没有人帮忙是不容易的）。可是因为他在这件事上的朝三暮四，军内许多人对这个火箭干部也有点儿隔膜。以萨看来，这个人有点儿像蒋介石手下十三太保中的丰悌，是那种思想狂热，有才能，受赏识，但与同僚关系一般的人物。

也许因为这个原因，才有将阿部调任天皇侍从武官的举动。

不过呢，这军人一旦整天琢磨政治，打仗的本行上就不免受些影响。比如，1945年以后，国民党军中大批将领都成了深通政治的专家，趋利避害、党同伐异之类的招数层出不穷，精彩万分，但这些玩意儿，偏偏在战场上对林彪、刘伯承一点儿用处都没有。

有位在干休所的网友来信，讲起依然健在的老八路评价阿部规秀，认为这个"山地战专家"在黄土岭一战中，是犯了错误的。

原文如下：

老爷子们说，鬼子的山地作战能力并不是很高，阿部规秀号称是日军的"山地之花"可能指的是他在山地作战中的战术指挥能力，具体的讲比如图上作业、对地形地势的判断等方面，而且黄土岭地势特殊，在没有向导的指引下凭借地图是无法有效地作出正确的兵力运用，还有一点可能是山地限制了鬼子的炮兵运用。日军装备的火炮虽然有些型号是曲射形弹道，但是受到了地形限制使火炮无法完全展开，不少老爷子说一旦失去了炮兵支援日军攻击能力大大下降。

阿部规秀在指挥部队的行军队形为"一字形"队形。这种队形虽然可以使敌人的机枪火力无法有效发挥，可是也极大限制了日军的火力优势，毕竟居高临下的八路军发挥火力上占有优势，而一旦八路军发动冲锋这种"一字形"队列是无法形成有效的防御队形的。这也是阿部规秀指挥上的一个败笔。

末了，老爷子还说真正的山地战专家是杨成武将军，因为黄土岭战役是可以列入军事教材的，这是一个典型的山地歼灭战。杨成武将军在指挥部队除出现了一些战术上的损失外，整场战役战术指挥无一失误，无论战役决心还是指挥能力两者有着较大的差别，老爷子还引用了冈村宁次的一句话"敌非敌，地形是敌"。老爷子着重强调了差别这两个字，老爷子的意思是阿部规秀的战术指挥水平在山地战中确实有一套，只是他遇上了杨成武将军，还有他不了解的八路军，老爷子说完这话时已两眼含泪。

最后一句，让萨忍不住一顿，忽然醒悟，是年，已经是杨成武上将逝世七周年了。

"袍泽"二字代表的情谊，自古，就不是军中以外的人，能够轻易理解的。

谢谢，给提供材料的朋友，也给当年曾和侵略军浴血奋战的我们的老战士们。

对八路军来说，阿部规秀犯了错误，无疑是一件好事，但日军中恐怕也不乏有人想看这位新晋中将的笑话。

周围被八路军团团围困，援军却迟迟不到，难怪阿部规秀中将与驴子走出了相同的步点。

看了日军的史料，才发现我们在抗战历史上，有些方面还缺乏一些深度。

比如，黄土岭之战，我们一直认为此战八路军打掉了日军一个中将。

参考了日军史料之后，萨骤然发现，其实这一仗，我们打掉的日军中将，不是一个，而是两个！

有人说了，老萨，你可别胡说啊，这是要负责任的。

没错，就是两个中将。萨敢负这个责任，手里也确实有过硬的材料。

一个，自然是阿部规秀，还有一个，是谁呢？

七

杨成武的炮弹干掉了阿部规秀，还造就了另一个跟着倒霉的日军中将，就是日军110师团师团长桑木崇明。

阿部规秀临终之时，曾授意部署写下遗书。在这份遗书中，也体现了日本陆军少壮派军官偏激的一面——他在遗书中共有三条嘱托，第一条是如果死后获得旭日勋章，希望家人在祭日张挂以为慰灵；第三条是让家人继续为天皇"圣战"效忠。都是无关紧要的事情，只有第二条，是要家人联合其生前友好，控告桑木崇明见死不救，称其与自己不合，故此援军迟迟不至，隔岸观火，以致出现黄土岭之败。

桑木是比阿部规秀年长的军人，1936年就晋升中将，曾担任参谋本部第一部长，在阿部规秀等少壮派军人眼里，正属于要推翻的"老朽"一流。而桑木对阿部规秀也不甚看得上眼，因此双方关系一直不好。阿部规秀被围后，如果继续向东攻击前进，可以与110师团会合，但他选择了向后转，向来路突围回去会合自己属下的另两个大队主力，或许就是出于对桑木的不信任。

阿部规秀的控告颇有道理，我们在抗日战争史上经常看到日军数十人即可控制一所县城，有人对此十分惊讶，认为当时中国人太缺乏反抗精神。实际上，这是不了解日军的战术特点。日军在华北等地据守时，因其机动能力远非中国军队可比，故此有一套独特的战法。日军守点的兵力一向不多，其重兵都是作为机动兵团部署，一地有警，日军可迅速利用其控制的公路铁路干线迅速将兵力和重武器输送到出事地点，形成兵力上比中国军队少，局部战场上却总是以多打少的局面。所以，日军遭到攻击只要能够略作坚持，就可以控制战斗的主动权，而中国军队因为机动能力差，往往因此陷入敌军重兵攻击，打又打不过，走又走不过的局面。

这次桑木不能及时赶到，的确是让第二混成旅团吃了大苦头。

事实上桑木确实行动迟缓。不过，他的师团辖区，从保定到唐县也是遍地八路，110师团的部队6日才进入唐县境内，离阿部规秀还颇有距离，而且还是山路，地形复杂，与其长期驻守的华北平原地区很不相同。这种情况下，桑木作为老将比较持重一些也是有的，倒未必真是要看阿部规秀的笑话。

然而，死了一个中将，总要有人负责的。于是，无论桑木怎样呼冤，还是在一个月后被卷铺盖回国，编入预备役，一直到日本战败再未带兵。

冥冥之中阿部规秀总算出了一口恶气——那个八路杨成武命硬，我拿他没办法，克你桑木崇明，总做得到吧！

桑木："你这是吃不到黄鼠狼吃鸡啊，什么思想境界？！"

不管怎么说，杨成武这一炮，打死一个中将，让一个中将解职，大概是抗战史上最有效率的一炮了。

那么，问题回到阿部规秀中炮上来，既然阿部规秀在陈老汉家的堂屋里，外面又有一扇影壁，他是怎么挨上炮弹的呢？

陈汉文老汉是此事的目击证人。

阿部规秀踱来踱去了一阵，忽然和陈老汉来了一下亲密接触。

怎样的亲密接触呢？余戈是这样转述陈老汉的说明的：阿部规秀踱来踱去，看来心绪不佳。他踱到陈老汉一家坐的炕边，一只手扶着下巴，低着头，无意识地往炕沿上一靠，站在那儿，似乎在想什么心事。就这一靠，他的军刀刀鞘恰好顶在陈老汉身上！

阿部死后，八路军曾缴获一口带有阿部家徽的军刀，不知道是不是这口。

这个场景，陈老汉记忆犹新。

好在，阿部并没有顶多久，他又踱了几步，就坐在了长凳上，面朝门外，一言不发。

此时，周围响起了炮弹爆炸的声音，估计就是八路军试射的几发炮弹。

阿部规秀并没有像有些描写那样蹦起来去看，他依然是坐在那里，呆顿顿的。

走出陈老汉的回忆之外，萨有一个推测：阿部规秀很可能此时在琢磨仗打成这个样子如何交待了。战场上有一两颗炮弹爆炸，不是他这个级别的将领要去关心的事情。

然而，他不关心并不代表别人不关心。后来的情况表明，一直没有炮火掩护的八路军突然开始炮击，让很多日军军官产生了不祥的预感。旅团部的参谋等纷纷躲在影壁后向外张望，讨论八路军的炮阵地在哪里。在山顶指挥作战的堤纠中佐，更是清晰地看到了阿部规秀指挥所中炮的经过。所以，当八路军炮兵转过来开始对他试射的时候，这位"猛将"毫不犹豫地就跳了枯井，结果捡了一条性命。

就在此时，只听院中轰然一声巨响，剧烈的爆炸冲击波合着弹片从大门狂飚而入，当即将阿部规秀连人带长凳击倒在地！

也许是因为这个经过太震撼，陈汉文老汉回忆不起来更多的细节（比如阿部规秀中弹后是否发出惨叫）。

他只记得门后的两个日本兵因为门扇的保护显然是没伤着，而阿部规秀是否受伤炕上的陈家人也不知道，屋里的日本兵匆忙用大衣把阿部规秀裹起来抱了出去。

然后……

然后就什么都没有了。

周围没有任何动静，陈家的人在炕上久久地坐着，却没有任何人搭理。终于，有人大着胆子下炕去看，只见院子周围的日本兵像鬼魂儿一样，仿佛从平地上骤然消失了。

屋里，阿部规秀倒下的地方，也没有血迹。

但是，院子里却留下了一个炮弹爆炸后的大坑，地方，正在影壁和堂屋大门间的两三米空地上！影壁对着堂屋一面，也到处可见嵌入的弹片。

这一炮，只能说打得太神奇了。如果打得稍微靠前一点，在影壁前爆炸，弹片会被影壁挡住，根本不会炸伤阿部规秀。打得偏一点，只会击毁两侧的厢房，还是伤不到阿部规秀，要是远一点儿呢，就掉到房子后面的沟里去了。

按照日方记载，这一炮除了击毙阿部规秀，还毙伤了包括第二混成旅团作战参谋木甑田下少佐等12名官兵。

开始，我对这个战绩深表怀疑，这个炮弹怎么威力如此之大？要达到这个效果，除非是直接打到人堆里去。

还真让老萨说对了，正是因为有那块影壁，阿部旅团部的原来分散在院子里的人员听见炮声都躲到了影壁后面防炮，谁知……谁知这邪门的八路愣把炮弹跟扔篮球一样扔到影壁后面来了！

影壁和堂屋之间只有两三米的距离，躲了一大帮人，这个地方扔个炮弹下来，只炸着12个，那还算是少的呢。

陈老汉家的房子一点儿事儿都没有，至今已经八十年了，那所挨过炮弹的房子屹立如初。

是不是修过？余戈问老汉。

老汉牢骚大了，政府不让我翻盖，又不给钱帮我修！

之所以出现这个只杀鬼子不炸房子的效果，大概跟八路军的炮弹有关系。

击毙阿部规秀的迫
击炮，如今在中国军事
博物馆展出。

八路的迫击炮弹是自制的，据我听老兵工说当时是用白铁皮焊接制作的，为了增加爆炸威力和破片，在炮弹中间插一根空心铁管，在炮弹上用锉刀锉出沟纹。

这样的炮弹主要作用是杀伤人员，如果不是直接命中，对建筑物的破坏作用倒不大。可以想象炮弹在陈老汉家门前爆炸后，撕裂的白铁皮弹片就像一把把飞舞的长刀一样漫天飞舞。也真够鬼子开眼的，也许个别精通汉学的日本兵还会想起公孙大娘的剑器舞来……

阿部规秀的腹部被弹片豁开，下肢多处负伤，经抢救无效，在当晚死去，成为日俄战争以后，日军第一名在战场上被击毙的中将。

感谢余戈，深入实地的采访，让我们知道了这一战最关键的一幕，究竟是怎样发生的。

最后，说一个也许大家感兴趣的经济问题。阿部规秀死了，日本陆军曾表示"厚加抚恤"，那么，这笔抚恤金是多少呢？

恰好在阿部规秀阵亡的文件附件中发现了一则抚恤说明，其中提到：按照当时日本首相米内光政的批示，阿部规秀共为日本陆军服役32年，所以阵亡后从优发放16个月的薪金作为抚恤金。

阿部规秀一个月挣多少钱呢？

是日元四百八十三块三毛三。

那么总的抚恤金金额呢？最后经过调整核算，共发给了他家七千七百三十四日元。

忽然想起来，看见某公司的职员打官司，说是自己给公司干了十年，老板解雇了他才给了十八个月的工资，太少了，至少要二十四个月的。

二十四个月的工资，一千二百万日元，不能再少了……

估计阿部规秀中将听见这句话，能气得从坟里爬出来。

与汝偕亡

——十八团大清桥伏击战

萨的老家当年有一支著名的"攻城八路"——冀中十八团，善于攻坚。土匪孟克臣投日，被冀中十八团和保满支队解决，余部逃进日军据守的大清桥据点。十八团一围三天，日军和土匪奋力顽抗。日本兵和土匪的枪法都极准，没有重武器根本打不进去，鬼子不叫援军，在炮楼顶上对着八路嗷嗷叫板，气焰十分嚣张。

有人提出向吕正操司令要炮去，当时的一个副团长，我们平乡老乡，作战经验丰富，也如是说——就手里这点儿东西玩不出花样来？

于是，土八路开会，开完会，第二天就来了邪的。

怎么邪？

大清桥据点地势较低，当时正逢夏季河流涨水，八路掘开了滹沱河河堤，水灌大清桥据点。

日军对此早有意识，只是觉得地势相差不大，八路掘堤也最多淹炮楼的底层，大清桥据点是四层大炮楼子，根本不怕，反而可以提供更多水源。所以，虽然看到八路上了河堤，日军也没有加以阻止。

要说日军的想法也有道理，可他也不想想，低估中国人的智慧是什么后果？

于是两天以后八路半夜掘堤，河水漫灌，把据点周围变成了一个浅浅的死水洼。早晨，据点的日军起床就闻到一股奇异的味道，而且立刻发现这味道对食欲绝对不是良性刺激。

哪儿来的恶劣味道呢？就是那流过来的河水。

河水，本来是没有味道的。但是，这两天八路同志们可没闲着，在广大人民群众的支持下，附近各村收集来的大量粪尿统统倒进了堤坝的缺口，水一冲，这些黄白之物自然就直奔炮楼周围而去……

八路等了整整一天，鬼子都没上楼顶叫板。

有门儿。

此后的几天，受到鼓励的八路不断巩固成果，更在其中加入死猫死狗等物。时值盛夏，用现在话说，空气对流强烈，气味"宜人"。远远望去，蚊蚋横生，酷日如焚之下那黄色的死水洼晒得冒泡，炮楼周围隐隐有轻烟缭绕。大清桥据点的守军饮食俱废，纷纷染疫，不要说上楼示威，连站岗的都出不来了。

没办法，在恶臭和疾病的里外夹攻（后来知道守军中多染恶痢）之下，守到第十天日军和土匪伪军冒死突围。

据说战后新华社想让十八团的战士站到炮楼上，拍一张《十八团胜利攻克大清桥据点》的照片。十八团上下就是不配合，只说等天冷了以后再说吧。

虽然跑了题，却可以看出这支军队的东方式智慧。

不过，据我所知，这一仗，远不是这样轻松。

日军和伪军杀出那一片令人恐怖的黄色沼泽就进了十八团的包围圈……

那一仗，日军就跑了一个小队长、一个翻译。是这个翻译把受伤的日军小队长扮成中国人，利用八路军的政策逃脱的。这支伪军的指挥官孟克臣不久被镇压。

日本战败的时候，别的汉奸多被老百姓打死，这个翻译被感恩戴德的日军小队长带到了东洋兵库县，在这儿入了日本籍隐姓埋名地生活了下来，一呆，就是五十多年。2000年，我和风烛残年的这个人相遇，并曾深为这个叫做武田的"日本人"的热情和亲华所感动，直到他告诉我这段历史。

武田在医院里给我讲了和十八团的那一战。

当日军和伪军冒着冷枪行军，压缩队形翻上一座山丘的时候，当先的日军尖兵忽然目瞪口呆。

几百名八路军战士，就在山坡的反斜面静静地排成阵形，鸦雀无声地等待着他们。武田讲十八团不是"土八路"，那是八路军的主力团，精锐。

从山坡上望下去，八路军战士三八式步枪上装好的刺刀仿佛白色的树林，在阳光下闪着寒光，却一动不动。

一时坡上坡下静得可以听到人的心跳。

武田形容当时心中是"血液凝固"般的冰冷。

或许八路军指挥员等的就是这一刻，只听一声"杀！"排成阵形的八路军战士顿时像崩开河堤的水一样呐喊着猛扑上来，势不可挡。这个情节有几点可以强调：

第一，武田觉得从看到八路军到肉搏开始，几乎没有任何时间停顿，日军根本来不及反应。这或许是距离很近，或者是武田当时过于紧张，忽略了时间；第二，八路军肉搏前先开了一排枪，日军的小队长指挥官就是被这一排枪打中，倒了下去；第三，武田形容八路军的那一声"杀"凶狠凄厉，令人胆寒。因为他模仿这个"杀"，把医院的护士小姐都招来了。

周围都是惨叫声和咒骂声。

战斗激烈而短暂，七八个八路军战士围着一个日军的拼刺持续不了几分钟。幸好八路军冲锋的时候就有人在喊——"老乡，缴枪""中国人不打中国人""伪军缴枪不杀，往两边跑"这样的口号，伪军们要么跪地投降，要么扔下枪逃走。

武田（我不知道他中文的姓）滚到一边的草丛中，发现那个受伤的小队长也摔倒在离他很近的地方。因为他平时和这个小队长"交情"好，武田爬过去把小队长的日军军服脱掉，背着他逃走。

那一仗，日军就活了这小队长一个，伤好后被解职进了预备役。

冀中十八团！

能打硬仗的冀中十八团！

幽燕子弟的冀中十八团！

……

那个时候我们的祖宗，不但有智慧，更有骨头。

武田说我也是河北人呢，咱们是老乡。

武田请我给他找些中国的录像带和画报来，他说他老了，很想回国。

武田请我给他打听打听，现在回中国，还会不会被追究呢？

我告诉他，巧了，我家的一个亲戚，承德军分区后勤部的朱智海部长，原来就是十八团的敌工干事，我给你问问他。武田说太好了，问问他愿意不愿意交我这个朋友。

我问了朱部长，他还记得这场战斗。他说，鬼子顽强得很，那一仗冀中十八团阵亡了13个人，有一个战士的肠子被挑出来还刺杀了一个日本军曹，当天晚上没有抢救过来……

听到武田想交朋友的话，电话里，有一段沉默。我想象着这个老八路清瘦的面孔，猜测着，他肯定是吊着眼仁，一边嘴角微微翘起的那个样子——每次他想问题用心的时候都是这个表情。

末了，朱部长回话了，他没回应武田要交朋友这件事，只是问："他想要看国内的片子？好吧，我给他寄一套《八路军》去。"

武田在 2006 年夏天病死于日本尼崎市立医院，最终，也没有回来。

对于武田，我个人感情很复杂。在我刚到日本的时候，他曾经给我很多帮助，而他在我那里，看着国内的照片边看边擦眼泪的情景一如眼前。可是他从来不说自己当时做翻译官是错的，只说是"没法子"，抢救日军小队长，是因为"交情"。

这样说也不是完全不能解释。然而，想起晋梦奇司令在刘家窑殉国的那一枪，在别人唱着"高粱红了"走上抵抗侵略的战场时，他却因为"交情"抢救敌国的军官，给烧杀抢掠实行三光的敌军提供帮助。这个解释实难信服。我想，或许武田在日本久了，也学会了死不认错的毛病。

十八团在兵力明显占优的情况下，为何要拼刺刀？采用残酷的白刃战解决战斗？

朱部长讲并非是为了节省子弹，而是因为两个原因。

第一个原因是此战日军带着机枪，伪军也多是土匪，枪法很好，而八路军由于子弹奇缺，训练中实弹射击较少。如果对射，我军损失必大。一排枪后直接进入白刃战，可以最大地发挥我军人多，白刃战训练多的优势（其实训练上日军白刃战也很厉害，一对一还是要吃亏的），可以尽快结束战斗（日军援军乘汽车来得很快，这也是打扫战场潦草，放跑了日军小队长的原因）。

另一个原因就特别了，十八团当时的政委在战前下到一线（此战十八团实际出动一个营），让战士们擦干净刺刀，一个个检查，然后在队前对战士们作动员——"今天回来，刺刀不见红的不是好汉子！"

这种战斗动员的结果是全营上下嗷嗷叫，斗志高扬。

某位元帅说过，不敢刺刀见红的部队不是好部队。

这个政委的名字，朱部长和我说过，仓促间没有记住。五一扫荡前后十八团有一次血战，这个政委在那次战斗中阵亡。五一扫荡中十八团团长、政委、政治部主任都先后牺牲（一说团长重伤，政委牺牲），我在国内曾经看到过这次战斗的记录，确有此事，但材料不在身边，如果有方便查阅国内史料的朋友可以帮我调查一下，这位政委的名字也就能够找到了。这个政委，朱部长说他"白净子，有文化，对兵特别好，打起仗来脾气暴烈，带队冲锋"。

这个政委的名字后来查到是朱爱华。看来，那个时候的政委，可不仅仅是政工干部。

八路军埋伏在反斜面的原因。这件事朱部长也曾解释过，其中背后的原因很让我震撼。

一方面，日军带着伤员，队形不能拉得太长也是八路军采用这个战术的一个原因。这样战斗开始的时候，日军和伪军几乎都在山坡的棱线上，目标明显，一排枪的杀伤极大。

更重要的一点是，埋伏在反斜面，的确我军在冲锋的时候要吃一点亏，但是却给了日军一个无法选择的命题——你如果掉头逃跑，那么我上你下，地势开阔，你肯定要被我打死的。日军唯一的选择，就是冲下来拼命夺路。

七八倍的兵力优势，能让你突出去吗？

十八团在山坡反斜面摆开白刃战的队形，含义十分清晰——那就是我的战斗决心。

今天，你和我只有一个能活着回去。

你死我活，与汝偕亡，没有第二条路可选。

朱部长说，像大清桥这样的仗，冀中天天都在打。

日本海军"轰炸之王"的坠落

在《寻访抗战老兵——中国空军黄肇濂》一文中，描述了一场抗战史上令人难忘的空战——1939年11月4日，成都上空爆发了一次抗战史上令人难忘的空战。中国空军29中队副中队长邓从凯带伤起飞，单机冲入日军轰炸机的密集火网，直扑敌领队长机，一举击落日军航空兵名将、海军大佐（死后追晋少将）奥田喜久司乘坐的三菱G3M中型轰炸机，自己也在此战中壮烈殉国。

是役，中国空军邓从凯（2903号机）和26中队段文郁（2609号机）战死，日方承认我军击落日本海航中型轰炸机4架。

事后，中国方面在奥田喜久司座机中找到了他刻有"轰炸之王"字样

中国空军的伊–15比斯战斗机，邓从凯使用的，就是这种战斗机。

日本兵库县神户高等学校，奥田的母校。这里的礼堂舞台上至今悬挂有一枚浅间号巡洋舰的船钟，这枚船钟就是奥田喜久司当年弄来送给自己母校的。上面还铭刻了当时海军大臣米内光政题写的"报国之钟"字样——在日本的记录中，奥田与很多高官关系密切，更像是一个在政治场合长袖善舞的风云人物而不像个一线军官。

的短剑、护身银佛等遗物，我国抗战史研究专家樊建川先生至今保存着奥田座机的一块碎片。

这个日军大佐究竟何许人也，竟能有"轰炸之王"的美誉？他又是怎样踏上这次死亡的征程呢？

假如邓从凯中队长晓得，自己击落的这个大佐，不但是日本海军的"轰炸之王"，而且还是日本派驻国际联盟的一名特别代表，不知道他会有怎样的感想。

奥田喜久司，日本兵库县人，1894 年出生于一个军人世家，1914 年海军兵学校 42 期毕业，1922 年被派到美国留学，1923 年进入海军大学高级研修班学习。他在海军大学毕业论文中大力提倡战略轰炸理论，成为日本海军早期轰炸机部队最重要的领军人物之一。

1925 年，奥田喜久司进入日本海军航空兵的摇篮——霞浦航空队担任教务副官和轰炸教官。根据日本《水交社》的资料，奥田喜久司所谓"轰炸之王"的大名，就是此时得到的。他由于在演习中将炸弹直接投进了靶舰的烟囱而一举夺得了刻有"爆撃の王様"字样的短剑。奥田对这口短剑十分珍视，一直携带在身边，直到他被击落后成了中国空军的战利品。因为他教学出色，理论扎实，1926 年被提升为海军少佐，并转任海军大学航空兵轰炸教官。

这段经历，后来被附会为奥田曾经在九一八之夜参加了轰炸沈阳的作战，并把炸弹扔进了沈阳兵工厂的烟囱里。

实际上 1931 年奥田不大可能出现在沈阳。首先，九一八的主要策划者是关东军，属于陆军，奥田则属于日本海军，二者之间存在不小的矛盾，双方不大可能在沈阳有这样密切的合作；其次，九一八事变时，奥田正在日本军令部任职，正准备以"天皇侍从武官"的身份参加 12 月份在日内瓦召开的国际联盟世界裁军会议。当时，正值《伦敦海军条约》签署一周年之际，这个条约规定了美国、英国、日本的战舰吨位比例，仅仅是一个暂时性的限制条款，列强对此并不满意。因此，刚刚签约，对这个条约的修改讨论就展开了。从 1931 年到 1933 年，各国为此在日内瓦进行了长达三年的拉锯谈判。奥田就是日本代表团的代表之一，三年里参加了无数次谈判，职位也从随员一直提升到全权领队。

奥田在日内瓦会议的纪念品。这张阿尔卑斯山的明信片上，是当时日本代表团四巨头的签名，分别是海军代表永野修身大将、陆军代表松井石根大将、驻英国和法国的两名大使。右侧可见奥田的题字和说明。

这个马拉松谈判，终因日本贪心太甚而最终破产。1934年，奥田喜久司回国，继续鼓吹战略轰炸理论。1935年，他升任海军大佐、神威号水上飞机母舰舰长，此后又升任联合舰队航空本部总务课长。

抗日战争爆发时，日本海军以鹿屋、木更津两个航空战队编成第1联合战队，负责战略轰炸，以12、13两个航空战队编成第2联合战队，负责制空战斗。随着武汉战役的结束，日军海军航空兵承担的轰炸任务比例明显增加，因此将大量轰炸机配属给第12、13航空队，以改变其任务性质。1938年12月，奥田喜久司调任海军第13航空队司令。以这样一位轰炸机专家领衔，意味着第13航空战队的任务向轰炸过渡，也带有一点让长期脱离一线战场的奥田镀金以便提升的意味。

奥田喜久司果然不愧"轰炸之王"的大名，他上任后狠抓日军远程轰炸训练，从1939年5月开始，日军13航空战队多次组织了对重庆的大规模轰炸。

1939年11月4日，日军第13航空队、鹿屋航空队、木更津航空队全军出击，从武汉王家墩机场起飞，轰炸中国抗战的重要后方基地——成都。其兵力包括第13航空战队的36架96G3M轰炸机、鹿屋航空队的18架轰炸机和木更津航空队的18架轰炸机。这是一次日军罕见的大规模轰炸行动。

负责指挥这次战斗的日军指挥官，便是第13航空队司令官、海军航空

武汉战役中的日军神威号水上飞机母舰，排水量17000吨，曾活跃于对华侵略的战场，1945年被中美联合空军重伤坐沉于香港。

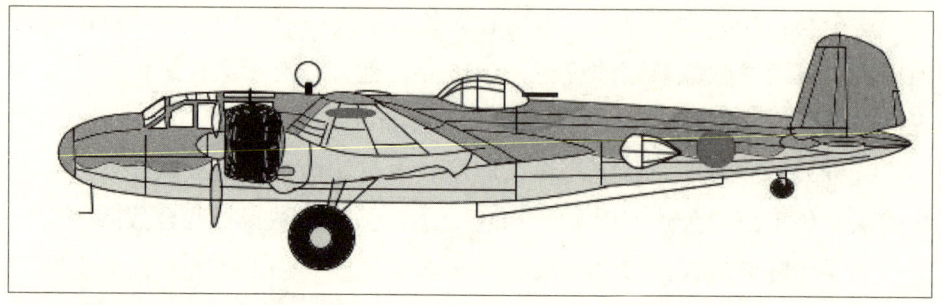

三菱 96 式 G3M 中型轰炸机，在从意大利订购的伊式重爆屡次被中国空军击落的情况下，日军转而对这种国产轰炸机投以青睐。

兵大佐奥田喜久司。

由来镀金的奥田指挥这次大规模的轰炸，有一点奇怪。因为鹿屋和木更津航空队都属于第 1 联合战队，与他指挥的第 13 航空战队属于平行关系，互不统属。不过如果知道日军组织这次轰炸的原因，也就可以了然——日军组织这次轰炸，是为了报复 10 月 2 日中国空军和苏联志愿航空队对汉口机场的奇袭。那一次巧妙的突然袭击不但击毁击伤日军飞机一百六十余架，而且重创了日军航空兵在华的指挥机关——日军第 1 联合航空战队司令官筱原二四三少将和鹿屋航空队司令官大林大佐重伤，木更津航空队副司令官石川大佐战死。在武汉而未列入伤亡名单的日军航空兵司令官级别的高级军官，只剩了奥田喜久司一人。

遭到打击的日军恼羞成怒，严令迅速运来新机，对中国空军的基地进行报复。这种情况下，奥田指挥这次战斗责无旁贷。

不过，考虑到部队的统属问题，善于协调的奥田把出击部队分为两个方阵，第一方阵是他亲率的第 13 航空战队 36 架轰炸机，第二方阵则是鹿屋和木更津航空队的另外 36 架轰炸机。第二方阵的具体指挥，仍然由两航空队的军官自行负责指挥。

由于日军当时装备的 97 式战斗机还没有足够的航程可以掩护这种远距离轰炸，奥田采用将轰炸机密集编队，依靠各机机枪和火炮相互配合组成火网来进行防御——每架 96 式 G3M 中型轰炸机装备有 1 门 20 毫米机关炮和 3 座机枪炮塔，在当时算是很不错的自卫火力。这种做法，在美军 B-24、

B17 轰炸机对德国、日本的战略轰炸中，也是常用的战术。不过和 B-17"空中堡垒"那种全身如同刺猬一样的自卫炮火相比，96 式就显得太单薄了，这也是奥田的密集阵战术不能奏效的原因。

应该说，虽然当时日军在华空中力量占有绝对优势，但其急于报复的心理使这次轰炸的准备并不充分。实战中，日军因此暴露出了极大的问题。由于飞机多为修复的负伤飞机或刚刚运来尚未磨合的新机，途中日军轰炸机不断出现故障返航，先后有 18 架飞机退出战斗，真正到达战场的只有 54 架轰炸机。

中国空军迎战的部队，是第 5 大队全部三个中队，包括：

27 中队，中队长谢荃和，装备法国道华玎 D510 战斗机的 7 架、苏制伊-15 比斯战斗机 7 架。

26 中队，中队长段文郁，装备苏制伊-16 战斗机 6 架。

29 中队，副中队长邓从凯，装备苏制伊-15 比斯战斗机 9 架。

虽然数量上处于劣势，但由于中国空军的战斗机更加灵活，装备有高空作战所需的氧气面罩，特别是邓从凯等人无畏的突击冲散了日军防卫阵型，最终取得了此战的胜利，并把日本海军的"轰炸之王"永远留在了这块土地上。

值得一提的是，指挥这次战斗的中方最高指挥官、第 5 大队副大队长

中国空军飞行员，前排左二即王汉勋。

王汉勋，是一个很值得注意的人物——他的女友，就是著名的中国特工女英雄郑苹如。1939年，郑苹如受命到上海接近并伺机行刺大汉奸丁默邨，不幸壮志未酬，被捕遇害。有人说，她就是《色戒》中女主角王佳芝的原型。

关于两人的恋情，我们只知道很少的详情——两人曾相约胜利后结婚，王汉勋只留下一张单人照片，背后有一行小字："送给我最最亲爱的人，苹如你。"郑苹如则给了王汉勋一个奇特的外号"大熊"。

成都之战，王汉勋在简阳上空击落日机一架。

1944年，王汉勋在桂林牺牲。

综合各方资料，邓从凯在此战中的表现也有一点争议——因为邓所在的第29中队是稍晚到达战场的，他的确被目击曾经冲向日军轰炸机方阵，并将其带队长机击落。但因为奥田所在的第一方阵此前已经遭到第27中队的猛烈打击，邓从凯冲击的可能是日军的第二方阵，被他击落的日军领队轰炸机应该是鹿屋航空队第3中队中队长细川直三大尉的座机。

有一种说法认为奥田的座机是被27中队的一架D-510战斗机用20毫米机炮击中右翼根部，而后油箱起火而坠落的。而日军的说法更为奇妙，称奥田的死是"自爆"，也就是中弹起火后向下俯冲，试图撞击中方地面目标。日方飞行员形容他的飞机因为俯冲"自爆"的角度太大，把两个翅膀都飞掉了，机身如同一根铅笔一样冲向地面。

这个描述，倒是和目击者所见比较相似，中方称这架敌机坠落时没有落地翅膀。但是，这里面有一个微妙的地方需要注意。

那就是奥田的座机并不是撞毁在成都的军事或民用目标上，而是撞毁在成都以东80公里的稻田里。所以，他不可能是所谓的"自爆"——用自己的飞机撞击稻田，这种死法亏"轰炸之王"想得出来！

邓从凯的座机，就坠落在它的附近。

根据这一点，我对此战的看法是这样的：奥田很可能是在空战中被27中队的D-510战斗机击伤，而后试图带伤脱离战场——以96式的巡航速度，它可能坚持了十来分钟才能飞到坠机地点，如果考虑到发动机受损，可能飞的时间更长。邓从凯发现了这架负伤逃走的敌机，驾驶他的伊-15比斯从背后追了上来，用一阵猛烈的扫射打死了奥田机的驾驶员——失去控制的奥田机因此才能玩出铅笔式的坠落动作来。

但是，因为邓是从敌机后方进入，这里正是96式背部自卫炮塔的射击范围，邓的飞机也同时中弹坠落，与敌同归于尽。否则，两机很难这样凑巧坠落于同一地点。

不管当时的细节究竟是怎样，我们只知道奥田的死对日军震动很大。

日本海军航空兵名将入佐俊佳（后来的大凤号航空部队指挥官）听到奥田的死，黯然摘下了自己的军衔章，说道："我出击的时候就不带任何表明身份的东西了，死了，就无名地死掉吧。"

是啊，"轰炸之王"的死，实在是不怎么光彩的。

晴天霹雳

——震惊日军大本营的"上海号"事件

珍珠港事变前夕，一架名为"上海号"的 DC-3 运输机在广东神秘失踪，曾让日军大本营惊惶失措，险些改变了整个第二次世界大战的进程。中日双方关于此事件的资料颇为翔实，二战历史作家吉村昭甚至专门写了一部《大本营震惊之日》来描述这一事件。

1941 年 12 月 1 日晚，珍珠港事变前的一个星期。

从东京的大本营陆军部、海军部，正在向珍珠港航行的联合舰队第一航空队（只收报不发报），到台北的南方军总司令官寺内寿一大将，到广东前线的第 23 军"波"部队司令官酒井隆中将，整个日本指挥机关都被一个沉重的消息压抑着——应该在当天下午到达广州的"上海号"民航机，依然没有到达。从时间推断，该机的油料最多也只能维持到下午 5 点，此时，肯定已经迫降或者坠毁。日军大本营严令在南京的"中国派遣军总司令部"全力寻找。

"上海号"何方神圣？它的安危竟让日本全军如此震动。

"上海号"，是中华航空公司使用的一架 DC-3 民用运输机，固定飞行上海—广州航线，12 月 1 日从上海虹桥机场起飞，载客 14 人，机组人员 4 人，总计 18 人前往广州。这个中华航空公司和今天在台北的中华航空公司不是一家，而是日本在侵华战争中建立的民用航空公司。它使用的飞机中有四架当时较为先进的 DC-3 运输机，或为日本按照许可证生产，或为侵华战争

"上海号"是一架美式 DC-3 运输机（日本仿制时称为零式运输机），是当时民航普遍采用的机种，以安全可靠著称。这架飞机并不是"上海号"本身，而是一架当时日军使用的同型机，"上海号"属于民航机，没有日军的旭日徽标志。

中缴获，分别命名为"昆明号""重庆号""中山号"和"上海号"，用于日本占领区的定期班机飞行。

日军在中国前线每天无事战死三位数，这样一架不大不小的民用飞机，怎么会让整个日军指挥机关一片忙乱呢？

这架飞机上面，的确有一些非同小可的人物。当时日军在南洋的战事尚未打响，但嗅觉最灵敏的新闻界已经感到南方的空气中有一丝不正常的气息。日本第二大新闻社《每日新闻》上海支局局长田知花信量、新闻电影制片厂的主任摄影师矶部奉命乘该机前往广东，第十五航空通信联队的宫原大吉中尉等一批日军技术人员也乘该机到广州待命。他们还不知道紧急调动自己前往广东，是为了南洋作战打响后增强南方军方面的通信技术力量。

然而，如果只有他们，这架飞机的重要性还不算高，真正要命的是这架飞机上还有日本陆军大本营（兼中国派遣军）联络参谋杉坂共之少佐一行，杉坂的身上携带着大本营"极秘"的"あ号作战"开战命令！

"あ号作战"，就是日军打响太平洋战争的一连串军事部署中，由广东方面第 23 军"波"部队执行的攻占香港的作战方案。更可怕的是杉坂所携带的文件，还提到了奇袭珍珠港的作战计划。因为"あ号作战"的开战命令中，要求"波"部队必须等待珍珠港奇袭成功后，才可以发起对香港的攻击。

这份作战命令的第一页如下：

大本营杉山元大将发

一、大陆令第五七二号（鹰）发令如下

二、开战时间 × 日，确认为 12 月 8 日（代号"ヤマガタ"）

三、御棱威（日本天皇的代号）预祝诸君作战成功

……

从明确记载开战时间，就可以看出这份文件的重要性。由于日军对夏威夷和南洋方面作战成功的希望寄托在"奇袭"上，因此对开战命令的保密极为严格，派出杉坂携带密件乘坐民航机飞往广东，而不使用电波传送，不使用日军军用飞机，就是为了增强保密性。事实上，即便是日军中国派遣军总军司令官畑俊六大将，也是到 12 月 2 日，也就是第二天下午 3 点，才得到开战的命令！这些措施对盟军产生了相当大的迷惑性，无论美英，对日军即将立即开战毫无觉察，直到珍珠港事变前一天，美国情报人员才破获了日军密电，得知日军确认谈判破裂，即将开战，并急报马歇尔将军。遗憾的是，破获的情报对日军开战时间、进攻方向一无所知，又经历了一连串阴差阳错的耽搁，而未能给夏威夷和南洋守军提供任何预警。假如杉坂手中的命令落入中国方面手中转交英美，那整个太平洋战争的局面都可能逆转——要知道这时离日军奇袭珍珠港还有整整一周时间！

难怪日军整个指挥机关一片混乱（日军称为"惊天动地的大骚动"，大本营海军部、陆军部的幕僚们"呆然""Shock"）。

日军最担心的，就是中国方面的情报人员预先发现了杉坂的身份，在飞机上做手脚，令其中途坠毁，或者调动战斗机截击。这种担心并非没有道理，中国的情报部门在二战中效率极高。这之前，中国方面虽然没有获得日军的作战计划，但是戴笠所属的军统局已经根据掌握的各种情报，分析得出结论，通知美方——日军可能要偷袭珍珠港，时间就在 12 月上旬！

遗憾的是，美军压根就没有重视中国方面的警告。这也是因为中国方面曾经多次提供日军即将袭击美军的情报，而美军一律认为这是中国试图挑起美日冲突的阴谋。直到真的发生了珍珠港事变，美方才认识到中国方面的情报能力，并在二战中与中国展开了卓有成效的情报合作。

不要说美军不重视，连军统内部对这样的情报也半信半疑，军统大将文强是相信日军对美开战这一危险的。然而，当他和军统香港站站长王新衡讨论这一问题时，王新衡的反应是"蛇怎么可以吞象"。

也难怪，这个作战计划太匪夷所思了，不是日本海军参谋奇才黑岛龟人的怪脑袋，根本想不出来。

可要是从日军缴获到作战计划，那各方对这一危险的态度毫无疑问会发生180度的大转弯。

根据飞行管制的记录，日军发现，"上海号"最后的停留地是台湾松山机场。12月1日上午，该机到达松山机场加油。《每日新闻》台北部部长富田幸男到机场拜会田知花信量局长，曾经看到杉坂参谋在休息室闲坐。下午1点30分，"上海号"起飞前往广东，就此一去不复返。按照气象记录，当时广东大亚湾一带正有一个暴风云团经过。

无疑，"上海号"和杉坂的命运，就隐藏在从台北到广州的旅程里。但是，日军驻广东的第七航空联队虽然全体出动沿着航线寻找，却一连两天一无所获。到12月3日，日军整个指挥机构都陷入了抓狂的状态。

正在此时，南京日军中国派遣军总司令部，奉命严密监视中国方面各电台信号的特高课译电班（特情），译出一份重要的电文：

"1日14时，职部平山墟守军狙击大型日机一架，该机坠毁于稻田，有四名日兵进行顽抗，为我击毙，并在机内发现坠毁时死亡三人，现正进一步调查核实战果中。"

得此重大情报，日军压抑的气氛顿时为之一变，再看发报的单位——"第七战区独立第九旅"。

独立第九旅？

听到这个番号，负责搜寻的日军不禁倒吸一口冷气。

独立第九旅，对于熟悉抗战历史的朋友，应该不是一个陌生的名字。

独九旅和独二十旅是中国广东方面第七战区最精锐的部队，因为全体戴钢盔而在粤军中形象独特（粤军装备简陋，多用软帽和竹盔）。日军进攻香港时，中国军队因背后遭到阿南惟矶华中派遣军的袭击，被迫转入第三次长沙会战，主力未能按照计划支援香港英军。只有这支部队不顾兵力单薄，全力向南突进救援，连破日军数道阻击线。圣诞夜英军投降的时候，独九旅已经打到了香港界河，一时传为奇迹。

当然，这是"上海号"事件之后发生的战斗了。这之前，日军也没少领教这支部队的厉害。独九旅前身出自陆军六十六军第一六〇师，属粤军的六十六军，先后参加了淞沪和南京会战，是南京战役中少数能够全身而退的部队之一。而在随后的武汉会战中，一六〇师真正打出了威风，一战南浔线、二战马回岭、三战万家岭，战绩辉煌。特别是万家岭一战，击毙日军一〇六师团参谋长成富成一大佐，令日军"中国派遣军"各部记忆犹新。

此时，这支部队正驻守在大亚湾以北，旅长华振中将军兼任潮汕指挥部主任。平山墟即惠东县政府所在地平山镇，是独九旅防区的一部分。

所以，这次一听"上海号"居然落入了独九旅手中，日军就不禁大感头疼，要想消灭这个对手，夺回"上海号"，恐怕不那样容易，尤其是时间已经过去了三天……

这时，从广东出发执行搜索任务的第三直协侦察队（内藤义雄大尉指挥）顺藤摸瓜，终于发现了"上海号"的残骸，地点是广州以东150公里，平山墟东南10公里的狮朝洞高地北部山腰。根据飞行员观察，DC-3的两台发动机显然都已被破坏或拆卸，机首撞毁，机身有纵火焚毁的痕迹。在它的周围，可以看到中国军队士兵活动的踪迹。

"上海号"的失事得到了证实。奇怪的是从地点看，日机如果是逃避海上风暴被迫上陆飞行，应该撞山岭的南坡才对，怎么撞在狮朝洞高地的北侧了呢？

同时，"波"集团的情报部门也截获破译了另一封独九旅发给重庆的电报，称"已将敌机机体破坏，缴获品及收缴的文件将上送处理"。

气氛顿时转为沉重，"收缴的文件"？莫非杉坂少佐携带的密件已经被中国方面缴获？12月4日，极度不安的"中国派遣军"总司令部一面派另外一名联络参谋高山信武少佐携带文件副本赶去广东，一面上报参谋本部及南方总军司令部："杉坂少佐携带的文件，落入敌手的可能性极大。根据敌情，我军夺回文件的机会不大，请立即按照文件已经泄漏的前提妥善处理开战准备。"

据说，法国战役就是因为德军一份作战计划落入盟军之手，德军才改变了进攻马其诺防线的原计划，阴差阳错地穿过比利时打出一记漂亮的左勾拳。战争史上本来就充满了种种巧合。如果日军计划真的落入中国军队手中，只怕珍珠港会成为一个虚幻的架空战役吧？

然而，具体指挥搜救任务的"波"集团参谋长栗林忠道将军意识到事情可能还有转机。首先，根据中国军队的电报，"上海号"上死亡人数和该航班的人数不符，很可能还有幸存者。其次，中国军队的电文密级不高，而且处理问题节奏较慢，似乎并未重视这一事件。假如缴获了日军如此机密的作战计划，独九旅的指挥官怎能如此四平八稳？

栗林忠道这时还没有出名，后来在硫磺岛守岛作战中指挥一〇九师团困守孤岛，以2.3万守军毙伤美军2.8万，把美军最为精锐的第五两栖军打成残废。

冷静下来的日军指挥机关马上做出了两个决定。第一，鉴于文件还存在机身之内，没有被中国方面缴获的可能，命令广州方面的陆军航空队冒着恶劣天气出击，猛烈轰炸"上海号"残骸，务必将其"毁尸灭迹"；第二，命令驻扎淡水（今惠阳区淡水镇）的第六十六步兵联队三个大队立即出发，前往"上海号"坠毁地域，寻找幸存人员。

淞沪会战打响的时候，权威的军事评价认为国民党军一个精锐师可以勉强抵挡日军一个联队的攻击，此时抗战已经到了第四年，中国军队战斗力消耗很大，出动一个联队对抗中国军队一个旅，显然是考虑到了独九旅强悍的战斗力。

轰炸的命令被不折不扣地执行了。然而，地面部队的行动并不容易。受到风暴影响，本来就遭到中国军队破坏的道路更加泥泞不堪。挣扎到12月5日晨，日军第六十六联队木村福造第一大队才进至狮朝洞高地附近，随即遭到独九旅预设伏击部队的攻击。木村大队因为地形不利，人员疲惫，伤亡惨重，依仗火力优势才渐渐稳住阵脚，但战至中午依然无法突破中国军队的阻击。第六十六联队联队长荒木胜利大佐派出增援部队。下午1时，太田机关枪中队也加入战局，中国军队显然无意与日军死拼，不再恋战，撤出阵地而去。

下午2时，日军到达"上海号"残骸附近，看到残骸已经被炸毁坏，附近可以收集到八具被中国军击毙的乘员尸体，以及三具飞机坠毁时死亡人员的尸体。

意外的是，日军士兵这时发现在飞机下方 200 米的草丛中有人呼救。经过抢救，发现是多处负伤的日军第十五通讯联队军官宫原中尉。

因为中国军队还在周围不断打冷枪反击，日军在"上海号"残骸附近不敢久留，3 时 30 分即携带受伤的宫原中尉撤退回淡水。

栗林马上对宫原进行了询问。得到救护后的宫原中尉表示，他并不认识杉坂少佐，更不知道他的使命。飞机从台北起飞后不久，就在南海海面遭遇风暴，被迫向内陆上空躲避。因为对这一带航线不熟悉，驾驶员把飞机降得很低，大概是通过地面物辨别航线。

由于日军对华战争进展顺利，宫原等日军官兵对于在中国军队防区上方飞行并未感到有何不妥，宫原在飞机上闭目休息。

忽然，飞机急向左转，接着急速上升，驾驶员大喊"安全带注意"，宫原昏沉中依靠军人的直觉迅速扣好安全带。这时，飞机就猛烈地撞击地面了。接着，剧烈颠簸，几次弹起。他意识到飞机在迫降。

飞机终于停了下来。因为座位比较靠后，宫原只是左手和右腿擦破，左腿扭伤。但是向前看去，就发现飞机的前部已经完全撞毁，所幸没有爆炸。驾驶员和前座上一名新闻官员（大概就是《每日新闻》的田知花局长）当场死亡，另一名德国记者负了重伤，片刻后也一命归西。

这时，一个也已经负伤的军官一脚踢开舱门，跳到了机舱外面，宫原估计他就是杉坂少佐。他手里提着一个文件包，开始打燃打火机，试图将其烧毁。但是外面风雨依然很大，几次点燃都无法完成。最后他放弃了努力，开始招呼机上幸存的人员离开飞机。但是因为外面在下雨，又没有爆炸的危险，幸存者都不愿意离开。这个军官带着他的一个同伴迅速离去，很快就消失在风雨中了。

宫原中尉认为杉坂的决断是正确的。因为几个小时以后，他们即遭到赶来的中国军队的袭击。中国军队喊话要幸存的日军投降，但宫原等持枪抵抗，双方的战斗随即开始。

这样一边倒的战斗结果很容易预料，日军多人战死，宫原在战斗开始后不久头部负伤，从飞机后面滚入了深草丛，伏在山崖下面。中国军队不久占领飞机，但没有仔细搜索。宫原在草丛中隐蔽了三天，无粮无药，直到日军增援部队赶到。

杉坂还活着！日军的希望之火又点燃了。

正在这时，特高课的又一份译电如同兜头冷水浇了下来。5 日晚，独九旅向重庆发电：

"……随后对坠机现场周围进行进一步搜查，在距离坠机地点 1.2 公里的地方发现一名日军军官。该军官用手枪和战刀进行抵抗，经喊话不从，将其击毙……"

日军接电大吃一惊。

这个被击毙的日军军官，无疑正是杉坂少佐。

这个时候，日军的整个情报系统都已经进入了高度警戒状态。隐藏在第七战区内部的日本间谍报告，独立第九旅报告中击毙的那名日军军官，身着少佐制服。

看来，杉坂少佐的死亡，已经可以证实了。

日军内部认为，杉坂的死应该和日军营救仓促和部署不周有关。原因是按照脱险的宫原中尉叙述，中国军队破坏"上海号"后，2 日即离开，只有少数士兵在飞机周围警戒，5 日凌晨忽然增兵，在狮朝洞方向构筑工事，宫原可以清晰地听到中国军队使用镐头和铁锹的声音。事后判断，这正是后来伏击木村昌福大队的独九旅部队在布设潜伏阵地。同时，中国军队再次搜山，宫原忍住伤痛，伏在草丛中，最近的中国搜索兵离他只有十几步。只是因为草深林密，他才没有被发现。宫原此后被提升为大尉，参加了桂林战役、柳州撤退作战，日本投降时官至少佐，战后在航空自卫队任职，终因"上海号"事件的后遗症发作而死。

中国军队的再次出动，显然是因为前一天日军轰炸"上海号"残骸引发的。一架已经坠毁的己方飞机，还要加以猛烈轰炸，显然是要隐藏什么秘密。朝鲜战争中，美军对己方坠毁的 F-86 佩刀战斗机都要加以摧毁，是为了破坏 F-86 搭载的先进设备，避免技术情报流失。然而，"上海号"是一架民用 DC-3 运输机，显然没有这方面的顾虑。中国军队不是傻子，就算前面没有觉察，看到日军这个架势，也可以判断"上海号"必然携载着某种秘密或者必须灭口的重要人物。所以，中国军队再次搜山和预设埋伏，已经隐蔽了将近三天的杉坂无疑就是被再次搜山的中国军队发现击毙的。

面对这样的推论，栗林忠道只有苦笑，他怎么不明白轰炸会提醒中国

日军第23军部队，这是其攻占香港后举行入城式。

军队，但是留下"上海号"的残骸太危险了啊！

6日拂晓，日军大本营再次催问情况。这时，离开战的时间只有两天了。南方军总司令官寺内寿一鉴于文件的丢失很可能造成奇袭的失效，为了避免执行奇袭的部队陷入对方预设伏击，建议推迟作战时间，至少改到12月10日。

当时，酒井隆的第23军部队在香港新界以北已经进入阵地，泰国边境的日军开始拆除伪装网，两个师团的精锐部队在马来西亚以北海上的运输船上，联合舰队的主力正快速接近珍珠港……假如把这一部已经开始全速运转的战争机器停下来，就如同在雨后的陡坡上想刹住高速行驶的汽车一样，不被敌方发现的可能性几乎等于零。最无法接受推迟行动的应该是联合舰队的山本五十六，因为他的夏威夷奇袭选择的就是星期天早晨美军猝不及防的麻痹时刻，要等待整整一周才会出现同样的机会。把六艘航空母舰、两艘战列舰的庞大舰队在北太平洋上隐蔽一个星期?! 美军又不是瞎子，难道海面上可以挖掩体吗?

寺内寿一也算是日军中的一代名将，这次却纯粹地出了一招臭棋。他也没办法，准时开战，假如美英已经得到了日军作战计划而严阵以待，结果又将如何?

这时，栗林忠道向中国派遣军总司令部发出了自己的见解——可以确信中国人没有得到文件，请准时开战，祝武运长久。

栗林的结论是有他可靠的逻辑的。他知道杉坂这样忠实的武士道军人，只要一息尚存，就不会放弃自己的职责，而从飞机坠毁的一刻，他的责任就是保护日军的机密不得泄露。到 12 月 5 日杉坂才被击毙，有三天的时间，足够他处理掉这些文件了。从间谍的情报来看，中国方面提到击毙杉坂时缴获十四式手枪一支。假如缴获到了日军的作战计划，手枪这样的战果根本不值得在电报里一提。在狮朝洞作战的中国军队虽然勇敢，却没有和日军硬拼的意思，明摆着是"捞一把就走"，这都不符合情报已经落入中国军手中的逻辑……

指挥搜救"上海号"的日军将领栗林忠道

栗林以一个老牌军人的直觉和逻辑，向大本营保证文件没有泄漏。

接到栗林的电报，加上推迟作战开始时间会带来更大的风险，大本营决定一切开战部署照计划进行。

然而，假如这是一个错误的结论，即便十个栗林忠道切腹自杀，也是无法挽回损失的。

所以，发出这份电报以后，栗林手拄军刀，一天不食不动，大概心情也是紧张到了极点。

天无绝人之路，就在栗林不食不动到了一天的时候，6 日夜 9 时，日军驻淡水守备部队荒木支队报告，在城北门接到了一名负伤的日军幸存者。经过鉴别，他正是杉坂少佐的助手，日本陆军二十五军司令部副官久野虎平。

对久野的询问立即开始。久野虽然负伤而且虚弱，神志却十分清醒，他叙述了飞机遇难的过程：

"当天下午因为风暴影响，飞机向内陆飞行，驾驶员降低寻找地标，突然发现前方空场上有中国兵队在活动，并对飞机射击，驾驶员急左转上升脱离，上升到 500 米高度，忽见前方出现一座高山（狮朝洞高地），飞机躲避不及，撞及山腰迫降，前方乘员多即死……"

"杉坂少佐焚毁文件不成，遂与我离开飞机，试图寻找山下友军。2 日晨即将下山时，发现附近有中国军队在活动，于是折回高地隐蔽。两天后因没有食物，我二人决计向另一方向突出。走到中途，听到飞机坠毁方向传来枪声，知有友军来援，于是赶来会合。但因为道路险峻，无法接近，熬到下午，中国搜索兵出现，将我击伤，杉坂少佐逃走，我二人分开。晚上不见中国兵踪影，乃挣扎到此地……"

文件呢？

"我们离开飞机，随即将所有机密文件撕成碎片，埋在了几十处地点，无法复原了。"

至此，所有日军参与人员终于都舒了一口气。此时，距珍珠港打响，已经不到 24 个小时……

我想，如果独九旅的弟兄们知道这几天他们给日军造成了多大的麻烦，又失去了多么重要的一次机会，将会是怎样的扼腕痛惜呢。

说起来，第七战区的部队在抗战中运气相当不错。同年，原日本海军大臣，前往就任南太平洋舰队司令的大角岑生大将的飞机在珠海黄杨山遭中国军队攻击坠落，大角大将毙命中国。1943 年，汪伪海军部次长萨福畴中将的座舰在珠江中被击沉，本人被俘虏后处决。

想想这些，觉得独九旅失去这次机会也挺符合概率的。毕竟，运气不是次次都撞在面门上……

狼入太行

——日寇"特别挺进杀人队"真容

一

新华社记者云杉在《追我魂魄》一文中，提到 1942 年日军在太行山区突袭八路军总部之战中，曾经使用了一支化装成八路军，专门以我军指挥机关为目标的特殊部队。

这支叫做"特别挺进杀人队"的日军特种部队，成员衣着、武器完全模仿八路军，活动于根据地腹地，以奔袭八路军指挥中枢、狙杀八路军高级军官、搜集情报和破坏为主要任务。在《刘伯承与一九四二年反扫荡》一文中，中国方面是这样记述这支日军的："每人印发了八路军首脑的照片、简历和我兵力部署图、假印信、假路条。并对整个行动采取严格的保密措施——身着便衣，面涂褐色，伪装成我党政军工作人员，自带数日粮秣和雨衣行囊，甚至脚穿草鞋，背大背包，不走大路，不生火做饭，不宿村庄住店，或分散潜伏于大道两侧之麦地、窑洞、山谷内窃听我电话，或捕我单个人员，或用小型电台侦察报告我军动向……行进途中得知邓小平在太岳，又在'邓小平'的照片下特地注明'在太岳'三个字。后来刘伯承得知此事后，认为日军情报之准确之细致值得八路军借鉴。"

几十年后，这支日军的真实面目随着《八路に扮した益子挺进队》（装

益子中尉　猪股小隊长　佐々木少尉（则昇村之卷）

化装成八路军的"益子挺进队"

扮成八路军的益子挺进队）这份日文资料的公开，展现在了我们的面前。上图为化装成八路军的"益子挺进队"照片，从左向右分别是中队长益子重雄、第2小队小队长猪股、第1小队长佐佐木。说明提到佐佐木和第3小队小队长大和屋在作战中阵亡。

且让我们随着这份日文资料，用复述加评注的方式，一起来看一看所谓"特别挺进杀人队"究竟是一支怎样的部队吧。

《八路に扮した益子挺进队》一文，是日本战争回忆文集《山西侵攻》中的一篇，主要分成三个部分。第一部分是背景介绍，第二部分说明所谓"特别挺进杀人队"的编成，第三部分则是它的作战情况。

关于背景方面的介绍，内容是这样的：1942年5月，日军第一军在华北发动大规模扫荡，称为"晋冀豫边区作战"，目的在于彻底消灭在山西东南部的八路军根据地。然而，此前的作战中，八路军总能巧妙地避开日军锋芒，坚壁清野，迅速将主力跳出圈外，使日军无处发力，八路军反而在扫荡中越扫越壮大。针对这种情况，日军第一军要求各部队采取更为灵活的战法，力争一举摧毁八路军指挥机关。在这种要求之下，扫荡的主力日军第三十六师团遂制定方案，以一部化装成八路军深入根据地展开特种作战。

关于这个背景，个人认为还可做些补充。所谓日军的"晋冀豫边区作战"，即冈村宁次所作"C号计划"，计划在1942年5月15日至7月20日间，对华北八路军太行、太岳两区进行扫荡，出动兵力为两个师团（三十六、四十一）主力，一个师团一部（一〇一），另四个独立混成旅团（第一、三、四、八）。由此可见，此战日军并不仅限于攻击八路军总部，这是一次与4月的冀南扫荡、5月的冀中五一大扫荡相呼应的大规模进攻，目的在于全部占领太行根据地,消灭在此地活动的八路军主力(主要是一二九师刘伯承部)，通过这三次扫荡将八路军赶出华北。

整个战斗，从5月15日开始，日军首先进攻太岳军区，太岳军区主力

总部突围战斗中的八路军被俘人员。这些人员后来多被日军杀害，包括曾担任中共北平市委书记，与薄一波齐名的张永清。张永清当时任华北局秘书长，因体弱未能突围被俘，不久被日军杀害。日文资料中还有被日军掘墓拍摄的左权参谋长牺牲后照片，不忍暴露忠骸，此处不再引用。

三八六旅果断跳出日军包围，使日军扑空。但日军对此早有准备，并没有穷追不舍，而是利用太岳主力转移，太行区较为孤立的机会，全军于 19 日掉头，四面围击以涉县、偏关（有误，偏关在晋西北）、辽县（今左权县）为中心的太行区。由于当时八路军总部和一二九师师部都在这个地域，有大量非战斗人员和后方机关而警戒力量不足。在这次战斗中，八路军副总参谋长左权战死，部队和机关遭到了较为严重的损失。

日军的"特别挺进杀人队"，就是在这次作战中登场的。

所谓"特别挺进杀人队"，实际由日第一军司令官岩松义雄特别关照第三十六师团组建，下辖两个分队，分别是来自第 223 联队的"益子挺进队"和第 224 联队的"大川挺进队"。

二

让我们看看日文资料中对这支部队的描述吧。

在《八路に扮した益子挺进队》一文中，对"益子挺进队"是这样描述，这支部队由益子重雄中尉指挥，前身即益子重雄所部第 3 中队。经过严格的特务训练，全军着八路军军服，所部含军官 4 名，士兵 102 名，另附雨宫宪兵曹长指挥的汉奸特务工作队员 18 人，共计 124 人，携带从无线电收发报机到重机枪等各种装备，在主力发起攻击前三天，即 5 月 21 日，即潜入辽县八路军根据地开始活动。

其实，这个日期是有点问题的。日军第一军在 22 日已经完成对太行区中心地区的包围，22 日夜下达了开始 C 计划第二期，发动总攻的命令。

从"益子挺进队"的编成，可以判断"大川挺进队"的人数也在 150 人左右，但两支部队的任务不同，益子部队的目标是八路军总部，大川挺进队的目标是一二九师师部。

《八路に扮した益子挺进队》一文，没有关于"大川挺进队"的作战记载，只记录了"益子挺进队"的作战，大致如下：

5 月 21 日，从辽县出发后，向南南东（军事术语，东南偏南方向）方向前进，距县城 10 公里处绕过八路军警戒部队的阵地。

5 月 22 日，发生小规模战斗，占据附近标高 2，100 米的制高点。这时，八路军已经发现日军的攻击，正在频繁更换驻地。益子挺进队根据无线电指示，不断调整方向。午夜，袭击据称是八路军总部所在地的五军寺（原文如此，实际为"武军寺"），但一无所获，八路军指挥部踪影不见。

5 月 23 日，在辽县东南 25 公里处萨拉齐山，被两千余中国军队包围，包括白刃战的激烈战斗持续终日。直到入夜，该路日军才利用夜色的掩护突围成功。

继续向东，在郭家峪发现八路军的转移部队，正是该部寻找的八路军总部。八路军分三个纵队突围，其中彭德怀和左权的第一纵队从南向北试图突围，正走向益子挺进队的方向。

5 月 24 日，经过整天激战，日军记载当时担任八路军副总司令的彭德怀在

切り立つ断崖を背にした武军寺村

八路军总部所在地——武军寺

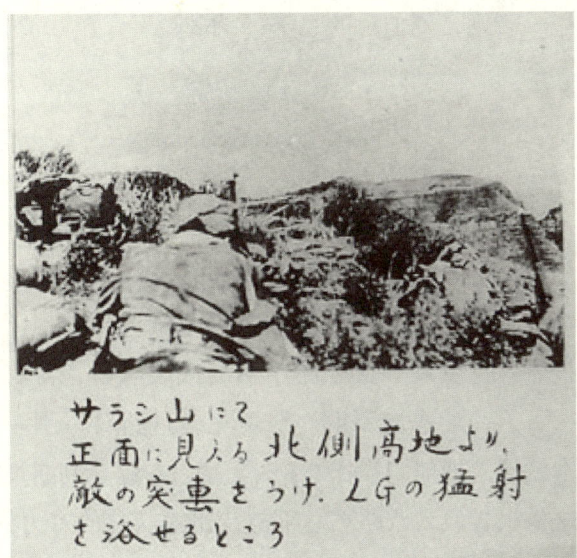

"益子挺进队"在萨拉齐山战斗的照片，怀疑为23日的战斗中摄影。

此战中负伤，殿后的八路军副总参谋长左权将军战死，八路军未能携带左权将军的遗体突围。中方记载日军此战炮火猛烈并有空军轰炸，而该文中进攻郭家峪的日军仅仅提及"益子挺进队"的百余人。

5月25日，该队日军继续向东，在天文村附近扫荡，造成中国方面较大损失。

这段记录，结合中方材料和日方其他部队的作战资料，可看到其中内容有些可信，有些则不尽属实。实战中这支日军的作用与描述颇有出入。

这是因为八路军对日军拥有这样一支特种部队早有警惕，因此其奇袭的效果并没有预期的那样好。早在5月3日，八路军就得到情报："日伪特务机关已将刺探到的总部和一二九师领导人的照片、履历资料汇集成册，下发'挺进队'和特工人员。"情报之详细，甚至提到了前面所说日军知道"邓小平在太岳"。这也是八路军第一次注意到这支"穿八路军军装的日军"。刘伯承对此非常重视，要求各敌工站加紧收集相关情报，并再次电告太岳军区注意赴太岳检查指导工作的邓小平的安全。根据地内部，对敌特也采取了严格的防范措施。其间，日本特务曾经化装到小曲峧"帮助土改"，结果被当地群众识破。这一结果还直接导致此后经小曲峧突袭一二九师师部的"大川挺进队"提前曝光。

否则，刘伯承的总部，就危险了。

三

益子重雄的部队在 5 月 22 日夜向武军寺（日文中为五军寺）的八路军总部部分机关发动奇袭，结果扑空。事实上，早在这一天早上，他们的行踪在桐峪西北老林圪洞附近已经被民兵发现，八路军总部得到这样详细的报告："发现一支来路不明的武装队伍，身着便衣，携带小型电台，约有一百人，后去向不明。"可见，这路日军刚一出动，身份就已经暴露，根本就没人把他们当作八路军。彭、左综合判断情报，随后决定总部开始转移。这份报告成为八路军总部决定迅速转移的有力依据之一。

另一路日军大川桃吉部，冒充八路军新六旅一部试图袭击一二九师在会里村的师部。这支敌军化妆较像，竟然在当地农会帮助下于 22 日渡过漳河，并在岸边的宋家庄与八路军部队同村吃饭，接着就骑自行车奔袭会里。应该说日军的情报还是比较准确的，动作也很迅捷。不过，当时日军判断八路军总部所在的麻田是一二九师总部。这个错误的信息使大川出现了一段时间的犹豫，因为他的任务是突袭一二九师师部，怕自己贸然攻击会里打错目标。结果，刘伯承恰好在此时组织一二九师师部撤离。等大川确认了情报赶到，一二九师总部已经撤离几个小时了。刘伯承和一二九师政治部主任蔡树藩是晚上 9 点离开会里的，大川是 11 点赶到！

接着，日军总部根据一二九师电台信号，通知大川挺进队继续向王堡追击一二九师师部。

如果被这支日军缠上，刘伯承的处境将十分危险，因为他的身边带有大量的后勤机关和非战斗人员。正在这时，第五军分区司令皮定钧发来的一份电报，通知了刘伯承这支奇特敌军的动向："小曲峧发现穿皮鞋、灰衣服的敌探百余，有向王堡、会里前进模样。"这份情报实际上是小曲峧民兵 22 日就发出的，但因为情报转手，耽误了时间，23 日才送到刘伯承手中。

如果大川第一次突击更快一些，开玩笑说，这份情报够皮定钧司令上军事法庭了。不过，这足够刘伯承当心这个敌手的第二次打击。一二九师师部当即第二次转移，大川扑了空，得知刘已进山，感到追不上，只好转向偏关会合日军主力去了。

这路日军可说无功而返。

四

益子重雄部队随后的动向记录颇有些混乱，乍一看似乎该部队神勇无比，竟有百人打垮了八路军总部的印象。但如果明了日军写这类文章的习惯，就有很多文字游戏可以看出来。

比如 23 日和"两千名"中国军队的战斗。这个"两千"肯定是虚数，因为当时八路军总部身边只有欧致富的特务团和七二九团，且要用于阻击日军主力的攻击，在后方不可能拿出这么多的兵力。日军和八路军的战斗，搞不清对方有多少人的时候，常常用"两千""三千""数千"的虚数，反正，也不能一一去数。

至于益子重雄部队攻击郭家峪，其实和胡宗南进延安没什么区别，因为当时八路军总部早已撤离。八路军总部撤离的原因当然不是怕了这支只有轻武器的特种部队，而是遭到日军的四面合围——第三十六师团在西、南，第一、三、四、八混成旅团在东、北，总兵力日军 2.5 万人，已经压迫到总部周围二十公里左右。八路军选择向东北方向的十字岭突围，是因为那里是无人山区，而且接近日军第三、第四混成旅团的接合部，容易出现缝隙。突围开始后郭家峪已经没有八路军，不要说一百多日军，就是十个，也可以冲进去。八路军总部突围真正的激战，是在十字岭（阻击线在南艾铺），左权将军也是牺牲在那里。

日军这类掩饰损失、夸大战果的文字游戏，在其文献中比比皆是。以此文而论，最后有一段伤亡数字的说明，提到益子挺进队经过十天激战，只有两人轻伤，就是荒唐得可以的一例。在此文前面照片的介绍中，提到益子重雄所部三个小队的小队长阵亡了两个，最后却又说整个部队的损失不过轻伤二人，就是一个很明显的漏洞。文中提到该部 23 日被八路军包围，包括白刃战的激战终日。"两千八路"估计是夸张，彭总身边没有这样多的部队可用，但这样的"白刃战"战斗打了一天居然只"轻伤二人"，就是牛皮吹得太大了。

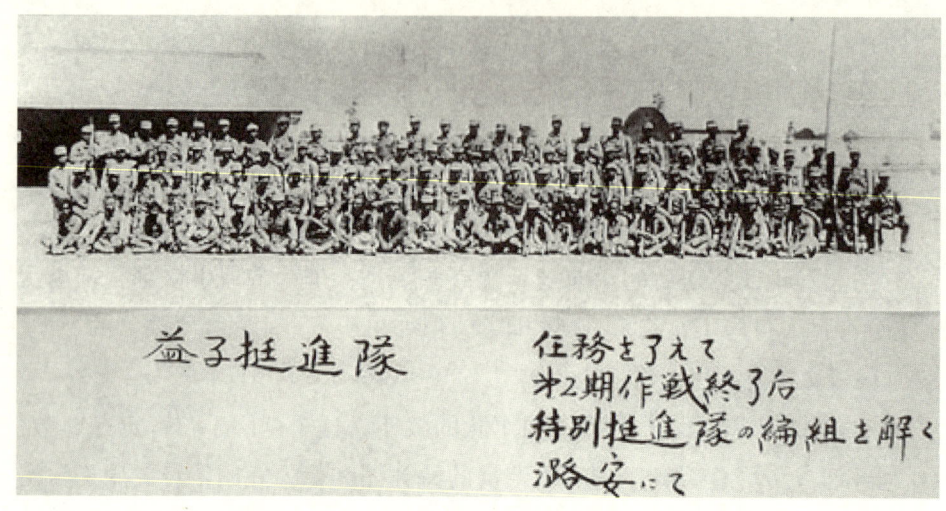

益子挺進隊　任務を了えて　第2期作戦終了后　特別挺進隊の編組を解く　潞安にて

战斗结束后即将解散的"益子挺进队"。不过照片上数来数去只有79个人，还有45个哪儿去了？

　　这种写法，在日本的文献中屡屡可见，原因何在？其实很简单，那就是前面是回忆，后面呢？是直接抄日军当时军报上的数字。

　　为了鼓舞士气，迷惑敌人，日本的军报一向以不准著称。美国海军名将哈尔西就发过这样的电报："被日军全部击沉的第三舰队，现正全速向着敌军撤退"——就是讽刺日军军报的夸张。其实，这样的经历，之前一年多哈尔西在西南太平洋就有过一次了，那次日军的军报击沉美军舰艇的数字，干脆是把哈尔西属下所有的舰艇都拿来抵账还不够。至于隐瞒损失，更是日军的惯技。塞班之战，美军曾惊讶日军损失之少，打到最后才发现日军是把阵亡人员的尸体都扛回去不报，将尸体在后方堆成了垛子。可惜，日军打到后来连汽油都没了，无法焚尸灭迹，这一招终于被美军识破。

　　但水分榨干之后，这支"特别挺进杀人队"的凶恶之处，也就暴露出来了。

<h2 style="text-align:center">五</h2>

　　根据《八路军一二九师征战实录》，"益子挺进队"真正给八路军造成的巨大损失，是它首先发现了撤到郭家峪的八路军总部，并将这一情报报

告给在潞芳指挥作战的第一军参谋长花谷正。这直接导致了日军调整部署对八路军总部采取全线围击。

当时，八路军总部面临和一二九师师部同样的困境，但应对上出现了一些纰漏。这主要是前一阶段八路军总部在集中精力应付日军对冀中的大扫荡，对自身安全考虑不足；前几次八路军总部遭到突袭，最终无恙的原因是一二九师主力在周边活动，以重大代价保卫了总部。这一次一二九师师部同时遭到攻击，自顾不暇。此外，机关和非战斗人员对突围拖累甚大，23日彭德怀下令总部撤退，全军要到24日晚上才能起身，而且行动迟缓。在益子挺进队的准确情报帮助下，日军在十字岭截住了撤退中的彭德怀纵队猛烈围攻并以第29独立飞行队反复轰炸，本来以为可以寻隙觅缝的八路军却钻进了日军的伏击圈。尽管总部经过激战最终突出重围，但八路军因此遭受极大损失，左权将军就是在此战中殉国的。

此战后，八路军即以此为教训，对后勤和非战斗人员进行了大规模的精简。

从日方的描述看，日军对特种部队的使用，还不算很到位。这种部队，是匕首，是狡狐，一击即退，而不在硬拼。看到日军津津乐道"益子挺进队"和两千对手血战一天，就可以理解二战中日军特种部队为何没有多少建树了——日军还是习惯像蛮牛一样的打法，并不懂得特种部队该怎么打仗。"益子挺进队"的情报导致八路军总部在突围中陷入苦战，本来是这支部队此战的亮点，日军却因为这不能展现有多少自己的具体战果而没有重视。

"益子挺进队"到底有多大损失，至今不得而知。不过，从残存的照片上，可以看到所题名叫佐佐木的军官阵亡于则界村，根据《中国山西省地理图册》，山西有两个则界村，一个在陵川，另一个在涉县，正是麻田的附近。而益子重雄战后回忆，他在中国的战场上，共计损失了173名部下，其中87人算是"白骨凯旋"，还有86人的骨头，都扔在了中国。他在中国担任军事主官的最高位置，就是223联队第3中队中队长，和"益子挺进队"的队长了（此后担任军事幕僚，不再直接指挥部队）。这173名部下，其中有多少属于"益子挺进队"，我们只能猜测了。

最后提一下，"益子挺进队"还将左权将军的死归入自己的战绩。实际上这是一个错误的判断。战斗中，左权将军的遗体是三名党校学生仓促

左权将军与妻女，也是左权这个军容严整的将军留下唯一带笑的照片。

下葬的。因此，在此后的电文中左权牺牲的消息泄密，导致日军专门返回战场进行发掘并拍照炫耀战果。此后中方重新迁葬。左权将军遗体上的创伤显示他死于近距离炮弹的爆炸，而"益子挺进队"因为化装奔袭，最重型的武器是机枪，他们的记录，也表示"左权将军"死于其用轻武器的突袭。

核对双方记录，这个说法倒不是纯粹的争功谎言。八路军方面，也记载这支日军化装成八路军和老百姓，绕过八路军欧致富团和七二九团的阻击线，在十字岭和南艾铺之间突然向八路军发起攻击，造成相当大的损失。不过，所谓的"左权将军"，肯定不是左权本人，因为左权此时已经在十字岭上，冲过了日军的两道封锁线，并在第三道封锁线处牺牲。

个人认为，这个"左权将军"，可能是朝鲜独立同盟主席金白渊，他也在此战中牺牲。朝鲜方面后来的回忆说他"突然遭到敌人特务的射击而死"。很可能是"益子挺进队"看到他使用短枪，并带有警卫员，因此认为金是重要干部。日军发现左权死于此役是根据截获八路军电报了解到的，并不知道他牺牲的经过，所以金白渊被认为是左权也就不奇怪了。

无疑，和"益子挺进队""大川挺进队"的战斗，让八路军积累了和日军特种部队进行战斗的经验。此后，双方的斗智斗勇，又开始了一个新的循环。

御 虎

——远征军战车部队转战缅甸纪实

一

随着《我的团长我的团》等远征军题材影视的热播，中国远征军反攻缅甸的战斗在 75 年后再次吸引了观众注视的目光。在追寻远征军战士血战异域足迹的同时，这支部队独特的装备也成为军迷们瞩目的焦点。头上有飞机掩护，地面有坦克开路，一个排长能呼叫榴弹炮群的火力……让人忍不住质疑——当时的中国军队，可能有这样精良的装备吗？

远征军，的确是当时中国军队中的异类，甚至是亚洲军队中的异类。

事实上，当时远征军在印度的部队，装备水平甚至超过美军步兵师的平均标准。这是因为，为了装备远征军在印度的部队，史迪威曾按照美军标准装备运送了三个师的武器弹药到达印度。可是当时中国远征军在印度只有两个师，结果孙立人的新 38 师和廖耀湘的新 22 师瓜分了这三个美军师的武器。因为这个原因，远征军拥有上面提到的装备并不奇怪，其每个师的炮兵比美国军队还强大，甚至在缅北作战中，中印缅战区还组建了世界上第一支直升机救护部队！

提到远征军的装备，最吸引人的大约就是它的装甲部队。中国远征军的战车部队无论装备还是训练，都是整个抗日战争中我国装甲部队的巅峰，在整个缅北战场纵横驰骋,战绩辉煌。它使用的谢尔曼式中型坦克全重 30 吨,主炮口径 75 毫米,超过所有日军在二战中使用过的制式坦克。日本陆军同样水准的四式中型坦克直到战败还在试验阶段。

遗憾的是,这支精锐的装甲部队,由于美军战后收回战车和其成员不愿打内战大量流失,再加上众所周知的历史问题,其详细的战斗过程至今鲜为人知。随着老兵们渐渐逝去,中国战车部队在缅北战役中英勇战斗的情景有随着时间而消逝的危险。好在当时这支部队是由中美官兵共同组建的,一部分参战的美军人员在战后留下的回忆,还能够让我们从他们的眼中,重现当时的战场。

所谓缅北战役,是中国远征军在美军和英军的配合下,为打通中印公路,1943 年开始从印度和云南两个方向对缅甸北部日军发动的攻击。由于地形的限制,在此战中只有从印度反攻的战线上中国军队使用了装甲部队。

从印度反攻的中国远征军代号"X 部队",主力为新编第一军和新编第六军,总指挥为美国陆军中将史迪威,其所属的装甲部队直属总部指挥,番号为"中美联军坦克暂编第一支队"(Joint Chinese-American 1st Provisional Tank Group),中方则多称其为"远征军装甲兵团"。

这支装甲部队,是 1943 年 10 月 1 日在印度兰姆迦成立的。作为一支中美联合部队,它的编制和军衔都独树一帜。其中方总指挥为黄埔八期生赵振宇上校,美方总指挥为罗斯韦尔.H.布朗(Rothwell H Brown)上校,全支队下辖六个营,其中第 1 营和第 2 营为主力战斗部队(第 1 营营长由赵振宇兼,后由赵志华升任,第 2 营营长为湛志),第 3 营至第 6 营为训练部队(各营长分别为沈文、谭宝霖、王先沂、钟民达等)。布朗上校于 1930 年至 1934 年曾在中国军队中担任顾问,是典型的"中国通",甚至可以说一些中国方言。他本来是步兵军官,在中国任职期间,亲眼看见日军装甲部队的横行,深感战车在东方战场的价值,回国后即改修装甲兵战术,以优异成绩为军界所重视,也因此受到史迪威的青睐。史迪威亲自出面,调动布朗到中印缅战区,以在战术和管理方面指导年轻的中国装甲部队。布朗上校和性情暴躁的史迪威不同,性格比较活泼,与大多数中国军官相处融洽。

在整个装甲兵团中,美军有一个庞大的顾问团,总人数 231 人,其中包括 9 名军官,中方人员总计约 1800 人。按照原第 1 营坦克手李九龄的回忆,

1944 年，缅北战场上的直升机救援基地。

当时能够加入这支部队的中国官兵，都堪称精锐。他所在的第 1 营补给连，连长刘奎斗就是复旦大学毕业的（后证实为浙江大学）。

尽管如此，但当时美军对中国军队的战斗力普遍持怀疑态度，"中国人到底会不会打仗"是他们经常争论的一个问题。曾在这支部队中服役的老兵克劳福德（Joe Crawford）下士回忆他第一次见到布朗上校时，上校谈起未来的中国战友是这样评价的："他们都是精挑细选出来的……不过，天知道是什么人把他们精挑细选出来的！"

这支部队中的美军人员，主要来自美国陆军 527 炮兵维修团，其兵员中有很多北卡罗来纳州高速公路的维修工人。中美双方都认识到缅北战场环境恶劣，战车的维护和作战一样重要，因此从这个部队大量抽调人员进入远征军装甲部队。克劳福德回忆，1942 年 11 月，他正在美国亚拉巴马州的拉克尔营地接受训练，忽然接到调令，通知他和 527 团其他 44 名官兵立即启程前往印度卡拉奇，在那里组建一个训练基地。他们 55 人统归士官长卡尔·伯克（Carl Beck）指挥。

这些美国大兵接受这份工作的时候，认为自己的任务无非是训练中国坦克和机械化部队的人员。他们大多没有预料到，自己会和这些中国军人一起在缅北前线经历血与火的考验，其中很多人就此长眠在了这片亚洲最荒蛮的土地上。直到今天已到耄耋之年，这些老兵中的幸存者依然对中国抱有深厚的感情。

克劳福德等人在卡拉奇接收了 145 辆美制 M3A3 斯图亚特式轻型坦克、200 辆 6 轮大卡车和 50 辆吉普车，它们成为远征军装甲部队最早的装备。说起来，M3A3 坦克虽然在美军中被划入轻型坦克，但其战斗全重 14.7 吨，与全重 15 吨的日军主力 97 式中型坦克属于同一级别，也是中国装甲部队从来没有装备过的"大家伙"。

1943 年 10 月，依靠这批车辆，为中国远征军建立的战车学校在兰姆迦正式成立，克劳福德等成了军校的教官。

中国军人很快就以吃苦耐劳和勤勉聪明获得了美国教官的信任。当时在兰姆迦担任教官的林尼·豪斯（Linnie House）回忆："我的班里有 18 名中国官兵，最年轻的只有 14 岁。从维修到驾驶都属于我们要教授的课程。这些中国人入伍前都是普通的农民和手工工人，大多从未见过卡车，更不要说坦克了，但他们中的军官可以讲英语。他们对我们讲授的内容学得十分认真，令人钦佩，最终我和他们中的很多人变成了朋友。"

为了更好地教学，豪斯给每个学员起了英文名字，因为他实在无法记住对美国人来说要命的中国姓名。令豪斯吃惊的是，教学仅仅进行了两个月，史迪威将军就传来了命令，要求中国远征军的坦克部队投入战斗！

这个命令让大多数美军顾问措手不及，因为他们根本来不及向这些中

中国远征军装甲部队在缅北战场

远征军总指挥史迪威和布朗上校——严格来说布朗上校有些违反军纪，
装甲部队不允许留大胡子或长发，据说是为了避免被绞进机械里面意外受伤。

国学员教授坦克战术。而且，从印度后方到当时中日两军的前线胡康—孟
拱河谷，要翻越险峻的野人山，途中山高路险、溪流纵横，在雨季让刚刚
掌握坦克驾驶技术的中国官兵把坦克开上去未免拔苗助长。结果，驾驶坦
克到前方的任务，就落在了豪斯等一班美军教官的身上。1944年1月，在
中美官兵的共同努力下，第一批中国装甲部队出现在了胡康河谷前线。

二

在缅北战役的前期战斗中，远征军装甲部队的主要车辆就是前面提到的
M3A3斯图亚特轻型坦克。这种坦克是焊接车体，装备一门37毫米炮、三挺机枪，
车长有无线电通信设备，是M3系列坦克最完善的型号，其出色的越野能力
在地形复杂的缅北战场发挥得淋漓尽致。在缅北前线，尽管随时有战斗损耗，
中国远征军通常保持有100—125辆M3A3坦克，是对日军作战的铁拳。

不过，这种坦克也有致命的弱点，那就是装甲还不够厚。卡尔·伯克士
官长评价："日军的47毫米反坦克炮炮弹可以从炮塔的一面钻进来，又从
另一面飞出去，如果被它打中了车里的弹药，会给所有乘员带来灭顶之灾。"
直到1944年4月，远征军开始装备M4A4谢尔曼式中型坦克。谢尔曼坦克

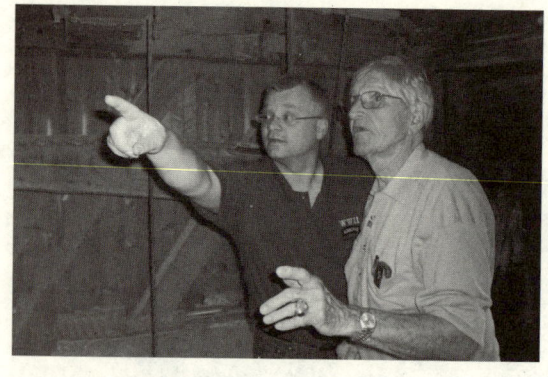

卡尔·伯克（右）在2008年。这位美国老兵在缅甸和远征军并肩作战，又在朝鲜和志愿军恶斗，在接受NBC的采访中他表示对中国感情复杂，但承认中国士兵是优秀的战士。

M3A3斯图亚特式战车，这种美制轻型坦克是第二次世界大战中使用最广泛的战车之一。在第二次世界大战中除装备美国陆军外，还提供给中国、英国等同盟国军队使用。

在欧洲战场面对德军56吨的虎式坦克几乎没有还手之力，但在亚洲战场根本找不到对手，其最厚的178毫米的正面防御装甲让日军所有的反战车武器无能为力，其75毫米的重炮却可以击穿任何日军战车的装甲。这种"变态"的战车成了远征军装甲部队在缅甸战场的撒手锏。

不过，谢尔曼坦克的重量，使它在缅北丛林作战中略显笨重。而且，1944年10月史迪威与蒋介石失和被解职回国，美军对国民党军的军援自此转入消极。因此，在缅北战场上的谢尔曼坦克数量不多，在远征军装甲部队中，最好的情况下每个营也只有一个连能装备这种战车。

和远征军装甲部队并肩作战最多的是新22师，双方相互派遣了联络军官。正是这支部队的英勇善战改变了美国军官对中国士兵作战能力的普遍怀疑。

中国远征军装甲兵团的 M3A3
坦克部队

远征军装备的 M4A4 谢尔曼中
型坦克

　　这种怀疑也不是没有道理。经过多年苦战，损失惨重的那个时候大多数国民党军部队在抗战后期普遍训练不足，人员缺编严重，而且上层腐败成风，军队士气低落。日军 1944 年发动豫湘桂战役的时候，前锋打到了贵州的独山，对陪都重庆威胁很大。仓促间国民党方面紧急调动首都警卫军——第九十七军迎头阻击，却在日军一个联队面前一触即溃。这个令人难堪的战绩并非不合理。按照国民党军的编制，正常情况下一个军应该有三万人，这个九十七军参战的时候有多少人呢？据统计是九千八百余人，其中有枪的，不到三千，算起来，实际上也就一个团的兵力。史迪威发现大多数国民党军队的师只有五千到六千人，远远低于额定的一万名，装备更是落后而且缺乏维护。

　　在装甲部队的有力支持下，新 22 师以其出色的战绩改写了这种消极的印象。廖耀湘中将率领的这支部队是当时中国军队最优秀的几个师之一，其骨干为第一次入缅远征军部队中随同杜聿明转战野人山的幸存官兵，对日军恨之入骨。美军注意到，在作战中，两个中国最能打的师新 38 师和新 22

远征军中的高级将领史迪威和廖耀湘

缅北战场中美工程兵部队指挥官皮克准将，在到缅甸之前曾主持修建了密苏里大水坝。

师作战风格迥然不同。新38师师长孙立人精通中国传统兵学，又是美国弗吉尼亚军校毕业生，善于大范围的穿插迂回，但阵地进攻时完全是美国陆军的标准打法——步伐稳健，不求速度，用猛烈的炮火把对方阵地打得鸡犬不留，然后才出动步兵进占；而廖耀湘指挥的新22师总是强攻开路，善于攻坚，充满法国圣西尔军校提倡的主动进攻精神——廖本人是这所军校毕业的高才生。装甲兵团经常被安排与新22师配合，也正因为坦克在进攻中最能发挥作用。新22师在缅北战场虽然经常付出高昂代价，但堪称攻无不克，为自己赢得了"虎师"的威名，也洗雪了中国军队的名声。如史迪威在缅北作战中的评价："只要给中国士兵足够的装备、补给和荣誉，他们的战斗力可以抗衡任何一国的军队。"

在美军顾问和中国军人的共同努力下，装甲兵团在1943年12月23日从兰姆迦训练基地出发，一周以后到达中印公路的起点雷多。经过短暂的机械检修和补给，他们随即踏上翻越野人山的艰难征程。当时，中日两军正在新平洋以东的于邦一带胶着对峙，缅甸雨季的瓢泼大雨和日军第18师

远征军战车部队的战场照片，可说弥足珍贵。

日军的1式47毫米反战车炮，是为了对抗苏联战车开发的，也是缅甸战场日军的主力反坦克武器之一。

团的顽强抵抗让远征军进展迟缓。1944年1月11日，经过96个小时的长途跋涉，装甲兵团第1营穿越鬼门关山口，到达胡康河谷谷口的新平洋前线。开进途中，美军顾问抓紧一切时间向远征军官兵灌输战车部队的战术，希望能最大限度地提高中国官兵在战场上的作战能力。史迪威把装甲兵团到达前线的消息迅速公布出去，作为提升士气的兴奋剂，果然军心大振。

装甲兵团能够这样快速进入战场，应当归功于皮克准将指挥的工兵部队。他们在战斗部队后方以最快的速度建设起一条四车道的等级公路，无论山势如何险恶，公路进度和前线部队的距离从来没有多于一天的路程。

尽管如此，由于时逢雨季，桥梁隧洞常被洪水摧毁，装甲兵团在开进中不得不时时越野行军。远征军给他们派来一名中国军官做向导。美军顾问理查德回忆，这名军官从不使用尺子，只用自己的拳头和手指做量具，总是能在地图上准确地估算出行进间部队的位置,这份本领令美国人大开眼界,难以忘记。

不过,恶劣的道路使装甲兵团不得不花费了一个月的时间维护车辆并加强装备的防水 ——缅甸的雨季平均降水量 100 英寸,大大超过原来的预计。

与此同时,远征军屡屡派出侦察人员从刚刚攻占的日军据点太白家(Taipha Ga,Ga 是缅语“村庄”的意思)深入敌后,试图找出一条绕过日军正面防线的道路。结果证明,即便是坦克部队,也是可以迂回到敌后的,虽然困难很大。

3 月 1 日,经过周密计划,完成探路计划的远征军装甲兵团第 1 营和新 22 师 66 团第 1 营组成战步特遣队,由赵振宇和布朗亲自指挥,发动了第一次对日军的攻击。当时三个步兵连的战士都乘坐在战车上前进,重武器、补给物资和弹药则由装甲兵团提供的 24 辆大卡车运送。

这是一次奇袭,他们从太白家出发,用两台装甲推土机开路,在无人的丛林中开出一条 20 英里的道路,从海拔 6100 米的纳拉西肯特山口翻越险峻的库芒山,穿过日军防线的薄弱之处,向纵深猛插。虽然有的驾驶员的驾驶经验还不到 24 小时,但第一次有了这样出色的武器,中国坦克兵积极要求投入战斗,无法阻止。不过,也有远征军老坦克兵回忆,那一次他们最初都以为是演习,战斗打响的时候如在梦中,直到天亮看到履带上日军步兵的碎骨烂肉,才相信自己真的是参加了战斗。

3 月 3 日,装甲兵团突然出现在日军第 18 师团司令部孟关背后的瓦鲁班,就在这一天,装甲兵团与日军发生了第一次战斗。

战斗在夜间展开。根据侦察员带回的情报,日军在这一带只有少量巡逻部队。但中国装甲部队显然直接撞入了日军的重兵之中,战斗并不是一边倒。一辆装甲推土机被敌军击毁,两辆中国坦克兵驾驶的 M-3 战车仓促间中弹翻落入旁边的伊迪河中。

三

日军的火力凶猛,包括 75 毫米山炮、47 毫米反战车炮和大口径迫击炮在内的炮弹不断在中国装甲部队的队列中爆炸。吃惊的布朗上校判断日军兵力至少有一个大队（1000 名），他推测这支日军和自己的企图一样，也是试图通过这片丛林绕袭对手后方，目的是切断正在施工的中印公路。布朗立即向远征军总部报告这一信息。在日军的弹雨中，这并不是一件容易的事情，布朗战车上的天线先后被日军的神枪手打断四次，直到第五次更换天线才终于把电报发完。

清醒过来的中国坦克部队拉开与日军的距离，利用战车的机动性调整攻击方向。兰姆迦的艰苦训练产生了成果，在中国装甲部队准确的炮火面前，只有步兵和炮兵的日军渐渐招架不住。天亮的时候，日军的防线被彻底撕裂，丢下阵亡人员的尸体和伤兵开始溃退。

一些老兵对这一夜的战斗记忆犹新。豪斯回忆："当时我在先导车中担任炮手。我的这辆 M3A3，代号是'阿拉丁'，我把这个代号刷在了坦克的正面装甲上。这次战斗我打得比较窝囊。日军 18 师团的部队隐藏在高大的大象草草丛中，因此我们未能先敌发现目标。18 点 30 分，日军的大炮开火了，我所在的部队被日军包围，我们连有两名美国顾问和数名中国官兵战死，还有数人负伤。我们停止前进，除了车长、炮手以外，所有人员下车向前，在弹雨中掘开了一条战壕，车辆摆开夜间防御阵势与日军对射。第二天天亮的时候，P-51 野马式战斗机投入攻击，日军败退了下去。"豪

在战斗中受损的远征军 M3A3 战车，正在等待修理。

麦支队指挥官麦里尔准将，他身边的两个可不是中国兵，而是美军中的日本"二世"。这些日裔美国兵在麦支队主要从事翻译和情报工作，打起自己的老乡来凶猛异常，让人颇想起一句中国话叫"翻脸不认人"。

斯在战斗中腿、臂、手多处被弹片击伤，直到第二天早晨才被用吉普车送到几公里后的战地医院，在那里他接受了手术并被送到印度阿萨姆的美国陆军第20军医院接受进一步治疗。

卡尔·伯克回忆这次战斗的时候用了"我永远不会忘记"的词句。他说："那一仗我们打得并不好，因为大多数的官兵没有使用战车进行战斗的经验。美军顾问在炮弹爆炸的间隙还在教授中国坦克兵怎样使用火炮。我们挨了不少炮弹，还有车辆触发了地雷。情况曾一度十分危急，布朗上校几乎决定暂时后撤。幸好这时，新22师友军的步兵投入了战斗，稳定了战线。但他们的到来也给我们带来了新的问题——在犬牙交错的战线上，我们很难分清中国友军和日军，他们长得太相似了。战斗中，我所在的战车被日军火箭弹击穿，无线电通信官和一名准尉阵亡，我们在日军的阵地中强突了足有四英里。"伯克可能有一点搞错了，日军在二战中开发反坦克火箭弹时间较晚，还没能装备部队战争就结束了，击中他坦克的，可能是一发日军47毫米战防炮的炮弹。

这次战斗，中国官兵阵亡13人，8人负伤，美军参战人员中，共有4人阵亡，

日军的97式装甲车被称作"豆战车"，自重只有4.5吨，装备37毫米炮一门、机枪一挺，高度只有1.79米，在姚明面前是真正的侏儒，用它阻击M3或者M4坦克未免有点儿天真。

5人负伤。装甲兵团损失轻型坦克4辆，两辆落入河中的中国坦克被打捞起来修复使用。

不过，日军的损失更为惨重。和装甲兵团交手的，实际是日军步兵第55联队的冈田第3大队。这个大队一个月前在胡康河谷南段入口的大洛遭到新38师的重创，放弃胡康河谷南段入口败退下来，刚刚补充完新兵，就接到命令在师团司令部侧后方布防，因为日军发现有中国侦察兵在这一侧的丛林中出没。日军的本意是以逸待劳打中国军队的伏击，但做梦也没想到等来的竟是一支装甲部队，这在亚洲的丛林战中与发现了外星人几乎等于一个意思。

战斗的结果是日军第3大队几乎全军覆没，大队长冈田公中佐当场阵亡，如果不是大队副官井上咸大尉冒死把他的尸体背回来，就可能被中国兵给埋在烈士陵园门口守门了——腾冲的远征军烈士陵园，至今用埋着三个日本佐官的"倭冢"给看门呢。

武汉会战中白崇禧最痛苦的事情就是布置了一个一个口袋阵，日军一个一个地按照他的设想来钻，可惜部队战斗力太差，每一个口袋都被钻破了口袋底。这回，白长官的痛苦，日本陆军第18师团长田中新一中将也终于体会到了。

这一战的一个插曲是日军飞行师团也来凑过一次热闹,美军顾问莱昂纳多·法利（Leonard Farley）回忆:"一队日军轰炸机突然出现,并在战场上空搜索我们的踪迹。我军的战车都伪装了起来,并且开到了隐蔽位置,本来并无危险。但是,刚刚打了胜仗的中国坦克兵对着日本飞机就开起火来,目标当即暴露,日机立即开始攻击我们。虽然双方的这次交手并没给任何一方带来损失,但中国友军的这种打法让我们觉得余悸难消。"

第3大队的溃败让日军面临一个更大的灾难——由于根本没想到一个大队在这样短的时间就被消灭,第18师团司令部孟关已经完全暴露在中国军队的面前,而且根本无兵可守。

3月5日,田中新一中将留下少量阻击部队,自己率领司令部成员撤离孟关。6日,装甲兵团第1营攻占孟关。

田中新一中将率领的18师团总部与所属第56联队汇合,很快就发现有两支盟军部队已经插到了自己身后,一支是东侧的美军"抢劫者"特种部队（直属史迪威的美军突击部队,代号5307,因为指挥官为麦里尔准将,被中国远征军称为"麦支队"）,另一支就是西侧的装甲兵团。意识到自己可能腹背受敌的田中下令第56联队向装备相对单薄的麦支队发动攻击,但攻势并未奏效。日军一度打到瓦鲁班附近的昆印,并把师团总部设在这里。但麦支队遭到打击后向中国军队求援,新38师113团人手一口砍刀从密林中开路,及时赶到战场,使战局转危为安。

此时,日军忽闻噩耗——3月8日,沉寂数日的装甲兵团利用出色的机动能力突出奇兵,一举攻占日军后方重要据点维苏家（Wesu Ga）,切断了18师团的主要补给线。闻讯的田中刚刚下达部队全线后撤的紧急命令,在昆印的总部即突遭远征军装甲兵团的猛攻,中国战车直接冲进了日军18师团的总部!

根据当时在第3连担任射手的远征军老兵吴弼中回忆,当时日军出动了装备97式装甲车的战车部队试图阻击,但中方指挥官赵振宇亲率一连战车前导冲向敌阵,在美军飞机的轰炸掩护下,终将阻击的日军装甲部队打垮。据当时在装甲兵团第1营的岳天记录,拦路的日军战车除被击毁数辆,尚存较完整的两辆被俘。

失去招架之力的日军丢下一百多具尸体四散奔逃，师团长田中新一仅以身免，逃入丛林后，靠侍从在密林中用斧头和锯子打开一条"伐开路"才侥幸逃生。远征军坦克兵回忆："当我们冲进日军司令部的时候，他们伙房锅里的饭菜还是热的。"溃败的日军不但抛弃了大量辎重和重武器，连田中的战马和第18师团的关防大印都没有来得及带走，成为远征军装甲兵团的战利品。当时的装甲兵团第1连连长韩德明至今记得缴获这枚大印的情景——通信组士兵小刘一边挥舞着关防大印，一边找韩德明时，总指挥兼第1营营长赵振宇一把拦住查看，而他也冲上去。营长和连长竟然为谁来上报这个大印争了起来。"缴获的是师团关防大印，这在以前是没有的事，我当时高兴得管不上对方是营长还是谁了。"韩老笑着说。营长毕竟是营长，韩德明不得不把大印交给营长。但是在上交之前，他找了一堆白纸，狠狠地盖了几十个印章留念。至此，孟关战役胜利结束，半个胡康—孟拱河谷已经落入中国军队的掌握范围。

因装甲兵团参战，一些文献认为此战发生在胡康河谷南路要隘大洛（Daro）。但从地图上看，大洛此时早已落入中国军队手中，日军18师团也从未将司令部放置此处。因此，此战发生在孟关周围，似更为准确。

盖有18师团关防大印的明信片后来成了远征军给来访客人最好的礼物之一。赵振宇上校早年是北京大学的学生，他给自己原来在北大，现在西南联大工作的老师们每人都寄送了一份这种礼物，表示师恩难忘，恐怕也不乏炫耀战功之意。那年头哪个教授有这样一个学生，大概感觉跟教出一个刘翔来差不多吧？

四

第18师团在日军中号称"丛林战之王",打遍马来亚、新加坡罕逢对手,1942年把史迪威和中国远征军第一次入缅部队打得北走印度的日军中,这个师团是绝对主力。因此,孟关战役对中国军队来说,不但是找回自信的一战,而且是复仇和雪耻的一战。

然而,18师团不愧是日军的一个王牌师团,尽管遭到重大损失,一路撤退,但是仍然节节抵抗。哪怕是负伤的残兵也各自为战,拼命阻滞远征军前进的步伐。而日军缅甸方面军也很理解这个师团的重要性,先后为它补充官兵达15次之多,以至于日本投降的时候,18师团很多部队里一个原来的军官都没有了。日军的这种拖延战术,是为了让其师团主力在得到补充后,能够集中兵力固守瓦鲁班以东的坚布山,以保持河谷东半部,特别是孟拱和加迈两大要点。

孟拱是胡康—孟拱河谷的出口,日军第18师团的补给基地,缅北铁路由此经过,地位重要。若能攻占孟拱,日军在缅北的第33军将被拦腰斩成两段。

3月14日,远征军发动孟拱战役,试图打通整个胡康—孟拱河谷。装甲兵团奉命配合新22师正面进攻日军坚守的坚布山要隘。日军在这里花费

坚布山战斗中,中国步兵乘车前进,一方面可以获得战车的掩护,一方面也可以帮助视野不良的战车提前发现来袭的日军。

一年时间，修筑了坚固的永久半永久防御工事，将其称为"三角山要塞"。双方在这里的战斗十分激烈。崎岖的道路迫使中国远征军的战车经常不得不在泥泞小道上蹒跚行驶，而无法如操典上要求的那样组成相互掩护的战斗队形。注意到这一点的日军常常集中火力在开阔路段攻击中国装甲部队，因为在这里的中国战车如果遭到打击很难向前后的羊肠小道疏散。除此之外，日军不断设置诡雷，在路面上伐倒大树试图卡住坦克的履带，甚至焚烧坦克即将经过的丛林。其最恶毒的招数是使用能够贴在战车钢板上爆炸的磁性手雷和自杀式的"肉弹攻击"。

在这样的阻击下，坚布山山口一战中，装甲兵团先后有 8 辆战车被毁，大部分受创于磁性手雷和地雷。日军此战也付出重大代价，第 55 联队第 2 大队大队长管尾少佐阵亡，被迫放弃阵地后撤。

当时在缅甸采访的中国著名摄影记者王小亭，在杰布山口也亲身遇险。当时，他正在采访美军麦支队的 Q. 戴维德，忽然看到几名日军从路边树丛中钻了出来，不顾一切地扑向正在路中间的一辆 M3A3 战车。这些日军每人身上绑着 6 块苦味酸炸药，贴上中国坦克就拉响炸药，把自己炸成碎片，也炸穿坦克的装甲。王小亭曾以拍摄《上海南站日军空袭下的儿童》而著称，但在坚布山口没有拍下哪怕一张照片，估计是过于震撼了。

不过，中国人的聪明可算没得说，很快就找到了对策。李九龄回忆，第 1 营曾被日军的磁性雷摧毁了两辆坦克，几天没敢出击。但他们最终想出了办法，专门赶制了一种铁丝网，离坦克钢板 10 厘米架空焊接在装甲表面。因此，日军的磁性雷和"肉弹攻击"无法直接贴在钢板上爆炸，威力锐减，就此失去作用。

4 月 24 日，装甲兵团和新 22 师经过苦战，终于攻克日军"三角山要塞"，与迂回进攻的新 38 师在沙杜渣（Shadazup）会师，日军在孟拱外围的防线被打开了一个缺口。

装甲兵团的指挥机构跟上了第 1 营的步伐，把后方基地设立在日军放弃的昆印。他们试图更加有效地协调新 22 师与装甲兵团的行动，但最终发现这并不是一件容易的事情。远征军的步兵与装甲兵协同作战，由于在丛林的恶劣环境而更加艰难。

史迪威有一个习惯是亲自上前线，这有助于他更加有效地发现问题、

远征军总指挥史迪威，一个在高级将领圈子里绰号"醋性子乔"的暴脾气老军人，却因为疾恶如仇和平易近人深为普通中国士兵所爱戴。

远征军使用的 M4A4 谢尔曼坦克

解决问题。克劳福德曾在前线见到深入一线的史迪威。当时日军一部携带火炮正在转移，史迪威发现后命令一支中国部队前去截击。不幸的是，还不够熟悉坦克作战特点的中国装甲部队与步兵配合迟缓，让日军脱网而逃。为此，史迪威与布朗谈话，要求他建立一支美式纯装甲突击部队。

布朗是一个雷厉风行的高级军官，在他和中方军官的合作努力下，一支全新的部队诞生了。1944 年 4 月 19 日，12 辆 M4A4 谢尔曼坦克到达前线，划归第 1 营指挥。布朗和赵振宇挑选战士用这 12 辆战车组成了一个"中型战车突击队"，专门作为冲击日军阵线的拳头部队。这些战车中 5 辆由美军驾驶，7 辆由中国军人驾驶，指挥官是理查德·多兰中尉（Richard F

Doran）。美军官兵大多数也对这种车辆不熟悉，只好一面自己学习，一面教授中国战友谢尔曼坦克的使用方法，其六缸克莱斯勒引擎的同步工作尤其是一个难点。4月下旬，雨季再次来临，部件和弹药补给有些困难。但理查德中尉回忆，坦克部队的油料从来没有短缺过，同时供应充足的还有75毫米和37毫米炮弹，这大大加快了中国战车兵的训练速度。

谢尔曼坦克后来也装备远征军其他部队，上面这张照片上的M4A4坦克侧面有一个白色三角标志，表示它是远征军战车第1营第2连的车辆。至于车身上装饰性女郎图案嘛……那可就没法判断是美国佬的作品，还是中国兵效仿的了。

这支突击部队火力和防御都堪称一流。原美军顾问法利回忆，他觉得自己被挑选到谢尔曼坦克部队是一种运气。因为谢尔曼厚实的装甲让人有足够的安全感。法利曾检查一辆被俘的日本坦克，得出的结论是日军战车的防御根本无法和谢尔曼相比。

估计所谓被俘的日本坦克，是日军14坦克联队部队使用的95式轻型坦克。日军在坚布山曾将这种坦克放置在两堵土墙之间组织防御作战，但面对中国军队凶猛的炮火，这种做法全然无济于事。实际上，由于日军的战术思想是用战车伴随步兵提供火力支援，一般不进行战车之间的对战，因此其参战的装甲车辆多毁于远征军的炮火和步兵火力，双方战车之间的战

远征军50师师长潘裕琨在给部下讲话，脚下踩的就是一辆被俘的日军战车。

在缅北战场中美两军人员相处融洽，这是美军顾问克劳福德和他的中国战友的合影。

斗不多。法利承认"在这条战线上，我们没有多少像其他战场上那样进行大规模坦克战的机会"。

谢尔曼坦克组成的突击部队，使装甲兵团如虎添翼。此后的攻击过程中，尽管日军在沿潘玉河的英开塘（Inkawngatawng）、索卡道（Hwelonghka）、马拉高（Malakadwng）等据点层层设防，并配置了大量反坦克武器，但在中国远征军日益精练的炮兵、步兵、装甲兵立体攻击面前最终败下阵来。在攻占这三个据点的战斗中，美军顾问仅仅有两名阵亡，四人负伤，数辆轻型坦克和一辆中型坦克被击毁。理查德回忆，在索卡道，日军曾派出坦克部队迎战，但面对气势如虹的装甲兵团自知不敌，未及交手就仓皇退遁，让远征军的官兵们有些遗憾。

不过，坦克部队的势如破竹也带来一些副作用，那就是和他们配合作战的步兵多少产生了一些依赖和消极的情绪。一名美军顾问回忆孟拱之战："在一次协同作战中，中型坦克突击队率先攻破日军阵线，美军打头的谢尔曼战车部队一直把日军追赶了三英里之远。当我们返回的时候，却看到那些配合作战的中国步兵根本就没动窝，只是举起他们的手比出 V 字型手势向我们欢呼，实在把我们气得够呛。"

　　说来也是可以理解的，这些中国步兵在瓦鲁班的英勇来自打回故乡的勇气，这些中国步兵在孟拱的消极，又何尝不是珍惜能活着回家的机会呢？对这些纯朴的农家子弟来说，能这样消极一次，实在是战场上的奢侈，大多数时间他们的牺牲只有一句话可以形容，那就是——"一寸河山一寸血"。

　　对装甲兵最严峻的考验堪称英开塘之战。

五

　　英开塘，是潘玉河东岸一片宽阔的台地，也是日军在胡康河谷东段中心孟拱的前哨阵地。由于这里水浅流缓，可以徒涉，双方都认识到这是远征军进攻孟拱日军的必经之路。

　　中国远征军曾两攻英开塘，4月29日，第一次战斗中，装甲兵团和新22师65团一个营发动攻击。由于渡河兵力不足，寡不敌众的中国士兵败回西岸。这时，韩德明已经提升为副营长，刚刚担任装甲兵团第1连连长的李纪元指挥车辆拼死力战，试图在日军阵地上杀出一条血路。结果他乘坐的战车被日军战防炮击中，本人当场阵亡，第1连的多辆坦克受损。5月3日晚，为了打开通道，布朗上校亲自指挥了第二次进攻。他调动了57辆M3和M4战车，地面由理查德·多兰中尉指挥进攻，自己则乘坐一架L-5炮兵校射飞机直接飞在战场上方协调装甲兵和步兵的配合。

　　英开塘的战场地势开阔，河面上被日军破坏的桥梁隐约可见。这样的战斗，双方意图都很明确，无可隐瞒。隔河遥遥相对的两军让人想起古代

L-5步哨式炮兵校射飞机，解放军早期也曾使用。

北面，麦支队和新30师空降密支那，对这个日军在缅北的中心发动奇袭，第18师团的总预备队114联队被包围在城中。

战争中的军阵。美军参战老兵贝克尔中士回忆，他们的谢尔曼坦克在前方安装了一副很像推土机铲刀的破障器，一辆辆远征军的坦克谨慎而小心地劈开堤坡上的植被，在河岸的几处同时开始渡河。"从望远镜望出去，场面颇为壮观。当我们爬上对岸的时候，多兰中尉下令所有坦克调整位置，整个进攻阵线摆成了一个巨大的楔形。从坦克的潜望镜中望去，对面绵延半英里的台地清晰可见，毫无遮掩。这里原来显然曾生长过茂密的树丛，如今却只有不到膝盖高的大象草，顶端一片被焚烧后的焦黑。台地尽头，是暗青色的丛林，日军，就在那里等待着我们。炮击一直在持续，配合作战的轰炸机也频频对日军投下炸弹。多兰中尉下令——进攻开始了。"

与我们想象中美军多怕死不同，在这次进攻中，几辆美军驾驶的谢尔曼坦克冲在最前面，因为他们是最熟悉这些车辆的人员，战斗力最强，对多兰中尉的命令理解也最准确。中国军人驾驶的坦克紧随其后。

日军的战术十分明确，就是坚决贯彻近战的原则，把中国军队放进自己的阵地再开火。这大概是因为战车的机动能力太强，日军很难在中国军队突击的重点目标前预先部署足够的部队。

由美军少尉帕西驾驶，代号"安"的谢尔曼坦克率先压响了一颗反坦克地雷，一条履带被炸断。一名日军跳上他的坦克，试图把一颗磁性雷固定在上面。就在此时，另一辆代号"东京有限公司"的谢尔曼坦克及时赶到，用机枪准确地把这名日军从车上打了下来。一名姓叶（音译）的中士射击极为准确，把炮弹直接打进了一门日军47毫米战防炮的炮膛里，赢得耳机里的一片喝彩。

代号"东京有限公司"的坦克车长是克劳福德，他的坦克参加了第一次英开塘之战并且中了12发炮弹，日军的47毫米反坦克炮无法击穿谢尔曼坦克的装甲。他始终认为第一次攻击的失败和当时天气不好，空军无法提供有力支援有关。第二次进攻，远征军部队终于在河对岸站住了脚。"从坦克里面就可以闻到日军烧焦尸体的味道，我们冲过一片稻田，那里原来是日军的阵地。几辆M3A3停在那里，美军顾问在大喊大叫地教导中国坦克兵战术要领，其中一辆中弹被毁，被烧得面目全非。我和弹药手抢救了一名重伤的坦克兵，并把他送到后面的战地医院……第二天天亮的时候才发现，我们的战车里还残存着这个士兵的碎肉和断骨。"

在参战的中美官兵里面，有一个人是十分独特的，那就是美军战地记者戴维德·理查德逊（David.B.Richardson）。他当时正奉命在缅甸采访麦支队的美军官兵，此时正坐在装甲兵团的第一辆战车里。

理查德逊是美国最著名的记者之一，他长达五十年的职业生涯精彩万分，从圣雄甘地到以色列总理贝京，从卡扎菲上校到谋杀托洛茨基的苏联特工无一不是他的采访对象。理查德逊无疑属于那种上帝特别青睐的人物，因为在随军记者中，他独一无二的特点是不但采访，而且每每亲自参战却毫发无伤。理查德逊因为战功曾两次荣获美国国会勋章。这位记者以走到哪里都带着一台打字机、一台照相机和一支步枪而闻名遐迩。

对于理查德逊动辄又扔手榴弹又

美国战地记者理查德逊

开枪放炮的"赤膊上阵",行内人始终评价不一,有些人觉得他有战争狂和出风头的倾向。理查德逊对此坦然面对,"我的看法是,当你充满恐惧时,克服恐惧的最好办法就是让自己忙得顾不上多想"。他后来写道:"而在前线还有什么比端着枪开火更忙的事情呢?这样,每次到前线采访,我都给自己找个战斗位置。"

不过,这次在英开塘的战斗,理查德逊自嘲是在"半梦半醒"中加入了战团。

"我当时是Yank杂志的记者,对于即将爆发的战斗一无所知。战车部队总是很有魅力,我碰上布朗上校的时候,对他说我是个记者,想采访他的部队拿点儿一手材料。赶巧的是他们正要出发,于是上校说他们有更重要的事儿要干。我想他肯定把我当成了个添麻烦的,于是对他说我当过B-24轰炸机的机枪手,也许跟着部队出发不会是累赘。为了说服他我稍微吹了点儿牛,谈起我在B-24的腰部枪塔曾经奋勇打退来袭的四架零式战斗机。我想我说服了他,而且估摸着他会把我放在指挥车里,给我一挺机枪。"

出发的时候理查德逊惊讶地发现,自己竟然被放在了队列最前面的战车里,而且成了该车的主力机枪手!布朗上校太缺乏有战斗经验的部下了,而且显然不知道理查德逊的名气,刚巧第一辆战车的机枪手得了痢疾⋯⋯糊里糊涂上路的理查德逊想不到,此战之后,美国《生活》杂志是这样报道他的:"中美联军斗志昂扬,著名战地记者理查德逊杀气腾腾地擎起一挺机枪,坐进了突击部队的先锋车里,恶狠狠地杀向日军阵地,要争取第一个打回缅甸的荣誉⋯⋯"

一个多少有点儿二百五的美国愤青形象,就这样被塑造出来了。

理查德逊回忆:"我们扑向目标,可以听到日军还击的炮火呼啸而来,弹片打在坦克的前装甲上当当作响。每一分钟日军抛到我们头上的炮弹都在增加,我乘坐的战车被击中,一度失去了动力。战友试图重新启动战车的时候,我扣动扳机,带着无法控制的颤抖对着日军阵地猛烈扫射。'打短点射,短点射,'有人对我大声喊,是车里的战友,'顺着敌人打来的弹道还击。如果你看到一片橘红的闪光,那肯定是日本人的战防炮,这个威胁最大,先打它!'

"我开始对着那些闪光的地方开火。这可不是个容易的活儿,因为我们在高速移动，而我的视野在潜望镜中极窄。现在我明白别的坦克手为何都戴着口罩和手套了，因为这该死的坦克设计有问题——向后抛出的弹壳接二连三地打在我的身上，而且烫得吓人。公平地说，我当时已经被射击的火焰晃花了眼，根本不能确认目标。

"不过，我这通盲目射击显然声势骇人（大多数中国坦克兵对弹药比较节俭，也不会这样外行地乱打长点射给日军指明目标），以至于正在半空中L-5飞机上担任协调的布朗上校，在耳机里困惑地问道：'第一辆车的机枪手是哪个小子？'他后来对我在这次战斗中的评价不低，因为这通猛扫虽然多半什么也没打着，但对面的日本兵真没有几个敢在这种'准确'的弹雨中把脑袋伸出来。这段话让我如释重负，因为我实在不好意思告诉别人自己后来干脆就是闭着眼睛乱打……"

六

在英开塘死死阻击远征军的，是日军56联队的芋生大队（大队长芋生少佐后阵亡，有中国资料称其为"宇生"）。此时，日军的局面十分严峻。被中国将军孙立人几次精彩的迂回作战所吸引，史迪威指挥中美联合部队对日军背后连续进行大规模的迂回攻击，使日军的战线支离破碎。

从广域而言，整个缅北战局都是中国远征军和盟军在进攻。

从孟拱战场而言，新22师从正面强攻潘玉河的同时，新38师112团穿越密林，迂回攻占了孟拱以西的西通，一举切断日军第18师团主力与孟拱后方之间的联系。第18师团的师团直属部队，两个步兵联队、一个炮兵联队和一个工兵联队被中国远征军压缩包围在英开塘和西通之间的狭长谷地，处境

远征军悍将，绰号"拦路虎"的112团团长陈鸣人。

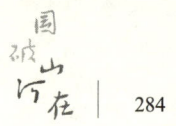

十分危险。

值得一提的是，当日军意识到自己被包围之后，曾拼死反攻，试图夺回西通。除了包围圈内的敌军向外打以外，日军集中在英军空降温藻前刚刚赶到孟拱增援的第2师团第4联队，第53师团128和151联队一部，从外向内全力猛攻。为了夺回西通，日军甚至在山地作战中罕见地动用了150毫米重炮。

这场被称作"西通截路之战"的恶斗打响了。面对日军疯狂的两面夹攻，112团团长陈鸣人率部死战，利用险要的地形和日军构筑的防御工事坚守西通。在激烈的战斗中，112团伤亡惨重，曾经找到并将杜聿明将军和新22师残部从野人山中救出的功臣周有良连长就阵亡在这里。但是，这些出身寒微的中国农家子弟，以出人意料的顽强捍卫了自己的阵地，也捍卫了中国步兵忠诚坚毅的荣誉。他们扼守的西通始终如一根钉子钉在两路日军之间。在史迪威亲自调动下，盟军飞机不断为陈鸣人部投下粮弹药品。日军狂攻一个星期，内外两军间隔只有4英里，彼此射出的炮弹都能够看到，但就是无法汇合。包围圈外的日军最终弹尽力竭，带着满身的伤痕铩羽而归。在这个缅甸的无名小镇，陈鸣人打出了自己军人生涯中最精彩的一战，在缅北战场得到了缅北战场"拦路虎"的绰号。

这也足够写一部《我的团长我的团》了吧？

这次战斗，让我产生了熟悉的感觉。搜索记忆，那是魏巍《谁是最可爱的人》中描述的松骨峰之战，同样夺路而逃的敌军，同样内外夹攻的血战，

南面，英军唯一积极配合远征军作战的部队温盖特旅空降温藻，切断缅北铁路，迫使日军动用英帕尔战役的总预备队第53师团回援。

东面，云南方面卫立煌的远征军丫部队强渡怒江，反攻滇西，在滇西的日军第56师团据险死守，双方打成胶着。

日军炸毁河上的桥梁试图阻挡追兵，中国坦克兵驾驶战车徒涉溪河继续追击。

同样英勇顽强的中国步兵。那一战，中国陆军第 112 师团长范天恩也同样打出了一生的骄傲。包围圈内外的美军同样鸡犬相闻，但就是无法汇合。

有什么好奇怪的呢？前面提到的远征军装甲兵团老兵李九龄，就是朝鲜战场上中国人民志愿军中的一员。在捍卫这个国家和民族的时刻，他们有一个共同的名字——中国军人。

曾和一位当过兵的记者朋友谈起志愿军在铁原的血战。那位朋友沉默半晌，末了叹息一声，道："保家卫国，当兵，就要当这样的兵！"

经过西通的战斗，包围圈中的敌军编制已经被打乱，伤兵满营。无法打开西通，他们得不到一颗米和一粒子弹的补充，完全靠挖野菜吃野芭蕉根活命，许多日军饿得骨瘦如柴，连枪都拿不起。

在这种情况下，田中新一中将一面组织对西通的攻击，一面仍然紧急搜集师团总部和各部队还能作战的人员，组成"森田部队"前往英开塘一线增援芋生大队，试图堵住孟拱河谷的西口，以便争取时间等待援军。日军一度发动反攻。但是，在这场硬碰硬的战斗中，英开塘最终还是被远征军装甲部队和新22师联合攻占，中国军队顺势攻占索卡道和马拉高。被围日军险要尽失，补给中断，无力继续抵抗，残军向公路两侧丛林中奔逃，试图觅路撤回孟拱。但缅甸险恶的丛林让田中新一重蹈两年前杜聿明所部翻越野人山撤退的覆辙。那一次，远征军的上万将士埋骨荒山。这一次，日军也尝到了滋味，大量伤病员和体弱的日军死在撤退途中，能够走出丛林的日军不过一千五百余人。根据日军统计，第18师团在缅甸阵亡人员共计两万多名（含历次补充人员），有一半死在了胡康——孟拱河谷的战斗中。

看日军统计，在缅甸战场，第18师团加上补充兵员一共三万三千余人，战死的就达到两万多人，活下来的人员，无论负伤还是没负伤的，一共不到一万一千人。这与其他战场负伤/战死的人员约3比1的比例完全不符，其根本原因就是缅北自然环境恶劣。无粮无药，加上疟疾和水蛭的攻击，使大量日军伤员迅速地变成一堆白骨。在缅甸，日军负伤后不能救治死亡的人员，比直接战斗阵亡的还要多。

击溃日军第18师团主力以后，远征军曾几次试图调动装甲部队支援在密支那的攻城部队。但由于雨季河水暴涨，缅北的简易公路多被冲垮而无法成功。因为连续战斗车辆损坏严重，人员也极为疲惫，装甲兵团参战部队后撤到印度境内的兰多伊（Rangdoi）进行休整。装甲兵团的第2营在6月到达前线，但很快也发现在雨季中难以施展，同样开到兰多伊继续训练。由于雨季的影响，直到11月上旬，装甲兵团的部队才再次大规模投入战斗。

在兰多伊训练期间值得一提的是，美军在这里将装甲兵团的维护工作全部转给了中国工程技术人员进行，这大大提高了中方部队的独立作战能力。根据美军记载，中方组建的技术支持部队，指挥官为 Chao Shin 和 Hunag Te Hsin。可惜的是，因为没有中文姓名，目前我在中方资料中还无法找到这两名负责人的名字。若是有了解这段历史的朋友，不妨帮忙找一找看。

七

1944年11月，装甲兵团再次从印度出发，杀入缅甸战场，参加了八莫

相对来说，在史迪威的努力之下，中国远征军的医疗保障要好得多，中美双方的重伤员都能用飞机后送抢救。

这是远征军野战医院中的缅甸护士在和中国士兵谈天。

在八莫被击毁的日军坦克，连炮塔都被掀到一边去了。

在八莫战斗中被俘的日军坦克，上面带有"旋风"字样。

八莫战斗中被远征军俘虏的日军战车队

在密支那自杀身亡的第56师团
步兵指挥官水上源藏少将

周围的战斗，一路势如破竹。

这里，据说是清朝大将傅恒征缅时屯军的重镇铜壁关，也有人说诸葛亮南征时"深入不毛"中的"不毛"，就是今天"八莫"的谐音。在八莫之战中，战车部队最初准备用于攻城。后发现八莫城中多参天老树，在前面的炮战中多被连根拔起，变成了路障，战车行动不便。因此，装甲部队改为承担从市区外的山坡上向城中炮击的任务，以掩护步兵的进攻，并随时截击日军机械化部队的突围行动。日军称中国远征军在这一战中动用了"自行火炮"，其实所谓自行火炮就是装甲兵团的坦克。

这时，印度方面的中国远征军已经拿下了日军重兵死守的密支那，这一仗打断了缅北日军的脊梁骨，守将水上源藏少将在请求突围不获批准的情况下自杀身亡。云南方面的远征军也终于粉碎了日军在松山、腾越一线的顽强抵抗，夺取龙陵、收复滇西全部失地指日可待。此时的日军虽然在缅北投入的兵力大大增加，师团级番号从两个加到了六个，但斗志早已和胡康河谷战斗时不可同日而语。面对装备、训练都在自己之上的中国远征军，日军作战日趋消极，装甲兵团没有再遇到如英开塘那样的硬仗，作战较为顺利。

不过，令很多装甲部队官兵遗憾的是，他们一直想与曾在中国战场骄横一时的日军战车部队当面打一仗，却始终未能抓到机会。在八莫战场日军曾投入装甲部队，但由于日军城防司令原好三大佐不懂装甲作战，参战的日军车辆一部分被半埋在工事中充当支撑点，多半被远征军密集的炮火摧毁，一部分因油料不足无法突围，被远征军俘获，双方并没发生坦克之间的对战。

1945年1月27日，远征军X部队和Y部队在芒友会师，中印公路正式开通。

但是，对装甲兵团来说，战斗并没有结束。1945年1月29日，一边扫荡中印公路周围的日军，一边向新维和腊戍方向进攻的远征军装甲兵团，意外地在新维门户贵街与日军装甲部队遭遇。中日装甲部队的对决，居然在这个战争大剧即将落幕的时候发生了。

说来这也符合逻辑，在前面的战斗中，日军装甲部队一直回避和优势的远征军装甲部队正面交手，但随着中国军队的节节进逼，日军回旋的余地越来越小，至此双方终于迎面碰撞。

这一战是缅北战场罕见的战车之间的作战。远征军装甲兵团参加这次战斗的，包括中型战车突击队和战车第1营的第3连。令人遗憾的是，参战的美军官兵回忆这一战时多着墨于自己所驾驶坦克的战绩，对中方的战绩描述不多。根据双方记载，这一战还原后大约是这样的。

当时已近傍晚，装甲兵团的部队奉命支援步兵攻占贵街。他们并没有直冲镇子，而是沿着镇子旁边丘陵上的公路搜索攻击，以占领攻击阵地。这条山腰上的公路旁有一个小的冲积扇平原。远征军中型战车突击队的谢尔曼战车和第3连的斯图亚特式轻型战车在这里分开。轻战车部队在山麓展开，准备对贵街镇进行攻击，中战车则在上方担任警戒并提供炮火支援。

在谢尔曼坦克上的克劳福德回忆，贵街镇周围，环绕着片片稻田，山上则长满了比人还高的蒿草。此时，还无法判断镇子里有无日军，坦克兵们都把脑袋和肩膀伸出坦克的顶盖朝外看。就在大家的注意力都在镇子上时，克劳福德忽然发现，山上的有几个草堆都动了起来。他在最初的惊讶后立即醒悟过来——那是隐藏在草丛中的日本坦克！

97改式中型坦克，是日军坦克师团的主力战车。和97式原型车相比，它保留了炮塔不在车体中线（使敌方在瞄准时容易射偏）等特点，但主炮从57毫米短管步兵炮更换为47毫米反坦克炮，增强了其反坦克能力。

　　几乎与此同时，日军坦克对准中国远征军的战车开火了。

　　果然，隐藏在草堆中的，正是日军第14坦克联队所属的一队97改式和95式战车。这个坦克联队在英帕尔之战中损失惨重，撤退到曼德勒后于12月调往缅北，此时刚刚隶属于第18师团。由于在前面的战斗中损失过大只剩了不多的几辆战车，这支日军装甲部队东躲西藏，始终不敢和远征军正面交手。由于当时中美联合空军已经掌握了缅北上空的制空权，日军战车部队在空袭中受损严重，眼看无法全身而退，这一次索性在山坡上设伏，试图利用近战和远征军的坦克部队拼一个鱼死网破。

　　日军使用这种战车与远征军交手本来是一个比较好的选择。虽然比M4坦克依然要差一点，但英帕尔一战14坦克联队的97改坦克大部分未能撤回缅甸，仅有少数几辆打起来势单力孤，未能发挥作用。

　　日军这种战术不能不说有一定的道理，在菲律宾不多的几次坦克战中，日军就曾利用近距离的伏击弥补火力的不足，取得过一定的战绩。不幸的是，在缅北战场上的远征军装甲部队此时已经久经战阵，反应极快，在发现日军坦克的同时纷纷转向迎战。坦克手的耳机里一片纷乱，克劳福德在大声报告日军坦克方位，指挥官下令对日军坦克开火。而在命令下达之前谢尔曼坦克已经向日军射出了第一排炮弹。

　　谢尔曼坦克中唯一情况不太好的正是克劳福德的战车坦克。他的坦克

远征军装甲兵团坦克上的标语很值得一看，这里写的是——突击。

一直有发动机的问题，经常在上坡时熄火，这时又出了故障，发动不起来了，顿时成为日军射击的死靶。另一辆谢尔曼坦克上的官兵发现他的处境危险，匆匆赶来拖带。但因为地形原因拖索拉断也无法将其拉到安全地段。克劳福德冒着日军的炮弹跳下车来，试图排除故障，正在这时一颗炮弹击中了他的坦克……

等克劳福德清醒过来，他才发现自己的运气很好，纷飞的弹片并没有将他击伤，而他的谢尔曼坦克呢？仅仅是在炮塔下方被打了一个小洞，战斗力一切如常。

另一名美军顾问斯蒂威（Stevie）也参加了这次战斗，他回忆参战的日军坦克太小了，炮弹打上去就像穿透纸板一样——他的感受是正确的，日军大多数战车的设计只考虑抵御步兵轻武器的攻击，在谢尔曼坦克 75 毫米大炮的面前，确实不能比硬纸板提供更多的掩护。

在中美官兵镇定下来以后，这场战斗马上就向一边倒方向发展。美军坦克手击毁了日军一辆 95 式轻型坦克，这辆坦克爆炸燃烧起来。另外两辆日军坦克被击伤，在夜色的掩护下逃出战场。中国坦克手击毁日军一辆 97 改式中型坦克和数辆 95 式战车，但自己也有一辆斯图亚特式 M3A3 轻型坦克被击毁。

斯蒂威查看了日军被击毁的战车，取了一面日军的膏药旗，带回去做了纪念品——美国人没有"膏药"的概念，他们把这种旗帜叫作"肉丸子旗"。他的印象是日本坦克无论重量还是防御，连 M3A3 的水平都达不到。这的确是事实，在各国主力战车中，日军的 95 式轻型坦克的确属于袖珍体型，加上弹药和人员也只有 7.7 吨重。虽然这种坦克在中国战场曾给装备低劣的中国步兵部队造成很大威胁，但在缅甸的战斗中，不但远征军的坦克它打不过，连卡车也可以"欺负"它。1944 年 12 月，远征军的卡车驾驶员邓中华就曾经用美制道奇大卡车撞翻了一辆袭击运输部队的日军 95 式坦克，创造了战争史上的奇迹。

值得一提的是，这位邓中华有个儿子，后来写了本关于远征军的书，叫《大国之魂》……

撤出战斗的日军也未能逃脱覆灭的命运，远征军追击这支日军直到腊戍郊外，在那里和残存的日军装甲车辆再次交手。此时日军残存车辆主要是装甲运输车，战斗力极差。此战日军14辆车被击毁了13辆。日军装甲部队就此从缅北战场消失了。

3月8日，远征军攻占腊戌，装甲兵团奉命攻击新腊戌和火车站，由孙学明连长指挥的部队顺利完成任务。值得一提的是，这次参战的坦克中，也有一位中国的理查德逊。这就是后来《中国大历史》和《万历十五年》的作者黄仁宇，当时是远征军一名年轻的军官。他回忆装甲兵团的时候这样写道："芦草丛里，纵横摆着几十部轻战车和中战车，炮塔上用红白漆料涂着狰狞面目，装甲车上楷字大书'先锋''扫荡'和许多耀武扬威的字句，顶上天线杆挂着战旗。挑战的色彩多么浓厚！这几个月来，他们的战斗技术大有进步，而战斗精神，越来越近乎'猸猕'了。"

装甲兵团在腊戌火车站歼灭日军一百余人。这次不大的战斗，也是远征军装甲部队的最后一战。

尾 声

腊戌战斗之后，远征军装甲兵团在缅北进入休整时期，等待惠通桥工程完毕后归国（怒江上的惠通桥当时承重能力不足以承受谢尔曼坦克的重量）。1945年6月，得到中印公路物资补充的中国军队在湘西雪峰山对日军进犯部队发动反攻，远征军中的新六军空运参战。当时也有将装甲兵团

装甲部队人员在中印公路与滇缅公路打通的路标处合影。

调运参战的考虑，但终未成行。日本投降后，装甲兵团按照租借法案将战车归还美方后返回祖国，远征军战车部队的历史就此告一段落。

　　归国后的远征军装甲部队人员去处十分复杂，国民政府将该部人员分编入国内的装甲部队。但是，装甲兵团一部分人员，如李九龄等不愿意参加内战，纷纷退伍或开了小差，一部分人通过被俘和起义等途径加入了解放军，为解放军装甲部队的早期建设做出了贡献。还有一部分人员始终在国民党军中任职，后来撤退到中国台湾。不过，由于"孙立人兵变"案和原装甲兵团第 1 营营长赵志华"湖口兵变"的影响，这批官兵在台湾多境遇坎坷。

　　其实，一个孙立人兵变的冤案，让很多远征军出身的将领就此断送了前程。前面提到的"拦路虎"陈鸣人将军，在孙立人出事后随即被捕，一直被监禁到 1975 年。

　　"青山遮不住，毕竟东流去"，坎坷也好，星散也好，历史的汗青上，这些曾为一个国家和民族而奋战的老兵们，早已用自己的鲜血留下了不朽的足迹。

　　每一个牺牲都是不朽的，或许正是说的他们。

　　远征军装甲兵团的战斗历程已经远去，纪念他们最好的评价，或许就是史迪威在听说中国政府将中印公路命名为"史迪威公路"后说的话。

　　这位桀骜不驯的将军对此没有丝毫感激，他表示自己一点儿也不喜欢这个命名。他认为，用一个人的名字命名这条公路，实际上忽视了为了开通这条公路英勇奋战的普通远征军战士们的贡献，只有他们，才是这场战争中真正的英雄。

击落太阳

——被八路军击落的日军侦察机

说抗战时期八路军一直"游而不击",大致和说国民党军全在"曲线救国"一样,属于毛泽东主席对基辛格铨叙的国共关系——"蒋匪""共匪",我们只是骂来骂去。抗战是所有中国人共同的抗战,牺牲在伟大的卫国战争中的战士们,无论他们穿的是哪种军服,在今天中国人的眼里,他们是我们同样的英雄。对日本兵来说,国军的汉阳造和共军的马尾巴手榴弹一样咬肉。当然,装备的不同,使不同中国军队的作战特点不同。提到八路军,大家想到的往往是地道战、地雷战,要说土八路能把日本飞机鼓捣下来,这可就有点儿玄乎了。

但在日本方面的资料中,的确有记载。

2003 年,看到一本日本出版的战争回忆文集,叫做《"为人民而死"教育下的八路军》,作者是一个日本战地记者伊藤贵一(后不久入伍成为日军一员)。他回忆在中国战场的经历时,讲到了这样一件事。

1943 年,伊藤在河北随日军第三旅团进行"讨伐作战"的时候,与八路军打了不少交道。按照伊藤的说法,日军持续扫荡,长期的战斗给八路军和日军都带来了重大的损失。八路军的部队因为减员,兵员中补充了很多少年兵。这些少年战士作战勇敢,尤其在山地作战中经常把日军在山间拖来拖去。有的时候,双方的距离近到只隔一道山涧,伊藤可以听到这些八路军少年兵的笑声。日军感叹这些少年也许以为战斗也是一种特殊的游戏吧。

关于八路军击落日军飞机的事情，伊藤只是侧面提到。他讲到在跟随日军进行山区扫荡作战中的一天，他所部的日军整日没有战斗和行军，一直在宿营。这样罕见的阵中闲暇让不服军旅的伊藤感到很惬意。他询问军官不行动的原因。军官苦笑着告诉他，本来预定和本军配合行动的侦察机不能来了，前面的地形复杂，只好不行动。

"哦，是因为天气原因吗？"伊藤问。

"不是，"中队长说，"预订配合我们的侦察机昨天被八路击落了。"

熟悉八路军武装水平的伊藤大吃一惊。啊，这样简陋的装备也能击落皇军的飞机吗？

看了这段东西，我当时的反应同样有点吃惊。不过，看过也就看过了，也没太往心里去，因为这毕竟是传说而已。何况伊藤当时并不是真正的军人，弄错的可能性，或者写作中夸张的可能性不是没有。

没有想到的是，前两天看到一本《陆军航空兵科志》居然也提到了昭和18年，八路军在河北击落一架日本立川98式直协侦察机。吃惊之下，脑子中一换算，昭和18年，不正是1943年吗？河北，伊藤当时不是正在河北吗？莫非他们说的是一件事情？那么土八路打下日军飞机也许并非夸张！

立川98式直协侦察机，是日本陆军使用的一种下单翼可收放起落架的优秀战机，曾广泛使用于太平洋战场，因为飞行性能优异，也曾有大量改

立川侦察机

装为高级教练机使用。日军投降后，东北民主联军曾经大量接收这种飞机，是红色空军东北航校最早使用的机种。

这件事强烈地吸引了我的兴趣，忍不住下了一些功夫来调查，这一下的收获连我自己也没有想到。在日本军事杂志《丸》1994年11期中，我发现了一篇相关文章——《大本营中学学友的生与死》（作者筱崎哲哉，原日军陆军少尉）。该文非常详细地介绍了八路军击落这架日军飞机的经过，因为这架飞机的驾驶员，就是作者的中学同学。文中甚至还提供了被击落飞机的现场照片！

按照这篇文章的说明，被八路军击落的这架日军侦察机属于岐阜飞行第2战队第6直协飞行中队，飞行员加藤胜、军衔陆军曹长，观察员伊舍堂、军衔陆军中尉，被击落的时间是1943年9月，地点在冀西。当时日本陆军正在此处"讨伐"当地顽强抵抗的八路军部队。

加藤胜，日本航空局乘务员养成所第四期毕业，后入陆军航空兵科学习，1941年4月编入作战部队，随即参加"关特演"，即"关东军特种大演习"。演习结束后，他驾驶的立川98式侦察机被编入第6直协飞行中队。7月，该部队的4架侦察机到达中国东北伪满牡丹江梅大飞机场，自此投入中国战场，加藤所驾驶的飞机也在其中。

此后，加藤所在部队转场关内，投入对八路军的"扫讨作战"。当时八路军经常在山区活动，面对复杂的地形，日军地面部队侦察不便，经常出动飞机投入战斗，著名的"狼牙山五壮士"一战，就有日本飞机参战。

1943年9月，已经提升为曹长的加藤胜像往常一样投入侦察作战。立川98式侦察机为双座，前后都装备有机枪。在华北，因为中国军队几乎没有防空火力，日军飞机十分骄横，他们的任务不单是侦察，还提供对地面部队的空中火力支援。这一天，加藤胜为驾驶员，后座的伊舍堂中尉作为侦察员随同出击。当飞机到达冀西某处山地，正准备和地面友军联络时，加藤发现地面上硝烟四起，日军地面部队已经和一支八路军部队发生了交火，看起来双方的战斗激烈，日军并未占得上风。

由于八路军装备简陋，加藤未加思索，想当然地就俯冲扑向了中国军队阵地，扫射地面的八路军，以支援友军的战斗。伊舍堂中尉也用后座的旋转机枪猛烈射击正在向日军地面部队冲击的八路军。

当加藤通过战场、重新拉平的时候，他发现八路军士兵不但没有因为空袭溃散，相反，可以看到很多战士就地持枪对空射击。当然，八路军的步枪火力太弱，对他的"爱机"来说几乎没有作用，加藤决定回头再进行一次扫射。

这其实反映了八路军和国民党军作战的不同特点。国民党正规军的条例规定，没有4挺重机枪，一个排步兵的齐射火力，不得对空实施防空作战，以免无谓损失。八路没有这个条例，即便只有一个人一杆枪，也敢对空射击，当然效果就难说了。

就在加藤一面猛烈射击，一面从八路军阵地上空通过的时候，他忽然听到一阵密集的捷克式机枪射击声——不好，中了八路的埋伏了！也就在这时，他感到机身侧面一连串的冲击，中弹了！"狡猾"的八路军机枪射手在他第一次扫射的时候没有开火，这时突然射击，打了他一个措手不及。加藤连忙用力拉起机头，试图爬高。就在此时，立川机的发动机一震，原来刺耳的噪音骤然停止——发动机中弹停转了！

加藤向前看去，只见螺旋桨打成了"一"字形，毫无活气。失去了动力的立川机成了没有脑袋的蜻蜓，从300米的高度摇摇晃晃向地面栽去。他使出浑身解数，拼命操纵几乎失去控制的飞机，试图找到一块平地迫降。

这时，他听到伊舍堂中尉绝望的吼叫："军曹，我们一起自尽吧！"

吃惊的加藤百忙中回头看去。只见地面上，八路军的士兵蜂拥追来，和飞机赛跑。看这个架势，只怕他就是落地也难免被活捉。按照日军的作战传统，这时候应该是宁可自尽，也不能被俘的。

可惜，在最后的关头，立川侦察机摇摇晃晃地飞过了一条小河。河水挡住了八路军的追兵，加藤曹长的飞机一头冲向了地面。

飞机勉强在地面滑了一小段，左翼着地断成两截，接着拿了大顶，机头扎进地面，机身一直撕裂到翼根的前端，好在还没有燃烧爆炸。

加藤和伊舍堂被扣在翻了个的飞机里面，动弹不得，眼睁睁地看着八路军渡水而来，连自杀的能力都没有了。

眼看死定了，周围忽然枪声大作。原来地面和八路军交战的那个日军中队，所在的位置正好和该机坠落地点相距仅百米。他们立刻放弃了攻击对面的八路军，转而来抢救两名飞行员。八路军渡河部队遭到猛烈火力的

敵前不時着し大破した受機。左端後ろ向きの飛行服姿は伊舎堂隊長

1. 日军地面部队帮助翻转拿大顶的侦察机，机首处背对我们，穿飞行装的是伊舍堂中尉，照片由加藤拍摄。

敵手におちるのを防ぐため拳銃にて発火させ炎上中の98式直協偵察機

2. 日军迫不得已将飞机烧毁，以免被八路军俘获。

打击，掉头撤回对岸，远远地撤离了。

在地面日军的协助下，加藤和伊舍堂终于爬出了机舱，两个人没有负重伤，但飞机的损坏极为严重。虽然日军地面部队帮助他们把拿了大顶的飞机翻了过来，但是飞机已经不可能起飞。加藤一面拆卸下飞机上的机枪，一面和上级联系，希望能够派车辆来拖运飞机。

正在这时，地面部队得到紧急通知，说在河对岸出现了大股的八路军部队，似乎正准备等待天黑渡河夜袭，显然也是要来抢夺飞机。

听到这个消息，日军中队长表示自己的部下和八路已经连续交战，弹药殆尽，实在无力和如此众多的八路进行夜战，当今之计，只有破坏飞机迅速撤退。

这样，加藤曹长无奈之下，只得忍痛将飞机油箱凿破，在 10 米距离上用 14 式手枪引爆，将飞机彻底烧毁。此后，两名飞行员和日军经历了一段近乎"非人"的狂奔，才和接应的日军会合。

迫降后，因为伊舍堂随身带着照相机，当时的场面得以保留下来。在这一期杂志上，登载了三张照片。

伊舍堂在战争后期加入"诚"第 17 神风特攻队，在庆良间群岛撞击美军舰艇时"散花"。加藤因为生病，无力投入自杀作战，幸存到战后。

既然如此清楚的事实，有记录，有照片，有回忆细节，如何称作谜呢？奇怪的是，根据这些描写，我却一时在八路军的战史中找不到相应的记录！

我能找到的八路军击落日军飞机的记录，只有两条，一条是1937年在山东雷神庙战斗中击落日机一架，一条是1943年11月在山东荣成击落日机一架。两个战绩

3. 日军曹长驾驶员加藤从飞机上摘取机枪。

都是山东部队取得的，河北地区虽有破坏日机的记录，却并非击落。倒是日军记录中，有围攻深泽战斗中被八路军击落运输机一架的记载。1943年日军确有对冀西、易县等地的扫荡，还摧毁了当地军民建立的狼牙山五壮士纪念塔。八路军在冀西当时活动的地方武装似乎是冀西十三分区的部队，而八路军主力包括聂荣臻、肖克、张学思等部都在那一带出没。但是，在他们的战斗记录里面，并没有查到击落日军飞机的记载。

根据日军记录，土八路击落洋飞机，应该是板上钉钉的事实了。可是这样"辉煌"的战绩，八路军没理由不做宣传，百思不得其解。

带着这个疑问，我向国内熟悉当时历史的若干朋友发信，希望得到他们的帮助。不久，一位朋友给我寄来一篇文章，打开一看，是这样的内容：

北岳区1943年秋冬季反"扫荡"

1943年9月中旬，日军华北方面军司令官冈村宁次以第26、第62、第63、第110师和独立混成第2、第3旅各一部及伪治安军6个团、30多个县的保安军等……进行"扫荡"，企图消灭边区党政军领导机关和摧毁北岳抗日根据地。晋察冀军区代司令员肖克、代政治委员程子华，指挥……所属部队共4万余人，民兵18万余人……广泛开展游击战，反击日伪军的"扫荡"。

9月16日开始，日伪军1.7万余人……出动……10月29日～11月初，日伪军集中2000余人再犯神仙山时，我第3军分区第42团两个连和1个侦察排同民兵结合进行阻击，毙伤日伪军200余人，击落飞机1架……

"击落飞机一架"！真的有这样的记载！

我把中日报道进行比较，越比较越感到这很可能是同一个战例。唯一有问题的是时间记载不同。中方记录是10月间击落的日军战机，而加藤被击落的记录是他的中学同学根据其口述所写，提到时间是1943年9月。这个和日军对北岳区的讨伐从9月开始吻合，而没有写明加藤真正被击落是在10月间，很可能因为作者并非加藤本人，所以有理解的错误！

假如真是这样，这次战斗，42团投入的兵力是两个连、一个侦察排，加上地方武装对抗的日军一个中队外加飞机，兵力对比3∶1或者4∶1。以当时的装备和战斗力而言，我的看法是日军稍微占优。从战况看来，八路军的战斗意志相当坚定。假如单单看中文资料这样一个简单战报，我会怀疑北岳区夸大战果，看来八路的战果还是挺经得起考验的嘛，要照萨达姆还不得报打下来一队飞机啊。不过，我还是希望能够进一步证明这一战果，或者找到更详细的资料。

此后，资料陆续而来，根据台湾朋友的介绍，此战国民党战史中也有记录，称为"神仙山之战"。据记载日军1943年秋两犯神仙山，第一次被"共军"击退失败，第二次占领神仙山。根据时间计算，击落加藤飞机的战斗应该是发生在第二次神仙山战斗期间。

据此，我对于"神仙山之战"的战况进行了进一步的查找。功夫不负苦心人，经过一番努力，终于在《保定大事纪略》一书中，我找到了《神仙山保卫战纪实》这篇文章。这次击落日机的战斗的真容逐渐展现了出来。

综合该文和其他有关记载，此战发生在1943年10月28日。

神仙山，清代康熙以前一直被作为北岳，名恒山，故此有"古北岳恒山"（与今天山西的北岳恒山相区别）的名称，是八路军在抗日战争中的重要根据地，《敌后武工队》对它也有过描写。1943年，这里是八路军兵工厂所在地，也是晋察冀后方机关所在地之一。9月20日至10月12日，日军第一次分四路进攻神仙山，被肖克所部八路军42团（团长成少甫、政委熊光焰、参谋长马卫华）在金龙洞、九里十八弯等处阻击，无法深入和立足，被迫退却。

10月下旬，日军以四千兵力分九路再攻神仙山，是为第二次神仙山战斗。根据战斗记载，击落日本战机的战斗就发生在10月28日。当时，42团团指、2连、3连、4连一部、侦察连一个排在神仙山主峰奶奶顶顽强阻击日军的攻击。战斗中，日机一架协助日军进攻，用机枪扫射八路军阵地，被2连1排用机枪、步枪联合火力进行防空射击，当即击落日机。有一种说法是八路军背负电台的小战士没有经验，在空袭时奔跑，导致成为目标，电台被击毁（小战士自己却没有受伤），激怒了视电台为生命的八路军官兵，故此日机第二次进入扫射时遭到猛烈的反击。

这应该就是加藤的飞机了。

11月3日，奶奶顶失守。但日军运输线已被马卫华率42团主力切断，11月5日日军被迫撤退，是为神仙山保卫战。

可惜，击落日机的具体人员和当时情形，相对于日军的记载显得颇为单薄。疑惑中我看到了该连随后的战斗——该连继续坚守奶奶顶，"依托有利地形抗击五六百名日军的进攻，接连打退日军几次冲击"。终因寡不敌众，奶奶顶最后失守，该连战士有重伤后和日军用手榴弹同归于尽的记载。我推测因为该部此后战斗中损失较大，很可能击落日机的当事人已经牺牲。因此，对这一精彩的战例才缺少了详细的记载吧。

也许，这就是谜底？

也许解开这个谜并不重要，只要后代记得，有一支简陋到只有黑豆做食物的军队，曾经为了他们的国家拼死的战斗过，让侵略者的飞机，焚毁在神仙山下。

"陆航之花"

——凋谢在西安城下

这，很可能是中国人第一次注意到这件史实。然而，时光已经过去了快八十年。

西安，作为中国反法西斯抗战的重要后方基地，在八年的抗日战争中饱受日军的空袭。自第一次1937年11月20日日军空袭西郊机场，到最后一次1944年10月30日，击落来犯日轰炸机一架，击毙日飞行员两名。根据中国方面有据可查的记录，日军先后空袭西安145次，炸死炸伤中国军民两千余人。在漫长的防空作战中，中国空军和地面防空部队奋起反击，顽强抵抗。

1944年9月21日，《秦风日报》报道："据某某航空站消息，今晨拂晓，敌机数架，由晋窜入我市上空，我机英勇迎战，当即发生空战，被我击落一架，残骸坠落本市西郊云。"

对于多年苦斗的中国，这样一个小小的胜利带来短暂的喜悦，不久这则消息就被淡忘了。

但是，当我翻开日本军事历史专家秋本实的文章《西安空中消逝的疾风战斗机队长》一文（《丸》总第588期），才发现在《秦风日报》这则简短的消息背后，暗藏着令人吃惊的事实。击落日军这架飞机的中国人，可能到现在都不知道这个战斗在日本方面引起的反响要大得多。在查找了《陆航 22 战队战史》《斋藤隆大尉阵中日记》等相关的资料之后，我们终于可以确认，这名被击落的日机的驾驶员，是人称"陆航之花""陆军至宝"的日本陆军航空兵超级王牌飞行员岩桥让三少佐（死后特进中佐）。

被称为"陆航之花"的日本陆军航空兵第 22 战队司令官岩桥让三

被击落的岩桥让三少佐当时担任陆军航空第 22 战队司令官，是日本最优秀的"疾风"四式战斗机飞行员。被击毙之前，他已经有了击落 20 架盟国战斗机的作战记录，而日本二战中幸存的著名飞行员坂井三郎（著有《王牌空中武士的回忆》，在中国《航空知识》杂志连载）也不过有 23 个击落记录。按照击落 5 架飞机即为王牌飞行员的国际惯例，岩桥让三早已超过了双料王牌的要求，是日军飞行员中一个不折不扣的王中王！

遗憾的是，由于中国方面没有意识到自己击落的是一个如此人物，所以根本没有对这名飞行员做深入了解。否则，在中国击毙的日军王牌飞行员名册里，南乡茂章等四大天王、驱逐王三轮宽、轰炸王奥田喜久司等等之后，还应该增加一个"陆航之花"岩桥让三吧。至今中文资料中，尚无提到此人的报道，这一点来说，岩桥死得有些冤。

岩桥让三，日本和歌山县人，1932 年毕业于陆军士官学校第 45 期，随即入明野飞行学校学习飞行——值得一提的是，为了拉拢广西军阀，这个明野飞行学校也曾为李宗仁部训练飞行员。当 1938 年日军空袭南宁的时候，驾驶日本 91 式战斗机前来迎战的，正是这些"忘恩负义"的广西人。1934 年，岩桥被编入飞行第 8 联队，开始了十年的空中生涯。

诺门坎之战爆发后，岩桥以大尉身份担任飞行第 11 战队第 4 中队中队长，带队参战。1939 年 6 月 24 日，他在哈拉哈河上空首开纪录，击落苏联红军战机两架。此后，第 4 中队始终是第 11 战队的基干部队，全体队员的先后击落纪录超过了 100 架，人称王牌中队。而岩桥在王牌中队中的战绩一直排第一。由于他的表现优异，日军将他从一线调离，回到明野飞行学校担任教官。

1941 年 3 月，岩桥又被调到航空审查部，担任キ -84 式战斗机的试飞审查主任。岩桥用他出色的飞行技术证明，这种飞机的性能超过当时在役的所有日本陆军战斗机，后来被定型生产，命名为四式"疾风"战斗机，广泛运用于太平洋战场，成为二战后期日军主力战斗机之一。岩桥也因此获得"陆军至宝"和"陆航之花"的美名。

1944 年 3 月，日军第一个装备"疾风"战斗机的部队——陆航第 22 战队成军，岩桥被任命为该部队的司令官。

第 22 战队原定开赴菲律宾，但由于中国战场的豫湘桂战役需要，该部 8 月 24 日转入中国战区，进驻汉口机场。此后，便开始连续作战。

阔别多年回到中国战场，岩桥很快发现中国的空中力量由于中美联合空军的成立已经远不是当年那样软弱可欺。事实上，豫湘桂战役中，日军并没有拿到战场的制空权。只是由于当时中国军队精锐尽入缅甸，实施打通国际通道的战役，且被史迪威扣住不能东调，地面兵力不足，才遭到惨重损失。岩桥所部第 22 战队被迫超负荷连续作战，很快感到难以承受。岩桥向第五航空军司令部提出了意见，"出动次数太多，而支持整备不足，飞行员已经达到疲劳限界"。

9 月 20 日，岩桥战队奉命从汉口飞赴新乡，截击从成都出击轰炸日本的美国第 14 航空队 B-29 轰炸机，由于情报有误空手而返。然而一到汉口落地，就接到第二条命令，在西安附近发现中美空军 P-51 战斗机活动，要求该部立即派飞机再次前往新乡，由此攻击西安机场。

日本二战中的优秀战斗机四式"疾风"，飞出了 624 公里的时速，远远优于曾经威名一时的零式战斗机。

从汉口到新乡直线航程 550 公里，新乡到西安航程 500 公里，按照命令发动攻击的话，显然要求第 22 战队不顾疲劳，连夜出击，才能在 21 日拂晓赶到西安。岩桥对此命令的反应是根本无法执行，他认为既然如此何必让他从新乡返回汉口呢？现在要花费两倍的时间和力量了。虽然没有详细的资料留下来，但是当事人的回忆证明因为瞎指挥，岩桥和航空军司令部之间当时确实发生了争吵。岩桥负气出击，就此一去不回。

由于岩桥认为大多数飞行员在当时的疲劳状态下无法完成这样艰难的任务，他只选择了技术最好的三名飞行员，斋藤隆大尉、久家进准尉、古郡吾郎准尉加上自己，组成四机编队出击。21 日拂晓，四架飞机到达新乡机场，随后起飞出击西安。

但是，因为飞机整备不足，古郡的飞机在离陆时失事，机毁人亡。起飞半个小时以后，斋藤大尉的飞机也因为引擎故障被迫返航，能够投入作战的只有岩桥和久家两机了。

战斗的结果，日军与中国方面的记载有所不同。中国方面的记录为击落一架日机，自己损失 P-47 雷电共和战斗机一架（美国驻华空军战机）。日军记录为击落 P-51 野马战斗机一架，岩桥少佐发动自杀性攻击战死，久家准尉的飞机负伤，因为油箱打穿，返航时迫降，飞机损毁但飞行员幸存（久家逃过这一劫，但第二年还是毙命中国）。

在日本被称为"名飞行员"加"名指挥官"岩桥让三的座机，带着迷彩的"疾风"185 号机，坠落在西安机场跑道以西外侧。他的死，因为整个战斗发生在夜间，而带上了扑朔迷离的色彩。

日军描写颇为传奇，谓岩桥击落美机一架后开始扫射机场的停机坪。因为看到另一架战斗机正在滑跑起飞，准备迎战，为了消灭这架飞机岩桥实施了自杀式撞击而阵亡。日军甚至有人因此认为岩桥少佐是用这种极端的方式表示对上司的不满。日军也曾怀疑是久家击落了岩桥，但是后来又根据双方的位置排除了这种怀疑。这种"壮烈"的死，事后判明毫无依据，大概是日军不让自己英雄死得太平常的习惯作祟而已。

美军在当地的飞行员则记录，岩桥的确凭借其娴熟的技术击落一架起飞截击的美机，也是他的最后一个击落记录。随后他开始扫射机场跑道，但是突然动作失控而坠毁。美军判断可能是飞行员操作失误，以岩桥的技术，这种概率几乎等于零。

最可靠的资料，还是来自中国的新闻报道，虽然他们根本不知道击落的是谁。《秦风日报》9月22日报道："（本报讯）昨晨2时许，敌机两架，分两批由晋窜入本市……被击落敌机内之驾驶员，摔出机外丈许，脑中部中弹，显系当场毙命，两腿及左手被火烧焦……"

虽然记者在报道中称该机是被防空战斗机于空中击落，但是由于描写太详细反而显出了破绽，暴露了记者杜撰新闻的写法。因为记者是不可能夜间追着战斗机看到整个空战过程的。真实的部分大概就是对岩桥让三遗体的描写上。从他的遗体情况看，岩桥是头部被一弹毙命，因此，所谓日军的自杀撞击说纯属无中生有。根据美军人员的回忆，岩桥是在击落了来迎击的美军战斗机之后开始扫射跑道的。这时候，岩桥应该是确认了背后没有敌机威胁，否则以他这样的空中老手，是不会开始投入地面攻击的。那么，岩桥最有可能的命运是正在扫射的时候，被机场的中国防空部队的一个神枪手或者走好运的家伙一枪命中，当即死亡，座机因而失去控制坠落。这就比较符合美军人员观察的结果了。

真相如何，时光久远已难考证。但无论如何，岩桥让三，日本的"陆军至宝""陆航之花"，是凋谢在了西安城下。这一事实，即便时隔了近八十年，只是磨洗得更加清晰而已。

矢尽弓折

——日本照片中长江上的中国海军

一

和平田博的交往开始得有些意外。

在日本我有时会给一个中文教室的学员讲讲课，这个中文教室的学员基本都是 70 岁以上的老人。我认为与其说是学习语言，不如说是对中国文化的兴趣使他们聚在一起。所以，我上课也不多讲语法，而乐于讲一些历史文化典故，这些内容显然更有吸引力。

有一次我放了一段《末代皇帝》中蝈蝈成精的片段，让他们写读后感当作业。下课的时候，有位叫作平田的"老学生"留了下来，意犹未尽地对我说："先生（日语"老师"的意思），我见过这个溥仪皇帝呢。"

"哦？"我不由得刮目相看，还从来没遇到过和溥仪有过交往的日本人呢。他们怎么看这位傀儡皇帝？"他这个人怎么样？"

"很和气的人。"走路哆哆嗦嗦的平田点着头说。

我就和他多谈了一会儿。原来，平田年轻时曾随日本中学生团体到"伪满洲国"访问。这在当时日本的中学中颇为普遍，因为日本当时的国策是以"大陆"为其经营重点，从小就要加强年轻人对那片土地的认识。他们的访问团受到了溥仪的接见，并且被"赐宴"。以日本普通人而言，平田无从知道溥仪在关东军面前连祖宗都要换成天照大神的尴尬地位。反而觉得受到这样一个"大人物"的接见非常荣耀。

平田说："下个星期我给你带些照片来看。"对历史的好奇，使我第二个星期颇为期待地等到了平田。下课以后，平田拿出一本相册给我。其中，绝大部分是日占时期大连和长春的街景，只是翻到最后，几张照片忽然吸引了我的注意力。

"这是在大连拍的吗？"凭直觉，我感到从这张照片上人的服装来看，更接近中国的南方。

"不是，"平田看看照片说，"这是扬子江。"

"噢，这些日本兵是不是在检查上下行驶的中国船只？"我问道。当时我正准备写中国海军鱼雷艇击沉日军鸥号炮舰的战例，其中涉及日军在长江上建立封锁线的情况，如果这是相关的照片，我想借去翻拍一下。

"是的。"平田说，又找出一张照片说，"这一张也是在扬子江，上面有我。"

"哪一个是你？你当时也在军队中吗？"

平田翻开下面一页，说："这张照片上就有我，我没有参军，我当时在船厂工作。"

"这张照片？"我问道，心中感到一阵轻松。虽然那个时代的日本人无

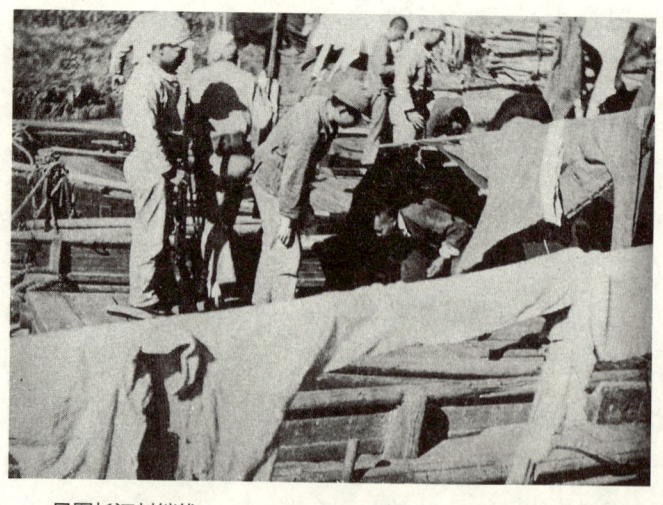

日军长江封锁线

平田收藏图片之一

论在不在日军之中，难免和侵华战争有着牵连，但我还是不太愿意和在中国打过仗的日本老兵打交道。"这个挥手的人是你？"

"不是，"平田说，"我在船上。这条船叫作'华星'，我们从上海去镇江。"

"华星？"我一愣，这个名字不像日本船只的名称，倒更像中国舰船的名字。而且，我记得当时中国海关所属舰只，都是以"星"字命名的。抗战胜利后，中国海军钟汉波少校就是乘坐曾经被俘的中国海关巡视船飞星号，押运定远、靖远两舰的铁锚返回祖国的。"这是不是原来中国海关的船只啊？"

"是的，是的。"对于我能够提出华星号的来历，平田有些吃惊，也许这之前他对于我的"喜欢历史"还有些叶公好龙的猜疑，现在他应该是猜疑尽退了。"是的。"他说，同时很快地扫了我一眼，说道，"这条船是日本军'虏获'的……"

看来平田明白我的感受，作为一个中国人，看到自己国家的舰船被敌国掳掠而去，心里是怎样的滋味呢？想了一下，我这样告诉他，我在写一篇历史文章，内容是关于战争中的中国海军的作战情况，所以我对他的照片很有兴趣——如果他能够给我讲讲当时的情况背景，无论什么，可能都会有助于我的写作。

我打了个主意，如果他问我要写的内容，需要把击沉鸥号炮舰的内容

第二天拜访平田时翻拍文星号海关舰照片，停靠的码头已经不可考。

讲清，否则将来可能会引发问题。当然，这种情况下可能无法借用他的资料，但这也是没有办法的事情。日前，我曾在日本亲见一收藏家保留的中国军舰逸仙舰在日本的照片。不过听说我是做抗日研究的，那位主人态度虽好，却最终不肯出借，只好放弃。

奇怪的是，平田什么也没有问。

他只是表示我愿意用，就拿去用吧。至于背景，平田做了一点介绍。原来，他毕业后到日本播磨造船厂工作，职务是二等修理技工。1937年他随厂方部分员工一起被征调到中国原江南造船厂接收设备，并在那里修理被击伤的日军军舰（比如 I 号扫雷舰，在南京、上海期间被中国机雷炸伤，就是他所在的部门打捞修理的），以及整修俘获的中国舰船。这艘华星号海关舰，是和另外两艘海关舰文星号、云星号一同在上海被俘的。当时舰上武备已经撤除，舱内进水。平田所在的部门将其积水排净，300吨的文星号和云星号各加装40毫米炮1门、机枪4挺，作为巡逻舰使用，较大的华星号（600吨）则改装为打捞船供船厂使用。

平田讲，他本人长期从事舰船的修理工作，也爱好历史，所以收集和整理当时的船舶历史照片，是他的一大爱好，如果我有兴趣，可以到他家去做客，还有些照片可以给我参考。

上页两张都是平田收集的照片，据我所知，都是孤品，在其他地方未见公开发表。

平田的叙述让我有一种如获至宝的感觉。要知道抗日战争期间，中国方面缺乏摄影器材，各处沦陷期间档案材料损失很大，所以海军的材料保

平田图册中平海号巡洋舰战前的照片

存很少。而平田的经历显示，他手中，很可能有一些我们至今没有见过的珍贵材料。

好像是为了让我尽快同意第二天去造访（这种"热情"在日本人中颇为罕见。），平田补充了一句——华星号那次去镇江，是去打捞中国海军战沉在那里的巡洋舰。

"巡洋舰?!"我感到很吃惊。

"是的。"平田说。然后颤巍巍地在纸上写了四个字：

"平海军舰。"

"我那里有一本打捞中国巡洋舰平海号的写真集（照片集）。"平田说。

二

第二天傍晚，我依约到平田家拜访。平田的家是一所典型的普通日本人的房子。虽然日本是发达国家，但这种盖着木头瓦的日本传统人家的房屋普遍狭小、昏暗，平田就在灯下等我。我带去了一点礼物，顺便询问他家人的情况。平田说，女儿去了东京，老伴住在医院里已经半年。"可能出不来了。"说这话的时候平田的表情复杂，很难形容。

没有电脑，没有液晶电视，墙上却挂着播磨造船厂给平田的"感状"（相当于表彰先进工作者的奖状）。就在这灯下，平田从一个藤箱里拿出了一本已经没有了封皮，十六开本的册子。他指着角上的标志告诉我，这本册子是播磨造船厂在昭和18年（1943年）内部印发的，名字叫作《中华民国平海宁海军舰浮扬工事纪念写真集》。

翻开这本发黄的本册，第一张照片就是这一张，历史的沉重感扑面而来。

这艘已经倾斜而昂首向着江岸的战舰，我立即就认出了——这是中国海军的宁海号巡洋舰。它独特的塔式大型舰桥和烟囱后的水上飞机机库很容易分辨，而它前甲板上被日军炸弹炸开的大洞清晰可见。

宁海号，是中国海军唯一一艘配备水上飞机的巡洋舰。它配备的水上飞机，一架来自日本爱知时计社，另一架宁海2号来自中国海军飞机工程处，它的设计师是马德树，这也是中国至今自行设计的唯一一架舰载飞机。

宁海号殉国照片之一

宁海号殉国照片之二

平田图册中宁海号巡洋舰战前的照片

按照中国海军的记载，1937 年 9 月 23 日下午，坚守江阴封锁线的宁海舰遭到日军猛烈空袭。宁海号发炮 700 多发，消耗枪弹 5000 发，伤亡官兵 62 人，与平海舰合力击落敌机四架（日方没有损失记载，但当日日军第二联合航空队曾派出飞机，搜救"不时着（迫降）"的两架日机。据此，此战日军最少损失两架飞机。）。敌机投弹 150 枚，弹中舰首，洞穿左右舷。宁海号失去战斗力，舰长不得不下令驶往上游。当它挣扎着航行到八圩港口时，江水漫过甲板，淹没了舰尾。

平田介绍，这张照片正是拍摄于镇江上游八圩港，宁海舰当时横倾 10 度，舰首高高耸出水面，尾部在江面七米以下。

宁海和平海，中国抗战爆发时最强大的两艘战舰。这两艘战舰，其实与日本都有些渊源。

1931 年九一八事变前夕，国民党政府海军部向日本兵库县播磨造船所订造一艘二等巡洋舰宁海号，排水量 2526 吨，舰桥和主炮有 64 毫米装甲，动力部分为四部烧煤锅炉、一部烧油锅炉，最高航速 23.2 节，配备 140 毫米双联主炮 3 座 76 毫米高炮 6 门，57 毫米机关炮 10 门，535 毫米鱼雷发射

上左图：宁海号殉国照片之三
上右图：宁海号殉国照片之四
下右图：宁海号殉国照片之五

管 4 具,设深水炸弹投放装置,载水上侦察机 2 架。宁海号于 1931 年 2 月 20 日安放龙骨,同年 10 月 10 日下水。

此后,海军部在江南造船厂仿宁海号再造 1 艘准姐妹舰平海号,因中日关系紧张影响了日本的技术支持,1935 年 9 月 28 日方得以下水。其间,中国工程师叶再馥发现了日方协助进行的配重设计极不合理,遂及时调整加大该舰底部压舱重量,改小上层建筑,使平海舰的平衡性大大改善。这也是至今中国自行制造的最后一艘巡洋舰。

平海号与宁海号性能大体相同,但不装备水上飞机,且高射炮为德制(因为完工时中日关系已经极为紧张,日方拒绝出售高射炮给中国海军)。

在中日之间矛盾横生之际,向日本订购巡洋舰的原因何在?无他,中国海军招标的时候播磨船厂价格最便宜而已。然而,这却给海军带来两个极为不利的影响。第一,在此后的战斗中,日军对中国海军最先进的战舰知己知彼;第二,在全国高涨的抗日情绪面前,海军被骂为"亲日派",在竞争经费的"空海大战"中,更多的国防经费被拨给了空军。

从性能上说,它们是中国海军当时最为先进的军舰,也是清朝灭亡后中国海军增加的仅有的两艘巡洋舰。尽管宁海、平海两舰是当时世界巡洋舰中排水量最小,航速最慢的,但它们很适合在长江上使用。这一点,陈绍宽遭到了很多攻击,说他订造的军舰不是为了海战,而是为了"吓唬陆军"。直到抗战开始后,海军的抗战作战计划陆续曝光,人们才能够明白陈部长的苦心。他早已料到以中国海军只有日本海军 5% 的吨位,与日军争胜于大洋实在没有能力,故此制订了依托长江,配合陆军"拱卫京畿"的作战计划。

事实上,海军还有一个计划,就是在江阴沉船锁江,一面阻止日军西进,一面将长江上游日舰"包饺子"。1937 年 8 月 7 日,最高国防会议决定实施这一计划。不料,这一军事机密竟被列席会议的汪精卫机要秘书黄浚泄露给日本驻南京总领事,致使日军舰艇抢在中国海军锁江之前全速灭灯下驶而逃,"瓮中捉鳖"的计划完全落空。黄浚是被日本女间谍拉下水而成为汉奸的,案件破获后黄浚父子均被枪决。

此后,中日海军在江阴封锁线上进行了长达三个月的殊死对峙。海军部次长陈季良(即第一次世界大战后出镇黑龙江,在庙街与苏联红军合作痛击日军的海军名将陈士英)亲自登舰督战,旗舰平海战沉后移旗逸仙,逸仙战沉后再次移旗定安，第一舰队打光后第二舰队继续填入。整个淞沪战役期间，日军始终无法从长江威胁上海守军的后方。激烈的战斗，也使中国海军80%的舰艇在此战沉或自沉，四艘最新的大舰宁海、平海、逸仙、应瑞全部损失。中国海军这一战，堪称矢尽弓折。

关于宁海、平海，我们只知道，1937年8月17日开始，日军不断以舰艇和飞机试探攻击江阴封锁线，中国海军橄日号测量舰等舰艇殉国，但防线岿然不动。由于宁海、平海等中国大型舰艇的存在，日军轻型水上力量在长江上的活动受到很大限制。9月20日，日军第三舰队司令长谷川清对第二联合航空队和海军第二航空战队下达总攻击令，令其全力轰击中国海军各舰，尤其是最精锐的宁海、平海二舰，并特别提醒"留意敌舰防空火炮"。日军从公大机场和加贺号航空母舰先后出动一百多架次轰炸机狂轰滥炸。但中国海军坚决不退，21、22两日，日军虽然屡次击中宁海、平海两舰，但损失也不小。宁海舰击落的低飞日机碎片竟然砸中军舰的望楼，而平海舰击中的日机栽进江中的福姜沙洲，机毁人亡。直到23日，两舰方因负伤过重，壮烈战沉。德国顾问报告蒋介石："这是第一次世界大战之后最激烈的海空大战。"

然而，两舰的最后，在中方资料中没有留下影像。

搁座在江阴上游巴世洲北岸的平海舰，按照资料说明是在镇江境内江段。日方记载，该舰上尚可使用的探照灯、测距仪、高射炮、机枪等，都已经在沉没后被中国海军方面打捞撤去。

江面枯水时从后方拍摄的平海，可以见到其后部受伤损坏的侧舷。

战沉于江中的平海舰。播磨船厂的打捞记录记载，当时该舰向左侧倾斜 39.8 度，各舱均被江水灌入。

日军在岸上安装滑轮，与江中的打捞船一起校正平海，平海外侧的两艘船依次为海晏、华星。

从另一个角度拍摄的照片，舰尾平海两字依稀可辨。

为了减轻上层建筑的重量，日本打捞队在切除吊运平海的前樯，可看到舰桥上方的指挥塔已经被拆除。

站在沉没的平海后甲板上拍摄的照片，右侧为担任警戒的炮舰势多。

主炮拆除后的主甲板，平台上的圆孔为原 76毫米高炮位置，打捞前已经被中方拆除。

平海舰后部140毫米主炮被吊离。

打捞中又一镜头。日军打捞队在甲板上安装了一个三脚架，用于作为支点从岸上拖曳，纠正军舰的倾斜。

日方在切割拆除平海舰的前主炮。平海舰沉没后，中方曾试图将其主炮拆走，但因为施工困难太大未能成功。

横倾已经被校正的平海舰。可以看到它其实并不是一艘很大的军舰，今天中国海军的一艘护卫舰，都比它要大了。但那时，这是中国海军最优秀的主力战舰。

打捞浮起的平海舰

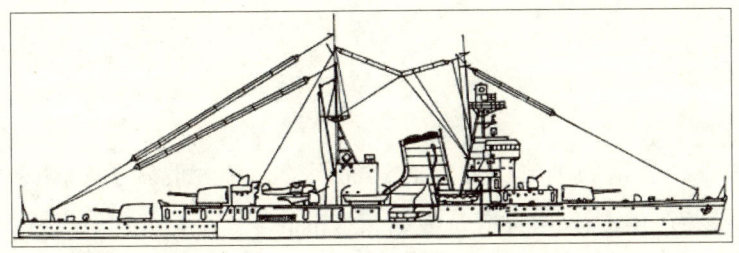

宁海号巡洋舰的线图

　　几年前，我曾经在日本找到一张宁海舰殉国时的照片，将它提供给中国军舰博物馆的姚开阳先生。

　　而在平田所提供的图册中，战沉的宁海号留下的照片，却远远丰富于此，我只有将其列出，希望能够再现该舰最后的战斗。

　　宁海号殉国照片之二为右后方拍摄的照片，可以注意到它伸缩式的水上飞机机库库门因为电力系统损坏而无法关闭，还可以看到它主桅右侧被日军轰炸机炸断的部分。

　　宁海号殉国照片之三为主桅右侧被炸弹击中的部位细节，可以看到前面的双联 57 毫米高射炮防盾，火炮已经被中国海军拆卸走了。

　　宁海号殉国照片之四为宁海号舰桥正面。可以看到舰桥和主炮上的黑色斑痕，即为日军炸弹破片和坠落飞机碎片造成的伤痕。宁海、平海的主炮由于重量太大，都未能被成功拆卸。

　　宁海号殉国照片之五为该舰正面，可以看出宁海舰舰长陈宏泰（此战腿部重伤）在最后时刻是在努力将该舰搁浅冲滩，以便未来有机会修复，可以看到舰体上被日军近矢弹损坏的部分。

　　平田介绍，打捞宁海舰的时间比较晚，大约在 1938 年 6 月间。原因是 4 月的打捞一度失败，该舰重新翻覆，压死两名日本潜水员。后来请来了它的设计主任神保担任指导，才将该舰成功打捞。

　　"平田先生当年也参加了宁海舰的打捞吗？"我问道。

　　"我没有参加过打捞宁海号，但是我参加了打捞平海号，还有逸仙号。"

三

很遗憾，平田的画册中并没有逸仙舰的照片。他做了个侧卧的姿势，对我说，打捞的时候，逸仙舰是横倒在水中的。

逸仙舰，是中国海军另一艘命运坎坷的军舰。如果说宁海、平海舰从设计角度带有浓厚的日本风格，逸仙舰则从设计到制造都是纯粹的中国产物。它是以孙中山先生名字命名的大型炮舰（中国海军也称"轻巡洋舰"，但以其吨位，这不过是自欺欺人罢了），1931年在江南造船厂下水，排水量1550吨，其战斗力在当时中国海军中仅次于平海、宁海。江阴之战中，逸仙舰舰长陈秉清深知自己军舰防空力量薄弱，看到日机欺中国舰队火力弱经常低飞投弹，遂心生一计。他将没有防空设计的150毫米主炮瞄向日军可能来袭的东方水天线处，待日机编队飞来，突然发炮。日机没有料到中国军舰有这样远射程的防空武器，未做规避，当即被击落一架（根据日方史料，似为第二联合航空队第十二战队的一架92舰上攻击机，驾驶员是寺田上飞曹）。

1937年9月25日，该舰战沉于江阴封锁线上游，日方一度将其打捞后作为海军学校的练习舰使用，战败后归还中国，一直使用到20世纪60年代。

平田参加打捞平海舰是在1938年2月间，还在打捞逸仙舰之前。图册上记载，当时除日本海军派出潜水员参加外，并调动在江南造船厂的舞鹤、播磨等船厂职工参加打捞，共出动四艘打捞船——俘获的两艘中国海关舰

日本92式舰上攻击机。第十二战队的一架这种飞机在江阴被逸仙舰击落，这架飞机从编号看正是第十二战队的飞机。

华星号和海晏号、日本拖船住吉丸和光月丸，后来又增加了数艘其他船只。2月24日，因为附近的江岸发现有中国军游击队的活动，似有破坏打捞之危险，日本海军又增调炮舰势多号担任警戒。

平海舰因为是中国舰队的旗舰，遭到日军集中攻击。从打捞记录来看，平海舰先后被六枚炸弹击中，其中致命伤为后部右舷和左侧中部水下各一弹，造成舰体破损，进水过多。平田并回忆平海号舰桥与烟囱之间有一大弹洞，而其指挥塔内部显然曾有火灾发生，油漆皆起泡打卷。

注意，日军打捞平海是在长江低水位的冬季。宁海、平海沉没的时候是秋季，舰体大部分没入水中，所以中国海军很难回收一些大型设备。

这是与中方记录吻合的。江阴血战中，平海舰22日遭到日机70架次的狂轰滥炸，多处负伤，底舱进水，当晚彻夜抢修。有人劝司令官陈季良降下中将旗以减小目标，陈坚决不肯降旗，并通知各舰舰长："谁向上游退避，谁就是第二个方伯谦！"

次日早晨，看到紧急修理后的平海舰上依然战旗高扬，海军官兵皆声威大震。德国顾问的报告中称，当时岸上观战的陆军皆振臂欢呼。本文发出时，

倾侧在江水中的平海舰，代表的仿佛是那个时代中国海军的影子。

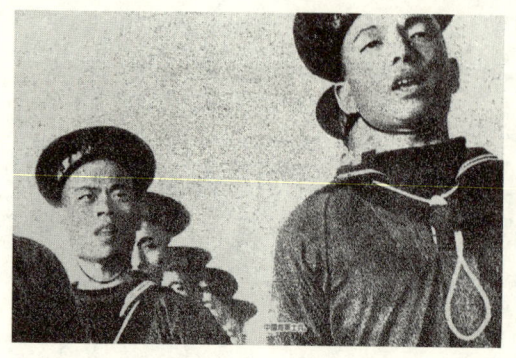

抗战中，虽弱小却不屈的中国海军。

有江阴的朋友提到他祖父那一日前去江边看中国军舰，随即听到宁海、平海猛烈抵抗日军飞机的空袭，当就是此时。当天，日军空袭益急，平海舰指挥塔中弹，舰桥内航海官林人骥头部被上方飞来的弹片击中，当即阵亡，鲜血喷溅到陈季良中将的军服上。

陈岿然不动，继续指挥各舰奋勇抵抗，直至舰沉。当时中方记载平海舰机舱中弹黑烟滚滚，当是烟囱前所中那一弹造成。

平心而论，抗战前的中国海军上层，颇有可指责之处，比如他们的排斥异己，他们崇尚大舰巨炮、轻视鱼雷艇等轻型舰艇的短视。但是以战场上的表现而言，显然他们并没有忘记海军学校图书馆门前"雪甲午耻"的铭牌。

陈季良，因积劳成疾1940年病逝四川，很遗憾没有见到抗战的胜利，死后追赠海军上将。

平海舰打捞从2月16日开始，持续19天。在华星号的后甲板，加装了打捞用的抽水机和潜水员支援气泵，平田的工作岗位就在那里。

平田告诉我，在登舰作业前，日方曾请和尚念经。

举行这个仪式，是因为此前日军检查平海舰内情况的时候，在底舱中发现了一具中国海军军官的遗体。日本潜水员多有迷信者，以此作为祭祀。平海号中弹沉没之时，中国海军伤亡人员皆由威宁舰带走，而日方一度认为，这是平海号舰长的遗体。

四

据平田所言，这名中国海军军官的遗体是日本潜水员探查平海水下受损情况时，发现于平海后部弹药库侧面舱室的。当时参加打捞的日军官兵认为该舱室房门系从内部反锁，故有"中国舰长在舰上自杀"的说法。负责打捞的矢田大佐匆忙赶来进行辨认，因为他在1934年东乡元帅葬礼上和平海舰高舰长（即平海舰舰长高宪申，1934 年为宁海舰舰长）有一面之缘。

因遗体已难以辨认，当时也无法认定，遂以海军葬礼将其埋葬。时矢田对周围的日军与工程人员讲，中国海军的技术学自英国，按照英国海军传统，军舰沉没的时候，高级将领通常与舰同沉。在日清战争（即甲午海战）中，凡是被击沉的中国军舰舰长都遵循这个传统，是很了不起的。不过后来知道高舰长在 22 日的战斗中，已经负重伤住进南京海军医院，23 日平海舰沉的时候，并不在舰上。这个海军军官到底是谁，遂成一个谜，至今无法知道。

听到他这段叙述，仔细想来，才忆起甲午大东沟海战中，中方战沉的四艘巡洋舰（另有一艘损失的广甲舰是逃跑后搁浅在大连三山湾，并非战斗沉没）经远、致远、超勇、扬威的舰长们，在战舰沉没时，确实无一弃舰逃生，而这个细节很少有人注意到。他们的名字分别是：林永升、邓世昌、黄建勋、林履中。

有的战争，的确不是将士不怕死就可以打赢的。或许后世会有很多人重复另一位邓大人的话——发展，才是硬道理。

关于宁海舰访问日本的经过，还有一个矛盾的记录。一方面，有人说当时中国海军军纪涣散，居然在军舰两舷晾晒衣物（确有照片为证），重蹈北洋水师访问日本时定远舰在主炮炮管上晾衣服的覆辙。另一方面，日本著名海军军史作家福井静夫（今天我们关于日本二战时

日本海军炮舰保津号，可以看到其舷侧晾晒的衣裤。

期海军的很多知识和图片，都来自他的整理）回忆，他青年时曾目睹宁海舰的来访，中国海军军容严整，令人钦羡，是坚定他从事海军事业的一大原因。后来，他在写作《炮舰外交》一文中，还以此为例说明军舰的一个作用就是宣示国威。

个人认为，指责宁海舰在舰上晾晒衣物是一种误解（定远舰主炮晾衣则当为误传，其主炮炮管在甲板以上三米左右，谁会如此不怕麻烦地爬上去晾衣服？305 毫米直径的炮管，衣服晾在上面又如何固定？对此事日方的版本是东乡平

这张照片，是在江南造船厂进行修理的势多号炮舰局部。该舰在长江中被中国水雷炸成两截而沉没，后段搁浅于岸边，打捞后重建一个新的舰首后修复，得以继续使用。战后赔偿给中国，成为中国海军常德号炮舰。

八郎发现定远舰炮膛中满布灰尘，无人清洗，似比较真实）。而且海军在军舰上是可以晾晒衣服的，包括日本海军自己。只是按照条令要求晾晒在适当的位置，否则在海上航行往往一走几个月，衣物难道都在舱室中阴干吗？

有朋友提到，日本海军历史学家田村俊夫曾在他的文章中提到平田先生曾参加过宁海号和平海号被打捞后的改造工程，而平田先生自己则叙述他随打捞人员将平海舰送到上海后，因患病并未参与其后的工程。他只听说宁海舰和平海舰被送回日本，据说一直留在播磨船厂外的岸壁上，他不知道这两艘军舰后来的命运如何。

经过江阴、虎门、武汉三次战役，中国海军舰只损失殆尽。然而，中国海军却并没有屈服。陈绍宽部长指示成立辰溪水雷厂，失去了战舰的海军官兵组成布雷队，继续和日军作战。抗战胜利后指挥收复南沙群岛、西沙群岛的林遵将军，率领重庆舰起义的邓兆祥将军，当时就是布雷队的成员。

海军布雷队穿越敌军战线，在敌后沉重地打击了日军的补给线，日军称"长江中到处都是水雷"。在华南，布雷队在珠江西马宁炸沉敌舰协力号，活捉舰上的汪伪海军部次长、广州要塞中将司令萨福畴。在平田的收藏中，我也看到了一些珍贵的照片，反映了中国海军布雷队在长江中给日军造成

船台上正面拍摄的势多号，可以看到该舰是
从舰桥前方被炸成两段的，我推测可能是引爆了
其前部弹药库。

的损失。

我从平田那里离去的时候，终于忍不住问了他那个问题："您真的不想知道我的文章将要怎样写吗？"

平田站在他家的门口送我，回答道："只要你写的是那时候的历史就好。"沉默了片刻，说："过几年就没有人记得了，日本的年轻人不关心的。"

走了很远，回头看去，平田还在门前站着，影子，落寂非常。

我想，以后我有空还要去看看他，并不是为了他的照片和资料。

五

其实，我所了解的平海舰、宁海舰打捞后的情况，比平田所谈的还要详细些。1938 年 7 月 11 日，日军以"第 261 号令"将两舰改列为海防舰，并将"宁海"改名"御藏"，将"平海"改名"见岛"。但因不久太平洋战

争爆发，造船厂工期繁忙，如平田所说两舰的改装工程便延搁下来。

太平洋战争爆发后，日本舰只损失太大，遂将两舰整修，依旧改为二等巡洋舰，作为运输船队指挥舰使用，降低重心以便在大洋中使用，将平海改名为八十岛号、将宁海改名为五百岛号。改装内容为前后各装一门高平两用127毫米炮及五座三联装25毫米机炮，并装上雷达，随即出海参战。

改装后的平海号在日本也没有留下照片，但却意外地在美军的照片中留下了影子。1944年11月25日，该舰担任新成立的第一运输战队旗舰参加莱特湾海战，在吕宋岛海战中被美国海军勇猛号和埃塞克斯号航母的舰载机击沉。前面三张连续的照片，记录了该舰最后的情状。

这组照片留下得如此凑巧，或许是平海号想向故国的乡人传递自己最后的消息吧。

附：逸仙舰殉国遗照浮出水面

逸仙舰，是中国海军在民国时期自行建造的一艘大型炮舰，排水量

1550吨，装备HIH公司生产的150毫米前主炮一门，140毫米后主炮一门，76毫米高平两用炮塔四座，战斗力在抗战前的中国海军中仅次于宁海、平海两艘巡洋舰，排名第三。1937年9月25日，在保卫江阴封锁线的战斗中，逸仙舰被日军轰炸机命中，壮烈殉国。

说起逸仙舰来，今天很多朋友颇为陌生，甚至有人会把它和著名的中山舰弄混。实际上，这是两艘完全不同的军舰。

由于日本侵华意图日显，海军方面得以在抗战前建造和购买一批新型军舰，包括宁海、平海、咸宁、民生、民权等，成为海军在抗战中的主力。逸仙舰就是这时建造的，也是这批舰艇中完全由中国自行设计建造的最大军舰。由于设计非常成功，江南造船所1936年曾开工建造一艘该舰的扩大型炮舰，无奈到日军攻占船厂，该舰工程仅完成不到一半，遗憾地被放弃了。

其实，逸仙舰也是一艘很有传奇色彩的军舰，它在江阴战沉之际，舰上飘扬的是海军部次长陈季良中将的将旗，标明逸仙舰是中国海军的旗舰。就在三天前，原中国海军旗舰"平海号"壮烈战沉，陈季良移旗逸仙舰，又遭到日机集中攻击。逸仙舰中部中弹，由于该舰没有装甲，一英寸的软钢

中山舰原名永丰舰，是日本三菱造船厂为清政府建造的一艘海防炮舰，因孙中山在广州遭陈炯明暗算时以其为座舰，后改名中山舰，著名的中山舰事件，就是因它参与其间而得名。1937年12月，该舰和永绩舰在长江金口执行布雷任务时遭日军轰炸沉没，舰长萨师俊战死。前几年，该舰被打捞后修复展出。

逸仙舰，是1931年由叶再馥设计、江南造船厂建成的国产战舰，性能极佳，代表了当时中国造船业和军事舰艇设计的最高水准。叶是广东番禺人，英国格拉斯哥大学造船系和麻省理工学院的高才生，曾在平海舰的建造中纠正日方设计错误而名噪一时。当时，正是国民政府所谓"黄金十年建设期"开始之时。由于现有军舰多为清代遗物，为了保障海防，海军部长陈绍宽向蒋介石提出了一百艘军舰的造舰计划，并恳切地对蒋介石申明——资金方面，少编一个甲种师，几年就够了。蒋哭笑不得，内战正酣，不要说一个甲种师，连一个丙种团也少不得啊。不过，蒋并不是完全的死脑筋，在蒋桂战争中，他认识到了海军的威力。因此，蒋介石还是对海军建设提供了有限的支持。

船壳无法承受重磅炸弹的攻击。逸仙舰大轴被炸断，舰体大量进水，舰员阵亡14人，负伤8人（包括陈季良将军本人），终于倾斜沉没于鱼目洲岸边。赶来救援的驱逐舰"建康号"也遭日机围攻，中弹8发，沉没于龙梢港。逸仙被击沉后，陈季良中将再移旗舰于运输舰"定安号"，继续指挥战斗。

但逸仙舰的历史还没有终结。日军占领江阴后，派出打捞人员将其打捞出水，最初准备赠送给汪精卫政权。可是由于战争不断扩大，日军舰船捉襟见肘，于是毁约将逸仙舰尾部增加一层舱室，改做日本海军兵学校的练习舰，并改名为"阿多田"。1945年日本战败后，被迫将逸仙舰归还中国，并附赠了一套从装甲巡洋舰"八云号"上拆卸来的豪华柚木家具。逸仙舰重新列入中国海军序列。这番经历不可谓不传奇。

在写作本书的过程中，萨结识了从日本播磨造船厂退休的平田先生。平田在抗战期间曾经担任打捞技师，经历过打捞平海、宁海、逸仙舰等中国海军在长江上的沉舰，手中有一些很珍贵的历史照片。征得平田先生的支持，

我用他提供的照片写作了《矢尽弓折——日
本照片中长江上的中国海军》一文。遗憾的是，
当时平田先生告诉我他没有打捞逸仙舰时的
照片。为此，我在文中对该舰的作战这样描
述：

陈季良将军

> 很遗憾，平田的画册中并没有逸仙
> 舰的照片，他做了个侧卧的姿势，对我说，
> 打捞的时候，逸仙舰是横倒在水中的。
>
> 逸仙舰，是中国海军另一艘命运坎
> 坷的军舰，如果说宁海、平海舰从设计
> 角度带有浓厚的日本风格，逸仙舰则从
> 设计到制造都是纯粹的中国产物，它是以孙中山先生名字命名的大型
> 炮舰（中国海军也称"轻巡洋舰"，但以其吨位，这不过是自欺欺人罢了），
> 1931 年在江南造船厂下水，排水量 1550 吨，其战斗力在中国海军中当
> 时仅次于平海、宁海。江阴之战中，逸仙舰舰长陈秉清深知自己军舰
> 防空力量薄弱，看到日机欺中国舰队火力弱经常低飞投弹，遂心生一计，
> 将没有防空设计的 150 毫米主炮瞄向日军可能来袭的东方水天线处，待
> 日机编队飞来，突然发炮。日机没有料到中国军舰有这样远射程的防
> 空武器，未做规避，当即被击落一架（根据日方史料，似为第二联合
> 航空队第十二战队的一架 92 舰上攻击机，驾驶员寺田上飞曹）。
>
> 照片，就只好付之阙如了。

《国破山河在》（2007 年版）一书出版后，我特别携带一本去看望了平田。
平田看得很认真，甚至在看到《矢尽弓折——日本照片中长江上的中
国海军》一文中他提供的插图还有些激动。他很认真地问我，在平海舰中
把自己反锁在舱中的那名中国海军军官，其身份和后人找到没有？我告诉
他还在调查。平田伸出大拇指说，那个人是个好汉，我们当时都很佩服。

说着说着，平田讲："我一直在等着你来呢。"

"怎么？"

抗战胜利后归还中国的逸仙舰，
可见其尾部比抗战前高出了一层。

中国海军的沉船阻塞线

"我这里又清理出一些当时的照片，你有兴趣吗？"

"有啊！是长江上的吗？"

"是的。"

原来，当时石川播磨船厂有非正式的厂刊，内容范围很广。侵华期间，该厂在华有一批技工协助日本海军进行舰船的打捞和修理。因此，厂刊中有时也会刊登这些人发来的消息或者照片。这几张照片，就是平田处理旧杂志的时候，特意保留下来给我的。

说起来，这几张照片，都堪称珍贵。

熟悉中国海军的朋友可能都知道抗战中我国海军由于战斗力弱于日军，曾在江阴、马当、黄浦江、镇海等地沉船锁江断航，形成阻塞线来阻击日军的进攻。阻塞线的真容如何，照片上可见一斑。

左侧上图是中雷日舰的僚舰上拍摄的现场照片。但是日舰不敢太靠近，

中国海军在长江布雷，日军舰艇中雷起火（黑烟是炸点，白烟是烟囱出来的）。

日舰在长江中扫雷，成为必修功课。

打捞前拍摄的平海号巡洋舰，其烟囱和指挥塔之间受损的部位依稀可辨。

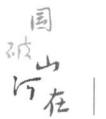

这就是横倾在鱼目洲旁边的逸仙舰

打捞期间拍摄的逸仙舰

逸仙舰最后的照片，可见其火炮已经换成了美式 4.7 英寸炮。

因为担心把自己也放进雷区。

对比打捞期间拍摄的照片可以推测上面的图拍摄时间较早，因为当时长江显然还没有进入最低的枯水期。

但是，最让我感到激动的，还是左侧最下面这张照片。逸仙舰在弹尽力竭之后殉国的最后场面。

据我所知，这张照片应该是第一次展现给我国读者。从这张残留的照片上，我们可以看出逸仙舰的线条英挺，造型可称优美，其精巧的指挥塔、突出的锚机清晰可辨。而前部 150 毫米跑的防盾似已被拆除，当初就是这门炮打掉了日本轰炸机。

从这张图上看，逸仙舰的外张并没有宁海、平海那样明显。叶再馥果然是高手，他设计出的逸仙舰，一方面适合征战长江，另一方面仍然适合在外洋作战。1934 年，该舰参加过镇压福建起义的作战。1936 年，逸仙舰奉命监视在福州进行大演习的日方舰艇，显示了该舰较强的海上机动能力。

平田先生说："你看，我没说错吧，逸仙舰就是躺倒在水中的。"他一直为上次不能给我提供一张逸仙舰的照片感到遗憾，这回如愿以偿了。

我说："谢谢。"

实际上，逸仙舰在抗战胜利后的生涯也颇有传奇色彩。该舰 1946 年归还祖国，随即进入海防第二舰队服役。1949 年解放军渡江之时，该舰停泊在江阴炮台下，一度被迫对解放军打出白旗表示投降。但随后该舰利用夜暗逃脱到上海。1954 年，该舰与解放军各舰展开激烈炮战，人称猫头洋海战，开大陆与台湾交手中大舰对锤的先河。

1958 年，逸仙舰退役。1959 年，该舰被拆船商买走解体，这一次，逸仙舰真的从历史中消失了。

俱往矣……

抗战中国在敌国镜头中的影子

密林战旗

本专辑采用的照片为在日本新近发现的私人藏品，拍摄者曾经参加对抗联"讨伐"，在战地情况下拍摄的十余张照片恰好构成了一次完整战斗的经过。在我国的抗战史料中，东北抗日联军是一支颇为独立的力量，他们的抵抗由于环境艰苦，敌我实力悬殊而异常艰难。抗战全面爆发后，抗联几次试图突破日军在热河方向的封锁线与关内部队取得联系，都没有成功。抗联战斗后期，其主要将领大部牺牲，文件保存极少。所以，其作战经过和情况，很多已经难以考证。

比如，抗联当时使用怎样的旗帜？在今天保留下来的抗联照片中，似乎尚无发现。

但是，在日本刚刚购入的一册旧日军私人相册《铃木在满纪念》中，却发现了一组连续的照片，表现了日军讨伐队与抗联一次战斗的经过，其中照片或许可以解答这一问题。

这几张照片，是日本永野讨伐队军官铃木（所部原驻扎杨荣围子）在1938年深秋拍摄的。1938年10月15日，日军从佳木斯对抗联武装发动秋冬大讨伐，铃木率部参加这一作战。进入深山后，铃木所部日军追击一支

攻占抗联密营的日军部队，画面下方可以看到一名被覆盖着的日军尸体，他是在冲向密营大门时，被出来抵抗的抗联战士击中毙命的。

战斗结束后，日军进入密营，检查抗联的遗留物品，并将密营破坏。

铃木的照片中有一张，展示了抗联的战旗，就拍摄于战斗结束之后。

牺牲的抗联战士。铃木在这张特写照片的说明中称其身着便衣，在营门用手枪向外射击，被击中左胸倒地。日军试图在担架上对其注射强心针进行抢救。但此人因伤重而死，至死一言未发，没有任何口供。

抗联部队，并发现其使用的密营。日军经商议，违反作战常规，在叛徒带路下于拂晓发动奇袭（可惜照片未标明具体时间地点）。抗联人员猝不及防，在最后关头才发现日军来袭，但仍然顽强抵抗，至少有三名抗联人员冲出密营的木屋试图阻击日军，不幸在日军机枪射击下全部牺牲。

分析这张照片，画面下方依稀可以看到两具抗联人员的遗体，一名仰面倒卧在一具担架上，相册中还有更清晰的这名烈士相片。

带有抗联旗帜的照片中，另一名烈士在画面内只见双腿。还有一名烈士在画面中看不到，可能是哨兵，牺牲在木屋前数十米处。后方是抗联著名的密营，显然是用木料就地取材搭建而成，抗联就是依靠这样的秘密基地在深山老林中顽强与日军周旋。

左侧，有三名日军士兵在检视抗联战士遗留的物品，后方正中还有一名日兵在用通条处理枪膛。可以看到一部分日军已经更换了冬季军服，而另一部分还穿着夏秋制服。由于永野讨伐队是日军不同部队混编而成，所以这可能反映了日军部队不同的补给情况。

最引人注目的是，这张照片右侧中间站立的两名日兵，两人伸展开一张旗帜，显然是从抗联的营地中缴获的。

也就是说，这就是当年抗联使用的旗帜。

第一眼看到这面旗帜的时候，我怀疑自己的眼花了——这简直是今天五星红旗的样式啊！

但是，细看之下可以发现，这面旗帜上只有三颗大五角星，而不是一大四小的格局。旗帜上还有三处深色的印记，似乎是有警卫团三字（说明这处密营可能属于东北抗日联军第三军警卫团）。一位学美工的朋友依靠分光判定，这面旗帜确实是红底，只是五角星的颜色无法确定。

这张照片，按照说明应该拍摄于1938年10月中下旬到11月之间，地点在黑龙江东部佳木斯周围地区。从图片上看，植被尚未落光，显示那一年东北地区似乎是暖冬。这一点我曾有所怀疑，但是，在相册中的确还有铃木当年11月份仅穿一件毛衣在户外的照片，说明那一年的暖冬可能确实存在。

由于反映抗联作战的照片十分稀少，特将铃木拍摄的这次战斗前后的照片整理出来，作为对此战中牺牲的抗联将士的纪念吧，它们基本完整地反映了这次战斗的前前后后。

日军讨伐队途中休息。

日军讨伐队在叛徒指引下偷袭抗联营地。

攻占抗联营地的日军向密营内窥视。

密营侧面

密营背面

日军在搜索密营。

日军拆毁密营。

日本军官在抗联营地前合影。　　　　　　日军在攻占的抗联营地门前合影。

　　林口为讨伐日军服务的慰安妇和铃木在林口拍摄的照片——本文所描述的讨伐之后，日军马上发动了下一次讨伐。

遍地八路

在研读日方史料中，会发现"八路军""新四军"字样出现的频率很高，说明了其抗战的积极和对日军造成的重大威胁。有些史料的内容会让人感到耳目一新，例如1937年9月中旬，一名日本记者遭遇了一件奇怪的事情。《每日新闻》的记者安井次郎在河北战地追随日军进行采访的时候，在固安被俘，因为他是非战斗人员，经过教育后并未将他作战俘处理，安井后来乘隙逃脱。按照他自己描述，被俘以后，被当地的人带到固安城下，那里有一个院子，上面挂着一个牌子，部队番号很奇怪，从来没有见过，是什么呢？三个字——"八路军"。这是一件很有意思的事，因为八路军是在8月23日到25日之间才完成了改编的工作。这个时候的八路军主力还在陕北，行动最快的115师也还在向山西战场开进之中，如何在固安出现了"八路军"呢？

经过考证，才知道，当时在河北各地，原来的共产党游击队和共产党抗日武装都已经开始纷纷采用八路军的番号。比如说当时活跃在河北省平乡县，一直对国民党进行兵变工作的孙光瑞，就拉起他的武装用上了八路军的番号。所以安井次郎在8月份遇到八路军并不是一件奇怪的事。

日军当时对八路军的情报十分重视，战中曾连续出版《赤色中国》《赤色中国之究明》《根据地问题》等图书和资料集，来描述分析八路军的构成和作战模式。甚至有一名日本记者还曾经写了《延安水浒传》，把八路军、新四军的一百零八位领袖与水浒传一百零八将相联系，其情报之细致，研究之深入，令人刮目相看。本专辑就是用日方战中史料中关于八路军的图片，来见证八路军在当时的抗日战场上，给了敌人怎样的印象。

日军称为八路军之父的朱德

接见民众自卫团的彭德怀

八路军军官

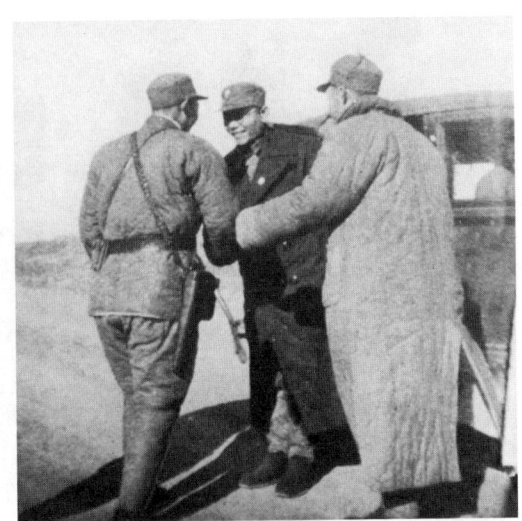

八路军杨师长（推测为杨成武）

即将改编为八路军的红军

八路军高级军官检阅便衣武装工作队。

八路军驻扎的县城

八路军师部所在地城墙步哨

城中的八路军

八路军某师师部

八路军官兵

八路军前往开辟游击区

共产党召集的民众大会

前往游击区的部队出发誓师

某县八路军召集的民众大会

对八路军士兵进行的演讲

八路军中的女子宣传队

共产党部队使用的识字课本

共青团员接受军事训练

八路军的反日标语

山西游击训练班班址

和八路军作战的日军

日军经过八路军涂写的标语

日军在和八路军作战中阅读八路标语。

在山西东白兔附近与八路交战的日军

　　真实的小兵张嘎——日军抓获的一名游击队小通讯员（所谓中国方面使用的当地人密侦），无论怎样威逼利诱，坚决不招供。奇怪的是，日军翻译也被他感动，竟说与其谈话想起了自己在静冈的弟弟。

　　八路军遭日军攻击后据守的房屋起火，1940 年河北衡水。

铁甲悲歌

抗战初期的中国装甲部队，是一个神秘的话题。我们大致知道的情况是，中日战争全面爆发的时候，中国装甲部队只有战车不足百辆，最精锐的战车部队为杜聿明将军率领的装甲兵团，装备战车三个中队。第一中队装备英国维克斯六吨半战车，第二中队装备英国维克斯六吨战车和水陆两用战车，第三中队装备德国 I 式战车。这些战车在淞沪会战、南京战役中面对优势日军拼死奋战，损失很大。战争扩大后，苏联提供 T-26 战车 88 辆，帮助中国重建战车部队。此外，中国军队还使用过德国、意大利等生产的装甲侦察车等战车，可谓"万国牌"装甲部队。

遗憾的是，由于留存资料极少，这些部队的详细战斗情况鲜为人知。在日本，一个偶然的机会，我注意到一批中国战车的照片。这些照片，或许可以从一个特殊的侧面揭示中国早期装甲部队的一些战斗情况。在题图这张日本著名战地记者浜野嘉夫拍摄的照片中，可以看到奋勇冲向日军阵地的中国维克斯六吨半战车。但是，也可以看到这辆中国战车并没有得到步兵的有效协同，给人一种孤独而壮烈的感受。中国军队在抗战初期装甲车辆太少，在战场上显得杯水车薪，且没有步兵装甲兵协同的经验，战车部队因此损失惨重。

淞沪会战爆发后，中国军队猛攻日军在上海的据点，战车部队多次参战。最初，因为战车采取分散行动，每辆协助步兵攻打一个路口的方法缺乏彼此的掩护，遭到较大损失。攻击汇山码头时中国军队将三辆战车编成品字队形，突击效果很好。但是，由于日军重武器占有绝对优势，虽然中国军队攻入汇山码头，还是无法立足，三辆战车两伤一毁。下面照片中就有激战后被毁的那辆战车，也是三辆车中坚持到最后的首车。由于它顽强抵抗，战术动作机动灵活，日军集中炮火对其轰击才将它击毁，周围房屋也都被炮毁。

这辆维克斯六吨半战车被日军修复后运回东京展览。

中日战争爆发之后，到 1939 年，日军虽然连续攻占中国沿海沿江各大城市，但中国毫无屈服之意，依然拼死奋战，日本军部为在中国陷入深深的"泥沼"而头痛不已。为了鼓舞士气，日军在东京举办展览，展出若干

1937 年 8 月 21 日，随八十八师在杨树浦方向直冲日军阵地的中国战车。

从中国战场缴获的兵器。当时中国军队在战争中处于守势，逐步后退，战斗中损毁的战车往往因无法后送而被日军俘获。这次展览中，就有一批经过日军修复，中国军队使用过的战车，相当引人注目。随着这些照片搜索它们背后的故事，每一辆战车，突然都以鲜活的形象闪耀出 70 年前的风采，让人感觉仿佛在追寻早期中国战车部队悲壮而不屈的脚步。

　　下页图中的战车，是在 12 月 9 日的战斗中损失的。当时中国军队冒死反击，对城外三里山方向的日军实施攻击。由于日军未料到中国装甲部队参战，一线防御被突破。这辆战车深入日军腹地，与步兵失去联系，正遇日本《朝日新闻》采访团的座车，立即发动攻击。采访团的汽车被击毁，三名记者负伤，著名战地记者浜野嘉夫（因抢先报道日军攻占上海市政府而闻名，也是本文题图照片的作者）被当场击毙。日军反击，但用法制 37 毫米炮无法击穿

这是一张相当珍贵的照片：中国战车血战汇山码头，来自当时的日本报纸

该车装甲。最后，由于日军战车部队参战，中国战车上只有机枪，抵挡不住，终因寡不敌众被包围，油尽后被俘。

德国 I 式坦克是当时中国最好的战车。在南京战役中，幸存的 I 型战车因为撤退的轮渡在码头翻沉而全部损失，被日军打捞俘获多辆。该部队对日军的作战堪称英勇，日本网站介绍使用德国战车的中国装甲部队曾经攻入日军一个师团的师团部。遗憾的是，中国装甲兵没有认识到这是一个师团指挥所，否则日军损失将更加惨重。可惜中方没有关于这次战斗的进一步的详细资料。

淞沪会战后，随着苏联援华装备的到达，苏联战车逐渐成为中国装甲部队主力。苏联 T–26 型坦克是中国装甲部队在抗战中期（远征军获得美国战车之前）的主力车型，是中国第一支机械化部队二〇〇师（前身为战车第二团）的主要坦克装备，先后参加过徐州会战、桂南会战、远征军入缅作战等战斗。

那么，这辆坦克是在何处落入日军手中的呢？

根据中国方面的记载，昆仑关战役中，二〇〇师曾有一辆 T–26 坦克被日军击毁。此外，中国远征军入缅作战，T–26 似乎也有数辆在腊戌待运时被日军俘获。不过，从时间看，都不是这辆被展出的坦克。

这是另一辆被毁的中国维克斯战车，该车随八十八师攻入日军设于上海日本高等女子学校的阵地后，发生机械故障不能前进，于是用机枪和火炮掩护步兵冲击，日军用重炮还击。该车一直战斗到炮塔被击中爆炸，全员阵亡才终止射击。

这辆维克斯六吨半战车，经过苦战冲入日军阵地，终因没有步兵配合被击毁俘获，功败垂成，可以看到其炮塔多处中弹被击穿的痕迹。

被俘的中国战车，可以看到其前部被击伤的地方。

浜野嘉夫拍摄的上海市政府被攻占照片

　　经过查询，1939 年前，中国装甲部队在和日军的战斗中，应该只损失了三辆 T-26，这三辆损失掉的战车都属于二〇〇师 1149 团。兰封战役中，薛岳兵团围攻土肥原第六师团，土肥原招架不住后退，据险死守。这三辆 T-26 在二〇〇师副师长邱清泉指挥下攻击土肥原师团在大小王庄的据点，不幸被日军反战车炮击中，相继被毁。三辆中有两辆破坏严重，而另一辆虽然被击中行动部分，车体依然完好，日军步兵将其包围，试图夺取。车长王宗辉（第五连连长）不甘被俘，在车中自杀。

中国军队使用的德国 I 式坦克，在南京战役中有数辆被俘，因为当时日本与德国结盟，为了避免不利影响，日本展览的标示为"苏联战车 I 型"。

被俘的苏制 T-26 战车，日军记载其重量 9 吨，乘员 3 名，速度 35 公里 / 小时，马力 80，装备 45 毫米炮 1 门，机枪 1 挺。

按照说明，这一辆是中国军队使用的法制 1933 式搜索战车。

中国轻战车部队在沿公路向昆仑关战线开进。这应该是维克斯水陆两用战车，杜聿明曾经要求将这种战车留在南京作战。

投入侦察作战损伤的一辆维克斯水陆两用战车。它和另一辆"大"战车组成"一大一小"组合，遭到日军伏击，两车都被击毁，人员也遭到损失。当时该车拖回南宁待修。

被展出的这辆车，莫非就是王宗辉连长的座车？

抗战中法国提供给中国的装备不多，比较有名的是提供给滇军的步兵武器和法国志愿援华航空大队（装备道华仃510战斗机），法国供给中国战车则没有记录。

从该车的外观看，我最初推测此车可能是装甲兵团第二连和税警总队装备的维克斯水陆两用战车。

中国中央政府购入的装甲车中，最早的一批是宋子文1929年从英国购买的VCL维克斯轻型战车，装备税警总团。此后，徐庭瑶任装甲兵学校教育长期间，又购买一批装备装甲兵团第二连。这两支部队都曾经参加淞沪会战，其中装甲兵团第二连连长郭恒建战死，日军有可能俘获这种战车。它的车型和日军"法国战车"照片上的车辆有一定相似之处。

不过，它的车体侧面，尤其是履带上部的特征，与维克斯水陆两用战车并不吻合，所以后来我推翻了先前的看法，而更倾向于它是二〇〇师装备的意大利制菲亚特CV33装甲侦察车。

根据记录，中国军队使用的菲亚特CV33在淞沪、南京两战役中，都没有损失的说明。徐州战役中，1938年5月21日，参加兰封会战的CV33装甲侦察车部队随李良荣部攻击前进，和日军骑兵遭遇，负责指挥的邱清泉副师长命令冲击。此战日军骑兵损失惨重，中国军队乘胜追击，但随即遭到日军战防炮部队的反击。两天的激战中，中国军队损失菲亚特CV33战车四辆。

这辆车，可能就是当时损失的四部中的一部了。

至于日本人为什么把这种车称为法国战车，大概和日本与意大利的特殊关系有关吧。值得一提的是，这辆战车也是日军战后归还中国的唯一被俘战车，其余原属中国军队的被俘车辆，或被日军用于研究和射击检验，或在盟军轰炸日本时被炸毁。

此车经查证存于北京军事博物馆。电话证明，它确实是一辆CV33装甲侦察车。

后面的几张中国战车部队的照片，尚未见到任何公开发表，日本资料中说明是国民党将领的私人收藏，似乎比较珍贵。它们都是中国军队1940年出击昆仑关时，第五军装甲部队的照片。

昆仑关下待命的中国战车部队，应该是200师的T-26乙，上面所说的"大"战车，就是指的这种坦克。

昆仑关之战，由于道路崎岖，地形复杂，战车部队有不小的损失，但是也发挥了积极的作用。他们英勇作战，对全歼中村正雄旅团立下汗马功劳，中国的铁甲部队，终于开始显示出了锐利的刀锋。

决战碧空

在第二次世界大战的亚洲战场，照相枪的装备尚不普遍。因此，判断战绩也就成为比较困难的事情。中日两国航空兵曾为了争夺中国的制空权进行激烈的战斗，本国无法提供飞机的中国空军一度损失殆尽。但到战争结束时，他们已经重新掌握了中国的制空权，曾参加开国大典的战斗机飞行员王延洲还记得1945年他们一直飞到"伪满洲国"境内寻战的经历。

本专辑选择的均为日本方面拍摄的两国空战相关照片。这些照片大多是一些残破的飞机，却记录了中日八年空中战斗的面影，让我们重温那段中国飞将军浴血奋战、顽强抵抗入侵日军的历史。

挂弹准备起飞的中国空军飞机

在上海空战中坠落的中国空军 2503 号战斗机

中国空军编队出击，攻击虹口日军阵地。

一架壮烈殉国的中国空军轰炸机残骸

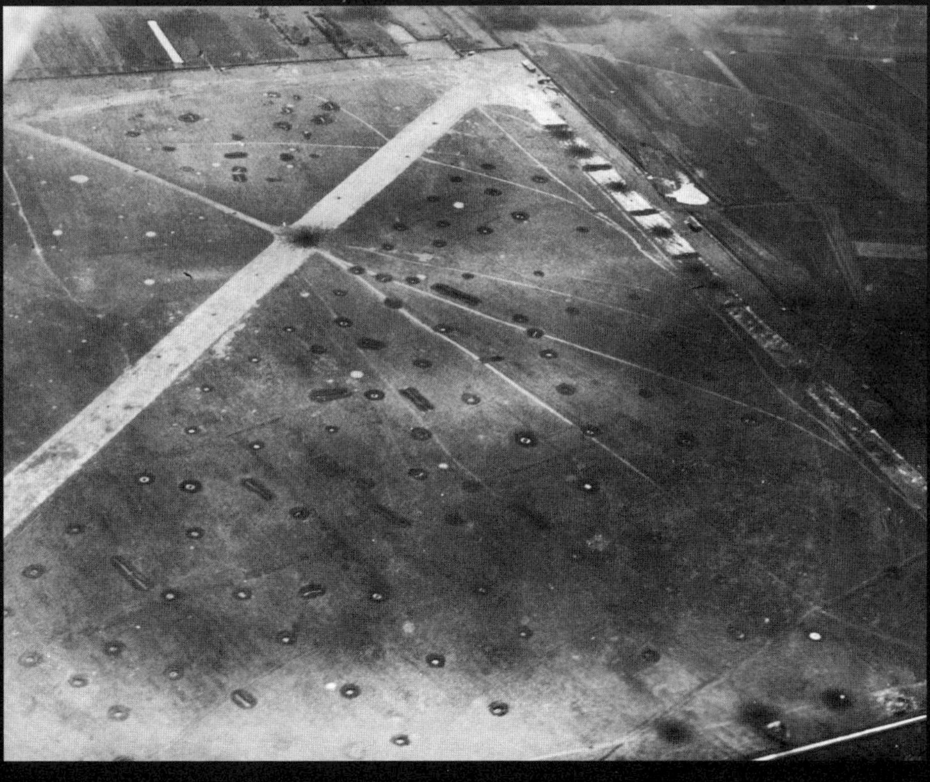

遭到敌机轰炸，累累弹痕的中国空军基地汉口机场。

南京大校场机场中国空军放弃的伊-16损毁战斗机

在汉口被击落的日军森泽一飞行曹长驾驶的战斗机

被中国空军击落于汉口并展览的日军 96 式舰载攻击机

被击伤迫降的一架日军 97 轻轰炸机 "天" 号

日军损失的一架乙式 1 型侦察机，具体损失原因不明。

1940 年 7 月，日军从重庆轰炸作战中归来的一架 97 式重型轰炸机。在战斗中，一架中国空军战机冒死撞击了该敌机，但由于结构坚固，这架敌机还是带伤生还。

1938 年第二次归德空战中被击落的日军福山大尉机。福山大尉是日军第 2 大队第 2 中队第 3 编队队长。

1938 年 10 月 10 日在日本展出的第 7 大队 88 式侦察机（大内大尉机），在侦查中与中国空军遭遇，被击中 110 多处

日军虽然凶悍，但仍有被俘的，这就是被俘的一架零式战斗机，中国空军人员正在进行整备，准备试飞。

日本战时拍摄电影《燃烧的天空》中扮演中国空军战斗机的日军 95 式战斗机。

日军抛撒传单的 97 式司令部侦察机幸风号 1937 年 11 月被中国地面炮火击伤。

飞虎队一架迫降的 P-40 战斗机被日军俘获。

抗战胜利后，东北被俘日本飞机涂上了中国标志——这是共产党所办牡丹江航校最早的飞机之一。

滇缅远征

在大奈河支流的战斗中，我们俘获了一名重伤的中国兵。看起来他还完全是个未成年的孩子。素以豪毅自诩的岛田中尉走到他的身边，温和地（用中国话）说："你辛苦多多地。"

那名中国兵没有回答，口中只是喃喃地念道："中国，中国（原文为日语'ツンコ、ツンコ'，我是根据发音辨认出其中的含义）。"

他的目光一直望着东方，重复着这两个字，直到气绝。

——选自《死谷胡康的持久防御战》作者井上咸　原日军18师团55联队大队副官，陆军大尉

这名望着东方死去的中国士兵，就属于正经由缅甸向祖国方向攻击前进的中国远征军。而当时的美军记者写道："远征军中有的士兵只有十四岁，超过二十五岁的极少。"原日军第33军作战参谋黍野弘在《昆司令部战记》一书中写道："在缅甸的中国少年兵作战勇敢，不知退却为何物。"只有我们自己才明白，为了保卫国家和种族，中国人已经奉上了自己最年轻的儿子。

刚刚到达印度的远征军，可见其营养状况十分糟糕

远征军少年兵

　　在抗日战争爆发后，为了保卫和重夺西南国际交通线，中国曾经两次派出不下十万精锐部队，深入印缅战场，史称远征军入缅作战。作为中国正面战场对日反攻的序幕，远征军的出师为中国在反法西斯战争的幕布上画下了一抹沉重的亮色。

　　作为主要由美式装备武装，甚至一度使用美方后勤方式进行作战的远征军，是当时中国军队中的异类。那种用飞机运送伤员抢救的作战方式，直到二十年后对中国军队来说仍然是较为奢侈的。所以，这支部队的情况，不免存在着神秘好奇之感。

　　这部专辑，采用的照片，大多为随同中国远征军作战的美方人员所拍摄，此后，他们中的部分人进入日本成为占领军的一部。所以，这些照片首先在日本被公开发行。今天，当我们把这些带着日文标注的照片重新整理出来，"铁血远征军"的真实面貌和他们的战斗，就呈现在了我们的面前。

雷多中国驻印军总部

反攻先锋 112 团团长陈鸣人

反攻号角吹响，中国人要回家了

中国远征军登机，对密支那日军实施空降奇袭

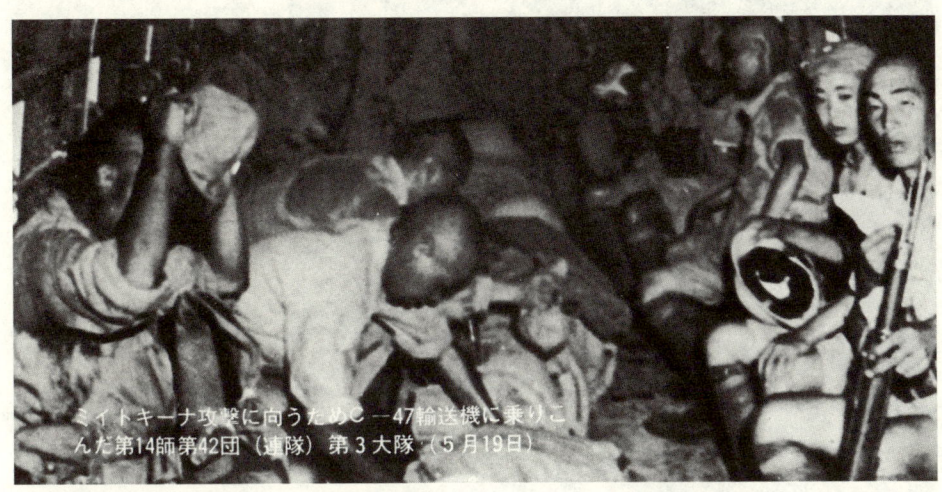

机降密之那的中国空降兵

全身披挂缴获日军装备的远征军小战士

缅北正在向故乡挺进的远征军战士

中国工兵修筑野人山道路

远征军美国指挥官史迪威将军在缅甸

新 38 师搜索连

使用汤姆枪的中
国远征军战士

新平洋战斗发生地

新平洋西侧山地

新平洋阵亡日军　　　　　　缅北作战中因为伤病死于山林中的日军骷髅

腾冲的朝鲜慰安妇被日军逼迫自杀或被杀，这是她们的葬身之地　　　远征军俘虏的日军、印度伪军、缅甸伪军俘虏

远征军重夺惠通桥

滇缅公路重新开通

中国远征军攻占
腾冲

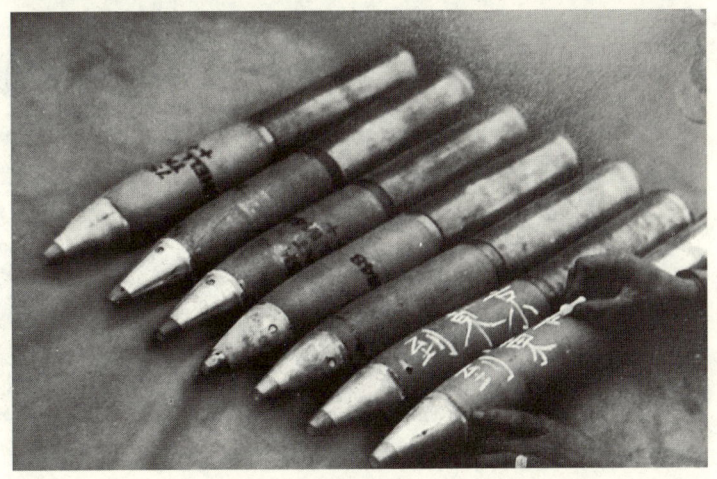

中国远征军在炮
弹上书写——到东京

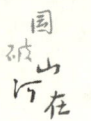

远征军发明的用吉普车拖运的"缅北吉普列车"

在龙陵举行的纪念阵亡将士大会

中印公路打通，我军收复滇西，攻克缅北，昆明城一片欢腾

林徽因的流星雨，一九三七

林徽因，才女，美女，我们忘不了她和梁思成、徐志摩、金岳霖之间的种种故事，更忘不了她设计的人民英雄纪念碑。

个人认为1937年对林徽因是一个分水岭，这前后的林徽因是不同的形象。

这一年之前，林徽因是那种聪颖的中国士族女子又加上了西洋的教育和思想，是一个难得的才女。她美丽、睿智、任性、乖张、不依不饶、小聪明，有人认为可喜，有人认为可恨，无论如何都和这个才女的形象颇为相符。这样的才女精彩得很，不过才华横溢的小女子在这个世界上并不少见。

有人欣赏这样的小女子，有人不欣赏，萨也一样。

然而萨很欣赏林徽因。

1937以后的林徽因，我以为才是真正的林徽因。

才女无数，林徽因只有一个。

有的时候人的精彩需要激发，仿佛天空中的流星雨，需要在空气中燃烧才耀眼明亮。

如果没有不列颠之战，丘吉尔可能只不过是一个不成功的记者加上无能的海军大臣罢了。不列颠之战让这个马尔巴罗公爵的后代光芒四射。

林徽因的流星雨，在1937年来临。

1937年，抗战爆发，梁、林一家辗转撤退西南。那一年林徽因在路上患肺病，种下她早逝的根疾。

在这种颠沛流离的苦难中，林徽因心底里那种刚烈、那种中国女性特有的坚韧和敏感，却像流星的燃烧一样，闪烁出灿烂的光芒。

梁从诫先生记录了他们逃难中的经历。

在一个小镇上，重病的林徽因生命垂危，焦急的梁思成遇到了中国空军杭州笕桥航校第7期的学员们。飞行员黄栋权少尉的琴声将梁先生引到了他们的楼上。

飞行员们的热情挽救了林徽因的生命，而这些远离家乡的飞行员的毕业仪式上，梁和林，是他们的"名誉家长"。如果这个时候林徽因家的客厅里还有客人，最为亮丽的，就是这些年轻而热闹的飞行员们。

战斗间隙，飞行员们经常光临梁林所在的李庄，投一个通信袋，带去一点礼品或者信件。

然而，客厅里的飞行员们像天际的风，他们走了，就再也没有回来。

中年林徽因

当时中日的空军飞机，无论数量和性能都相差太大，而中国的空军义无反顾地保卫着这片土地的天空。在残酷的空战中，噩耗陆续传来，1944年6月16日，林耀少校在衡阳空战中阵亡。至此，这二十余名年轻而快乐的飞行员朋友，全部牺牲在中国的蓝天里。

1941年3月14日，林徽因的三弟，空军航校第十期毕业生林恒在成都空战中战死。

年轻的生命，像流星雨一样在中国的天空里陨落。

梁从诫先生回忆，飞行员们的接连牺牲，使林徽因悲痛万分，她在病榻上写成《哭三弟恒》一诗，而她所悼念的，绝非只是林恒一个人。

这首诗起初看来也平常，林徽因有诗人之名，而这首诗的词句寒素之极。

但是当我细细读下去，我感到一种莫名的震撼和感动。我仿佛看到一个终日与画笔和诗词打交道的女子，怎样努力地去理解和记忆那些晦涩的飞机型号和军事术语，向她心爱的弟弟艰难地讲来，因为那是她的弟弟的世界和关切的事情。她的词句在一个粗通军事的人看来是那样的幼稚可笑，那本不是她可以驾驭的范围。但是她那样努力地去对弟弟说，她那毫无掩饰的情感，让这些幼稚可笑的词句忽然点染上了圣洁的光芒。

我把这首诗录在下面：

哭三弟恒（林徽因）

弟弟，我没有适合时代的语言
来哀悼你的死；
它是时代向你的要求，
简单的，你给了。
这冷酷简单的壮烈是时代的诗
这沉默的光荣是你。

假使在这不可免的真实上
多给了悲哀，我想呼喊，
那是——你自己也明了——
因为你走得太早，
太早了，弟弟，难为你的勇敢，
机械的落伍，你的机会太惨！

三年了，你阵亡在成都上空，
这三年的时间所做成的不同，
如果我向你说来，你别悲伤，
因为多半不是我们老国，
而是他人在时代中碾动，
我们灵魂流血，炸成了窟窿。

我们已有了盟友、物资同军火，
正是你所曾经希望过。
我记得，记得当时我怎样同你
讨论又讨论，点算又点算，
每一天你是那样耐性地等着，
每天却空的过去，慢得像骆驼！

现在驱逐机已非当日你最理想
驾驶的"老鹰式七五"那样——
那样笨，那样慢，啊，弟弟不要伤心，
你已做到你们所能做的，
别说是谁误了你，是时代无法衡量，
中国还要上前，黑夜在等天亮。

弟弟，我已用这许多不美丽言语
算是诗来追悼你，
要相信我的心多苦，喉咙多哑，
你永不会回来了，我知道，
青年的热血做了科学的代替；
中国的悲怆永沉在我的心底。

啊，你别难过，难过了我给不出安慰。
我曾每日那样想过了几回：
你已给了你所有的，同你去的弟兄
也是一样，献出你们的生命；
已有的年轻一切；将来还有的机会，
可能的壮年工作，老年的智慧；

可能的情爱，家庭，儿女，及那所有

1937 年南京失守时，在大校场机场被遗弃的损坏战斗机，可说是中国空军部队辛酸的缩影

生的权利，喜悦；及生的纠纷！
你们给的真多，都为了谁？你相信
今后中国多少人的幸福要在
你的前头，比自己要紧；那不朽
中国的历史，还需要在世上永久。

你相信，你也做了，最后一切你交出。
我既完全明白，为何我还为着你哭？
只因你是个孩子却没有留什么给自己，
小时我盼着你的幸福，战时你的安全，
今天你没有儿女牵挂需要抚恤同安慰，
而万千国人像已忘掉，你死是为了谁！

我的记忆中，这之前，林徽因从来没有写过这样拙劣的诗句，这之前，

林徽因也从来没有写过这样令人从心底震动的诗句。

凤凰可以涅槃，这首诗让我看到了一个粗服乱头的林徽因，而王国维的话是"粗服乱头，不掩国色"。

一个一生唯美而清高的女子，怎能写出这样的诗句呢？

我的理解，此时林徽因的诗不是给读者或者文人们看的，她的诗从自己的心中来，给的是那些永远不会回来的亲人和朋友。

中国的女子，往往在最困难的时候表现出让世界震惊的坚毅，用她们的温柔为苦难带来一丝亮色，而她们忍受痛苦和磨难的韧性，让男子也为之动容。

患病的林徽因，在病榻上继续她的工作，而当有人问林先生——如果倭人打到重庆怎么办？

林先生回答道："门外不就是扬子江？"

医生评价，林徽因的生命力旺盛惊人，她从死神手中争回了五年的时间。

也许，没有这五年，就没有今天的人民英雄纪念碑了。

我仿佛看到一个收起钗环的布衣的林徽因，依然美丽，依然睿智，从一个小女子的身影后沉静地走来。

林徽因。

不怕吃败仗的大阪兵团

——记日军中的另类第四师团

对万家岭会战有印象的朋友，或许会记得那一仗被薛岳将军打得七零八落的日军第一〇六师团。这个师团因为有大量原来在大阪摆摊卖菜的预备役官兵，而被称为"大阪商贩师团"。

大阪部队战斗力弱，在日军中算是有名的，而其中最有代表性的部队，却还不是一〇六师团（该师团的正式征兵地不在大阪，只是补充了大量的大阪兵而已）。在《现代史研究》第六期（1998 年）中，看到一篇日本军事历史学家关幸辅的文章——《日军第一窝囊废师团》，看完之后，忍不住要把它翻译过来，自以为这题目的翻译还是比较贴切的。

下面就是翻译后的文章，因为篇幅较长，作了一些节选，并加了一些自己的注解。

如果看伊藤正德的《帝国陆军之最后》或者山岗庄八的《太平洋战史》，二战中的日本军队无一不是勇猛顽强、宁死不屈的精锐之师［萨评：或者应该翻作"个个都是亡命徒"比较好］。然而，在陆军混过的老兵，评价起来和历史学家不大一样，至少有一支部队，就以"皇军中第一窝囊废师团"而著称。这就是番号一直保留到今天，自卫队还在使用的大阪第四师团。

大阪第四师团，代号"淀"［萨评：这个代号可谓独出心裁，其他的日本陆军师团代号多有尚武精神的象征，比如第二师团是"勇"、第九师团是"武"等。第四师团这个"淀"字的来源最初是战国美女淀君，更因为有一条淀川河横穿大阪最繁华的梅田商业区，用这个代号真是既有乡土气息，又带有招财进宝的吉利……］，属于日军中资格最老的师团之一，下辖四个联队，标准甲等配备。其核心为第八联队，因在日俄战争中屡战屡败，获得"败不怕的八联队"之勇名（？）［萨评：这个带括弧的问号来自原文，不是萨加的］。

从那儿以后，直到1937年中日战争全面爆发，虽然中间战事不断，第四师团却一次都没上过前线。不过，这并不等于第四师团没有表现自己勇敢精神的机会。昭和8年（1933年），第四师团二等兵某在大阪市中心闯红灯和执勤警察发生冲突。事情越闹越大，最后师团长寺内寿一为了"维护大日本皇军的尊严"，毅然带兵砸了警察所，史称"大阪Go-Stop事件"，第四师团的"武勇"可见一斑。

昭和12年，也就是1937年，因驻华日军兵力吃紧，日本陆军大本营将第四师团调到中国东北，划归关东军序列。第四师团的战斗力已经在"Go-Stop事件"中得到了充分的反映。可惜，这种"勇猛无前"的例子只此一例。倒是对第四师团军纪散漫、精神不振的报告屡屡上达天听。怎样让这支部队焕发战斗精神呢？日军大本营倒是费了一番心思，结论是指挥官对于一支部队的战斗力具有决定性的作用［萨评：所谓"兵熊熊一个，将熊熊一窝"的理论，这听起来还挺有道理］，于是调名将山下奉文［萨评：绰号"马来之虎"，在新加坡打得英将柏西瓦尔乌江上吊的那个］担任第四师团师团长。从此，该师团主力即开始在"北满的山野中精训"。

名将带队，精训两年，转眼到了1939年，东北发生了一件重大战事——苏日诺门坎之战。关东军和朱可夫将军的苏蒙联军打起来了，而且战况不利，军部下令驻扎在伪满北部的大阪、仙台两师团紧急动员，增援前线。

仙台师团，就是前面提到的代号"勇"的第二师团［萨评：日军著名的精锐师团，最后在增援瓜达尔卡纳尔岛航渡途中碰上了个美国航空兵部队叫"仙人掌"，一通狂轰滥炸，整个师团下了饺子，和鲨鱼勇猛搏斗去了]。的确名不虚传，其先遣队新发田第16联队勇往直前，从海拉尔到诺门坎，徒步行军四天赶到，当天就投入战斗[萨评：随后就被苏军打了个落花流水，死伤惨重]。

与此相反，第四师团的出动命令虽然下达，却迟迟不动。原因是动员令下达后，师团内的急病患者激增，放眼望去，满营都是因为五花八门原因要求留守的官兵。激动[萨评：激动得有道理]的联队长怒而亲自坐镇医务室，参加诊断[萨评：联队长改行当大夫，有前途的职业啊]。饶是如此，出动部队的编成也不是件容易的事情。从海拉尔到诺门坎，第二师团走了四天，第四师团却整整走了八天，而且大量人员掉队。凑巧的是，第四师团先遣队到达前线的当天，苏日宣布停战了……立刻，掉队的第四师团官兵仿佛吃了大力丸[萨评：这个是萨的意译，原文的意思是"骤然充满活力"]一样迅速跟了上来，连留守的官兵也有不少"带病"赶赴前线，一边还在万分懊丧地抱怨居然没有机会打上一仗。

返程的时候，齐装满员、精神饱满的第四师团，成了最威武的部队，丢盔卸甲、伤兵满营的第二师团和人家简直没法比。只是关东军报道部的上层实在看不过眼，把报纸呈上来的《我无敌皇军第四师团威势归来》的新闻标题改了一个字，变成了《我无伤皇军第四师团威势归来》。外行看来意思相差不大，当兵的看了，对第四师团的名声肯定是没什么好处……[萨评：看来司令官虽然重要，毕竟不能扭转乾坤，可怜山下奉文在日军中称为"斗将"，这次成了"将雄熊一窝"]

不过，第四师团这一仗没有损失对日本军部来说倒是个好消息。因为当时华中地区的日军正和中国军队第九战区斗得难解难分，急需增援。于是顾不上追究，急调第四师团南下增援。大阪师团摇身一变，又成了日军精锐十一军中的一员。

其实，第四师团的名声，中国军队早有耳闻，其原因是早在1938年初徐州会战期间，中国军队就遇到过一支"奇怪的日军"。当时，中国军队从徐州突围向西"转进"。[萨评：李宗仁司令长官的得意之作，四十万大军巧妙跳出了日军的包围圈。虽说李长官的战术动作果断利落，毕竟机动能力和已经半机械化的日军无法相比，突围虽然成功，但已经是人困马乏，重装备也丢失很多，战斗力锐减〕在过鲁苏皖边境一条公路的时候，疲惫的中国军队忽然发现同一条路上出现了一支装备精良的日军部队，数量最少一个大队！

因为部队已经十分疲惫，士气低落，这支中国军队发现敌军之后惊惶失措，混乱地离开公路向附近的山区逃离。以当时日军的士气和作战习惯，中国军队几乎肯定会遭到追击，而以当时中国军队的状态，一个大败仗恐怕是跑不了的。

奇怪的是，很久也没有发现日军的追兵。中国军队的指挥官惊奇之余派人打探，却见那支日军如临大敌地布置了警戒哨，但丝毫没有追击的意思，相反，还在公路两侧堂而皇之地烧起饭来！

时间紧迫，绕道的话说不定就会被日军合围。中国军队横下一条心，硬着头皮横穿公路而走，结果——一路平安。

这支日军部队，就是抽调第37联队、第70联队各一部组成的第四师团南进支队。对于为何没有和中国军队开战，该部队的部队长声称："没有得到对中国军大部队进行截击的命令。"而这个严格遵守作战纪律的部队，上报情况就略微慢了一点，等命令到达的时候，中国军队早就没了影子。

消息传到中国军队耳朵里，"大阪的日本兵不会打仗"这样的说法就流行开来。于是这次第四师团南下，每次参战，中国军队一听是"大阪师团"，往往士气倍增，踊跃突袭逆袭，各部抢着和第四师团交战。在这种莫名其妙的有力打击下，刚到前线的第四师团猝不及防，确实吃了几个窝囊的败仗〔萨评：的确"不负众望"〕。这样的情况甚至牵连了友军，以至于友邻部队向十一军司令部抱怨："有第四师团参战，本来能打赢的仗，因为敌军士气大振，也会打输……"第十一军看看的确是这道理，自此同样是甲等配置的师团，前线出现的番号就总是第三、第十三这样的师团，而第四师团就专心在后方"待机"了。中间出了个军司令官不信邪，派第四师团在长沙会战中打主攻。结果第四师团一进长沙就被赶了出来，全线溃败，司令官灰头土脸地回了日本。〔萨评：这个司令官，可能说的是阿南惟己。阿南是个死硬派，脑袋一根筋，打到吃了两个原子弹，天皇都要投降了他还准备发动政变和盟军死磕，结果兵败自杀。守长沙的国军是老虎仔薛岳所部精锐，也只有阿南这种榆木脑袋会用第四师团当主攻〕

长沙会战中第四师团的表现给它带来了极大的负面影响，结果就是淀兵团成了"丧门星"，哪个军都不敢要。大本营只好将其改为直辖部队，长期驻扎上海。〔萨评：这下第四师团的兵有的吹了——老子当兵就在甲种师团，开战时候属于关东军——精锐，仗打起来在十一军——还是精锐，最后十一军装不下我们了，只好改大本营来直辖……〕这回中国军队就想打第四师团都够不着，无奈又发生了第四师团人员向中共军的新四军倒卖药品的事情，让大本营十分懊恼。

虽然说第四师团窝囊，毕竟是甲种师团，老兵多，有经验的下级军官多。当时日军前线各师团和中国军队作战损失很大，急需补充训练有素的人员。既然第四师团作为整体作战不利，上司便不时抽调其人员补充到其他师团，也算是物尽其用。然而，这些人员的作用可就不好说了。

第一〇六师团本来出身就离大阪不远，所以第四师团的补充官兵来了以后很容易适应，而他们的老乡也不时从第四师团过来探望。一〇六师团的官兵很快就发现他们之间的告别很新鲜。日军各部的临别致辞（挨拶）都有自己的特色，比如第二师团的官兵告别时，如果战况较好，就说"武运长久"，如果情况不妙，就说"九段坂见"〔萨评：靖国神社在东京九段坂，不过这句"九段坂见"明摆着咒对方挨枪子儿，大有"打死你我也不说"的精神〕。然而，第四师团的官兵告别时，其词却是："保重贵体"〔萨评：原文"御身大切"，也可以翻译作"身体第一"，或者干脆就是"保命最重要"〕，让听到的一〇六师团军官们哑然。

还有一部分兵员转到了第六十八师团和第三十四师团，这两个师团在衡阳和芷江打了几场苦战。战斗一开始，第四师团的老兵又故技重演，从军官、士官到老兵纷纷入院，消极但合理地拒绝作战。当然，也有些人循规蹈矩地投入了战斗。这一段时间的战斗中国军队投入了极大的力量，师团损失很大。芷江一战，从第四师团转来的中队长就战死了四个。负伤的老兵到医院的时候那些"养病"的前辈们还要问："你为什么要这样玩命啊？"至于自己不愿意参战的原因嘛，也有老兵这样解释——听说这次出击我们是担任佯攻的，这很没有意思，如果是主攻嘛，那自然是要好好打一仗喽。

说得豪气干云。

其实说第四师团所出都是窝囊废也不全面。由第四师团预备役官兵组成的独立第十五工兵联队，由横山大佐率领，就在马来半岛立下功勋。伊藤正德《帝国陆军之最后》中，提到这个联队在修复盟军炸毁的桥梁涵洞方面作用极大，"大阪兵无能只是误传，至少以这个联队而言，其献身精神使军部、师团部的高级军官都乘夜前去表达感谢和敬佩，其无我奉公精神极其令人钦佩……"［萨评：看来，这个联队的确干得不坏。不过，说到底，修桥补路这种活儿，和上阵打仗终究还不是一码事儿］

太平洋战争爆发，日军各部都投入到对盟军的作战中，第四师团也终于有了建功立业的机会。大本营有意将该师团配属南方军，但南方军只是很勉强地将其列入预备队，仍然驻扎上海。直到1942年4月，才将其调往菲律宾，和第五、第十八、第二十一师团一起，参加对科雷吉多尔要塞的最后攻击。这一仗第四师团一反常态进展顺利，圆满完成任务。最终，在巴丹半岛的美菲军全部投降。事后才知道这并不是第四师团转了性，而是菲律宾的美菲军已经被切断补给多日，靠"盐和青菜"活着已经好几个月了，一触即溃一点儿也不新鲜。

然而，这个胜利却给第四师团带来了极大的荣耀，在其故乡大阪更是号外频飞，一副"幸亏派出了第四师团，才打垮了巴丹敌人"的得意。仅有的遗憾是，事后发现大阪的商贩们利用这个庆祝胜利的机会大肆倒卖战时配给物资，乘机大做生意。［萨评：前方、后方都是这样地对待"大东亚圣战"，可见大阪人的性格还是很有一致的地方］

对第四师团的底细，还是大本营知道得清楚，所以对于怎样使用它实在是绞尽脑汁而不得其计。由于第四师团名声在外，在各个战区都不是很受欢迎，于是直到战争结束，这支部队始终在后方各地不断调转，始终没有再参加大的战斗。日本战败的时候，这个师团正在泰国的曼谷附近休整。

第四师团骑兵第四联队的官兵于《我等的南方回想记》一书中描述，"战败的消息传来，我所在的中队正在待机，士官以上的人员都到队部开会，其中'进入山区战至最后一兵'者有之、'天皇的诏书不能不奉'者有之。最后，部队本部带来命令，才不得不确定投降了"。这种情况下依然要战到最后的一兵一卒，战斗精神可谓踊跃坚决。然而，第四师团的复员却异常顺利。当全体面色红润、身体健康的第四师团官兵出现在码头上时，本土那些营养不良、形容枯槁的日本人都十分吃惊。〔萨评：有一种说法说第四师团有军官通过贿赂押送的美军，利用复员的军舰运送泰国大米到日本走私出售获得暴利，也大大缓解了大阪在日本"饥饿时代"中的困难〕。统计下来，第四师团是南方军部队中战死最少、装备资财保留最完整的部队。负责管理的美军对这个师团的评价是"为人认真，爱好和平"。而第四师团回国后，也马上体现出其"为人认真，爱好和平"的特点来——第二天就有大批官兵一天时间也不浪费地跑到美军兵营前，整齐地摆开摊位兜售战争纪念品了。

第四师团以及其他的大阪部队，为什么在日军中这样独树一帜呢？要说关西人不会打仗也没道理，因为同样出身关西的京都宇都宫师团就很能打。原战车小队长福田，即作家司马辽太郎有一个很好的分析。他认为这个原因是大阪地域的独特文化造成的。在古代日本各地，基本的社会结构是普通平民即农民，土地和人身都依附于诸侯，即大名，而诸侯服从于天皇。这种长期不变的社会结构导致日本形成了上下级关系严格、尊崇对上级的效忠、富有服从精神的文化特点。这也是日本军队的普遍狂热"效忠天皇"的心理基础。

然而大阪却有点儿不同，这个地方是随着商业发展起来的，居民多与商业有关。所以对大名掌握的土地并不像农民那样看重，对大名的尊重十分有限。反之，围绕着税收、捐税等，大阪的平民几百年如一日的和大名斗智斗勇、讨价还价，所谓忠诚，是完全谈不上了。

于是，作为领主的领主，天皇的地位也就与其他地方不大一样。二战中的大阪人毫不否认自己会为"大日本帝国"、为天皇而死，然而，大阪人却不会急着去"为天皇而死，为大日本帝国而死"，所以……能不死还是不死。看待命令，大阪人也习惯地要"讨价还价""斤斤计较"，不会像其他部队那样闭着眼睛执行到底。于是在第四师团内部有所谓"无益的牺牲不要付出""不合理的战斗不要参加""穷途的敌军不要追"的三不要原则。或许商人的本性，决定了大阪人根本就不适合参军吧。

后面还有一些啰唆的评价和辩解，限于篇幅，就不翻译了，只有最后一小段说得倒是有几分道理——

"如果日本的军队都像第四师团这样，大概中日之间的一系列战争和事变都不会发生了吧。要是这样，也就不会有日本最后战败的事情了吧……"

一个日本兵和一个中国兵的对话

这份资料，是在帮一位朋友查阿部规秀的相关资料时看到的，是日本老兵回忆文集中的一篇。

那一次，发现这个被杨成武炮毙于黄土岭的日军中将原来在日本政坛也是个极不安分的家伙。二二六事变里面就有这位阿部规秀大佐的身影。

不过，在查找资料的时候，发现那里有一些侵华日军的回忆文章，随手一翻，看到下面的一段，一个叫作斋藤的日军士兵记录他在前线和一个中国兵的对话回忆。

记得有文章写过第一次世界大战时，法军和德军士兵在堑壕中互相谈

抗战当时普通的中国士兵

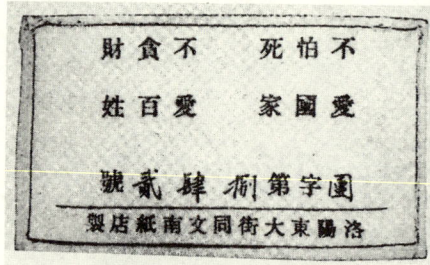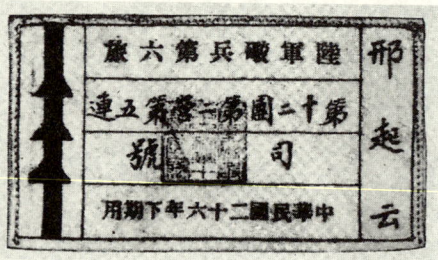

当时中国军队的臂章

话的轶事。然而，我仍然难以想象在那场战争中，中日两国的军人会有类似的交流。

直到，我看完这段对话。

那么，就翻译一下吧。

日军士兵斋藤在修水前线作战。战斗间歇，他到一条小河边用汽油桶洗水果，不小心汽油桶被水冲走了。日本兵跟在后面追，却发现汽油桶漂向了对岸。

这时，他发现对岸有个正在洗澡的中国兵，双方都大吃一惊。

因为都没有带枪，双方谁也没有办法射击。那中国兵慢慢站起身来，拾起那个汽油桶，取出一个水果吃了一口，向后面的树林退去。

这日本兵鬼使神差地用日语问了一句："好吃吗？"

没想到这个中国兵居然用日语回话道："谢谢。"

看来这可能不是一个普通的中国兵，而是个下级军官或者士官。出于好奇，这个日本兵继续好奇地问："你们过得怎么样？发的钱多吗？"

那个中国兵站住脚步，耸耸肩说："好几个月没有发到饷了。"大概是觉得这个日本兵挺有趣，又补充道："日子不好过啊，有督战队，不好好打仗可能被自己人打死哦。"沉默了一下，又说道："那样我就看不到夺回台湾，看不到占领大阪，也看不到占领东京了，多遗憾。"

说完，带着汽油桶慢慢走向树林中去了。

"这是个广东兵，看起来很瘦。"斋藤在回忆的最后说。